문예신서
361

이론에 대한 저항

폴 드 만

황성필 옮김

東文選

이론에 대한 저항

Paul de Man

The Resistance to Theory

차 례

출 처

이론에 대한 저항
"The Resistance to Theory." *Yale French Studies* 63호(1982).

문헌학으로의 회귀
"The Return to Philology." *The Times Literary Supplement*(1982년 12월 10일자).

하부 문자와 기입
"Hypogram and Inscription." *Diacritics* 11권 4호(1981).

읽기와 역사
"Reading and History." Hans Robert Jauss, *Toward an Aesthetic of Reception*, trans. Timothy Bahti(Minneapolis: University of Minnesota Press, 1982)의 서문.

결론: 발터 벤야민의 〈번역가의 과업〉
"Conclusions: Walter Benjamin's 'Task of the Translator.'" *Yale French Studies* 69호(1985). 1983년 3월 4일, 코넬 대학 메신저 강연 녹취록.

대화와 대화주의
"Dialogue and Dialogism." *Poetics Today* 4권 1호(1983).

폴 드 만과의 대담(스테파노 로소)
"An Interview with Paul de Man." *Nuova Corrente* 93호(1984). 1983년 3월 4일, 코넬 대학에서 Stefano Rosso와의 대담.

역자 서문

  본서는 폴 드 만의 《이론에 대한 저항 *The Resistance to Theory*》 (1986)의 국역본이다. 이 책은 드 만의 사후에 출간된 논문집이며, 그의 다른 저서들과 마찬가지로, 서론에서 결론으로 나아가는 하나의 완결된 책이 아니다. 〈결론〉이라는 제목으로 수록된 벤야민 관련 글은, 본서의 결론이 아니라, 드 만이 코넬 대학에서 행한 여섯 번의 강연 중 마지막 강연을 지칭한다. 따라서 본서에 모인 시론(에세이)들을 반드시 순서대로 읽을 필요는 없다. 다만, 국역으로 읽는 경우, 처음부터 읽지 않아 생경한 역어에 부딪치는 독자는 본서 뒷부분의 용어 대조를 참고해야 할지 모른다.

  원서에 수록된 글들 중 가지히의 서문과 벤야민 강연의 질의 응답 (1983)은 번역에서 제외되었다. 전자의 경우, 책의 출간 배경을 설명하고 책 내용에 대한 한 관점을 제시하고 있으나, 배경은 드 만의 다른 편집자들의 말을 종합해 역자 서문과 주석에서 밝히는 편이 나아 보였고, 관점은 다른 보다 본격적인 연구들을 참조하는 편이 나아 보였다. 후자의 경우, 드 만은 말미에 "번역은 일어남"(occurrence)이라는 근사한 말을 하고 있지만, 편집되지 아니한 수많은 비문(非文)과 중언 부언은 앞선 강연의 논점을 오히려 흐리는 것으로 보였다. 드 만이 살아 있었다면, 이런 상태로 출간하지는 않았을 것이다. 벤야민 강연이 처음 활자화된 학술지 《예일 불문학 연구》 69호(1985)에도 질의 응답 부분은 실리지 않았다.

드 만은 사망 전에 두 권의 책을 기획했는데, 하나는 이론 자체에 관한 것이었고, 또 하나는 철학적 미학에 관한 것이었다. 드 만은 둘 다 마무리 짓지 못했지만, 앞의 것은 《이론에 대한 저항》으로, 뒤의 것은 《미학 이데올로기》로 나오게 되었다.[1] 외견상 전자는 리파테르, 야우스, 벤야민 등 문학 이론가를 주로 다루고, 후자는 칸트와 헤겔 등 철학자를 집중적으로 다루고 있지만, 양자에 공통적인 것은 미학의 문제이다. 이 점은 드 만이 원래 구상했던 《이론에 대한 저항》의 잠정적인 목차에서도 확인된다.

1. 이론에 대한 저항
2. H. R. 야우스에서의 읽기와 역사
3. 미카엘 리파테르에서의 하부 문자와 기입
4. 케네스 버크와 롤랑 바르트에서의 몸 이데올로기
5. 벤야민과 아도르노에서의 미학과 사회[2]

이 중 완성되어 본서에 수록된 시론 세 편(1-3번) 및 추가된 시론 세 편(〈문헌학으로의 회귀〉, 〈결론〉, 〈대화와 대화주의〉)에서 시종 비판되고 있는 것은 알다시피 텍스트에 대한 미학적(현상적) 시각으로, 이는 언어적(수사적) 읽기와 대비를 이룬다. 본서에는 또 드 만이 이탈리아 라디오 방송을 위해 행한 대담이 포함되어 있다. 이 드문 대담

---

1) 이상에 대해서는 Wlad Godzich, "Foreword," in de Man, *The Resistance to Theory*, x-xi쪽; Lindsay Waters, "Introduction," in de Man, *Critical Writings, 1953-1978*, lxix-lxx쪽; Andrzej Warminski, "Introduction," in de Man, *Aesthetic Ideology*, 1-2쪽 참조.
2) Waters, 같은 곳.

은 드 만에 대한 통념——드 만은 데리다의 아류이다, 해체 비평은 "신신비평"이다, 미국식 해체는 정치적이지 않다 등등——을 재고하는 데 도움을 줄 것이다.

결국 드 만의 논의가 미학과 수사학의 양립 불가능성 혹은, 더 나아가, 수사적 읽기 자체의 불가능성을 재확인하는 데 이르리라는 것은 충분히 짐작 가능하다. 그러나 드 만에서 중요한 것은, 허무한 결론이 아니라, 결론을 가능하게 하는 불가피한 조건 또 그것을 규명하는 기술적(技術的) 절차이다. 그런고로, 벤야민의 〈번역가의 과업〉에 대해 드 만이, "번역이 불가능하다고 말하는 텍스트가 있다면, 그렇게 말하는 텍스트가 번역될 때 무슨 일이 생기는지 보는 게 아주 좋다"고 말한 것처럼, 읽기가 불가능하다고 말하는 텍스트를 한 번 읽어보는 일도 괜찮은 일일 것이다.

게다가 드 만이 건조하기만 한 것은 아니다. 예컨대 구어체의 벤야민 강연에서 드 만은, 벤야민의 독일어 원문과 해리 존의 영어 번역과 모리스 드 강디약의 프랑스어 번역 그리고 드 만 자신의 영어 번역을 병치해 보이며, 번역상의 미묘한 차이에서 유발되는 웃음을 선사한다(그런데 국역본에서는 반성완 교수의 번역과 최성만 교수의 번역 그리고 역자 자신의 번역이 가세해 웃음을 배가한다). 빅토르 위고의 시 한 수를 두고 리파테르와 또 보들레르의 시 한 수를 두고 야우스와 드 만이 벌이는 논쟁 역시, 누구의 주장이 더 타당한가를 떠나서, 그 자체로 시를 읽는 고도의 즐거움을 제공한다.

본서의 첫 두 시론은 일찍이 장경렬 교수가 〈이론에의 저항〉과 〈문헌학으로의 복귀〉라는 제목으로 번역하여 《현대 비평과 이론》 6호(1993년 가을·겨울)에 발표한 바 있다. 역자는 원고의 최종 검토 과정에서 이 문헌을 참고하였으며, 덕분에 몇 가지 착오를 바로잡을 수 있었다. 이 자리를 빌려 감사드린다. 그럼에도 번역에 오류가 남아 있다면, 그것은 전적으로 역자의 책임이다. 장경렬 교수의 유려한 의역과 역자의 난삽한 직역 사이에는 그 어휘와 문체와 어조에서 완연한 차이가 있는데, 이는 까다로운 구절의 독해를 위해 역주에 병기된 몇몇 사례에서 드러날 것이다.

용어와 단어 선택을 위해 일어판(《理論への抵抗》, 1992)도 대조해 보았다(일본에는 《낭만주의의 수사학》과 《미학 이데올로기》도 번역되어 있다). 역주가 전혀 없는 이 대담한 일어판 또한 번역에 여러모로 도움이 되었다. 그러나 특히 전문어의 경우, 일어판을 거의 따르지 않고, 역자 나름의 원칙에 따라 일관된 역어와 신조어를 구사하였다. 예컨대 "canonical"을 "정전적"이라고 번역한 것이나 "hypogram"을 "하부문자"로 신조한 것은 일어판과 아무 관계가 없다. 덧붙여, 일어판 및 원서 《이론에 대한 저항》에 보이는, 쪽수나 인명 표기 등의 몇몇 오기(誤記)를 역주에 지적해 놓았다.

단행본으로는 처음 국내에 출간된 드 만의 이 책이 잘 읽히지 않으리라는 것은 분명하다. 무엇보다도 마침표가 좀처럼 나타나지 않는 길고 착잡한 드 만의 문장을, 우리말처럼 읽히는 것을 우선순위에 두는 근래의 번역 방식과 달리, 역자는 끊지도 풀지도 않고 원문 그대로 전달하고자 애썼다. 이러한 "번역투"의 번역은 그러잖아도 손이 잘 가지 않는 이론 서적을 독자의 손에서 더 멀어지게 할지 모른다. 그러나 역자는 가독성보다는 엄밀성을, 자연스런 우리말보다는 이국적인 우리말을 시도하였고, 궁극적으로는 영어가 모국어가 아니었던 드 만의 산문적 비감(혹은 무감)을 되살리고 싶었다.

이론에 대한 저항

이 시론은——달성하는 데 실패한——교수적이고 교육적인[1] 기능을 갖도록 예정되긴 했지만, 원래 교육 문제를 직접적으로 소개하려고 의도된 것은 아니었다. 그것은 현대 언어 협회(MLA) 조사 활동 위원회의 요청에 의해 《현대 언어와 문학에 관한 학술 입문》이라고 제목 붙여진 논문집의 한 기고로 씌어진 것이었다. 나는 문학 이론에 관한 부문을 쓰도록 부탁받았다. 그러한 시론들은 명확히 규정된[2] 계획을 따르도록 기대된다. 즉 그것들은 독자에게 그 분야의 주요 추세와 출판물의 선별된 그러나 포괄적인 목록을 제공하도록, 또 주요 문제적인 구역을 종합하고 분류하도록, 그리하여 가까운 미래에 기대될 수 있는 해결책에 대한 비판적이고 계획적인 투영도를 펼쳐 놓도록 예정되어 있는 것이다. 이 모든 것을, 10년 후에 누군가가 같은 시도를 반복하도록 부탁받으리라고 예리하게 의식하는 것과 함께 말이다.

---

1) 〔역주〕 본서에서 드 만은 "교육"과 관련된 단어들(teaching, education, instruction 등등)을 자주 쓰고 있다. "교육·교육적"이라고 뭉뚱그릴 수도 있을 이 단어들 중 특히 "didactics"와 "pedagogy"의 어감을 살리기 위해 이하에서는, 다소 어색하지만, 전자를 교수법·교수적(教授的 didactic), 후자를 교무·교무적(教務的 pedagogical) 등으로 구분하여 옮겼다.

2) 〔역주〕 "규정"은 본서에 빈번히 등장하는 단어인데, "결정"과의 구분을 위해 다음과 같이 번역하였다. 규정(determination)·과잉 규정(overdetermination)·비규정(indetermination)·규정적인(determining 규정하는) 등등; 결정(decision)·결정 불가능성(undecidability) 등등. "규정"과 "결정"의 구분 및 "과잉 규정"의 의미에 대해서는 자크 데리다·베르나르 스티글러, 《에코그라피》, 김재희·진태원 공역(서울: 민음사, 2002), 20-21쪽의 역주 3번 참조.

나는, 최소한의 성의로, 이 계획의 요구 조건에 부응하는 게 어려움을 알게 되어, 다만 왜 문학 이론의 주요 이론적 관심사가 그것의 정의 불가능성에 있는지를, 가능하면 간결하게 설명하려고 애쓸 수 있을 뿐이었다. 위원회는 올바르게도 이것이 그 논문집의 교무적 목표를 달성하는 데 부적합한 방식이라고 판단하여 또 다른 논문을 의뢰했다.[3] 나는 그들의 결정이 아주 정당할 뿐만 아니라, 문학 교육에 대한 그 함의에서 흥미롭다고 생각했다.

나는 두 가지 이유에서 이것을 말한다. 첫째는, 정당하게 바랄 수 있는 것보다 더 회고적이고 더 일반적이고자 애쓴 어색함의 원인이 된, 원래 할당받은 논문의 흔적을 설명하기 위해서이다. 그러나 둘째는, 이 곤경[4]이 또한 일반적 관심이 있는 문제——즉 학술(MLA 논문집 제목의 핵심어), 이론, 문학 교육 사이의 관계——를 드러내기 때문이다.

지나친 단견일지 모르지만, 교육은 본래 사람들 사이의 상호 주체적 관계가 아니라, 자기와 타자가 겨우 스치게 인접하여 관련되는 인식 과정이다.[5] 그 이름에 값하는 유일한 교육은 개인적인 것이 아니라 학술적인 것이며, 교육과 쇼 비즈니스나 지도 상담의 다양한 양상들 사이의 유비는 대개 교육이라는 과업을 기권한 데 대한 변명이다.

---

3) 〔역주〕 결과적으로 MLA 논문집 *Introduction to Scholarship in Modern Languages and Literature*(1981)의 "Literary Theory" 부문에는 Paul Harnadi의 논문이 실리게 되었다. 드 만은 그러한 결정에 이의를 제기하지 않았고, 원래 〈문학 이론: 목표와 방법〉이라는 제목으로 써두었던 기고의 제목을 바로 이 〈이론에 대한 저항〉으로 바꾸어 발표하였다. 이상에 대해서는 원서 《이론에 대한 저항》에 있는 Wlad Godzich의 서문(xii쪽) 참조.

4) 〔역주〕 "곤경"(predicament)은 드 만의 주요 어휘들 중 하나이다. 무엇보다도 드 만의 하버드 대학 박사 학위 논문 제목이 〈말라르메, 예이츠, 그리고 후기 낭만적 곤경〉(1960)이다. 같은 의미로 "궁지"(quandary)와 "곤궁"(plight) 또한 자주 쓰인다.

학술이란, 원칙적으로, 탁월하게 교육 가능한 것이어야 한다. 문학의 경우, 그러한 학술은 적어도 두 가지 상보적인 구역——즉 이해를 위한 준비 조건으로서의 역사적이고 문헌학적인 사실 그리고 읽기나 해석의 방법——을 포함한다. 후자는 분명 열린 학제이지만, 내적인 위기와 논란 및 논쟁에도 불구하고, 이성적 수단에 의해 진전되기를 바랄 수 있다. 방법의 형성에 관한 제어된 반성으로서 이론은 올바르게도 교육과 완전히 양립 가능함을 보일 수 있고, 우리는 수많은 중요 이론가들이 또한 저명한 학자이며 학자였음을 생각해 볼 수 있다.[6] 이해의 방법과 그 방법이 도달하게끔 허용하는 지식 사이에 긴장이 생길 때에만 문제가 일어난다. 참으로 문학 그 자체와 관련해, 진리 (Wahrheit)와 방법(Methode) 사이의 불일치[7]가 있게 하는 무엇인가가 있다면, 학술과 이론은 더 이상 꼭 양립 가능한 것이 아니다. 이러한 복잡화의 첫 희생자로, 역사와 해석 사이의 명확한 구분뿐만 아니라 "문학 그 자체"라는 관념도 더 이상 당연하게 생각될 수 없을 것이다. 그 대상의 "진리"에 맞아떨어질 수 없는 방법은 착각만 가르칠 수 있을 뿐이기 때문이다. 문학 및 언어학 교육의 근래 정세에서뿐 아니라

---

5) [역주] 본서에서는 "self"를 "자기"로 번역하여, "자아"(ego)와 구분하였다. 여기서 드 만은 교육을 인간(나와 너) 관계가 아니라, 비개인적 인식(자기와 타자) 과정으로 정의한다. 참고로, 선행 번역과 원문을 병기한다. "지나치게 피상적인 견해일지 모르지만, 교육이란 일차적으로 사람들 사이의 상호 교류를 통한 관계 맺기가 아니라, 자아와 타자 사이의 직접적 만남이 이루어지지 않은 채 다만 서로에게 가능한 한 접근해 갈 뿐인 인식의 과정이다"(〈이론에의 저항〉, 장경렬 역, 《현대 비평과 이론》 6호[1993년 가을·겨울], 178쪽); "Overfacile opinion notwithstanding, teaching is not primarily an intersubjective relationship between people but a cognitive process in which self and other are only tangentially and contiguously involved."

6) [역주] 여기서 "학자"(scholar)는 어원 그대로 "학교"(school)에서 가르치는 사람을 뜻한다.

7) [역주] "불일치"(discrepancy)는 드 만의 사상을 한마디로 요약해 주는 어휘이다. 같은 의미로 "괴리"(disjunction)와 "불합치"(divergence) 또한 자주 쓰인다.

길고 복잡한 역사에서의 다양한 전개는, 그러한 어려움이 문학에 관한 담론에 태생적인 초점이라는 것을 시사하는 증후를 드러낸다. 이런 불확실성은 윤리적이고 미학적인 가치의 이름으로 이론을 향한 적대감에서, 또 이런 가치에 대한 그 자신의 굴종을 재단언하고자 하는 이론가의 회복적인 시도에서 명백히 나타난다. 이런 공격 중 가장 효과적인 것은 이론을 학술에 대한 또, 결과적으로, 교육에 대한 장애물로 비난하는 일일 것이다. 정말 그런지 또 왜 그런지 검토해 보는 일은 가치 있을 것이다. 참으로 그렇다면, 진리가 아닌 것을 가르치는 데 성공하는 것보다 가르치지 말아야 할 것을 가르치는 데 실패하는 편이 더 낫기 때문이다.

문학 이론에 관한 일반적 진술은, 이론상, 실용적 고려로부터 출발해서는 안 된다. 그것은 문학의 정의(문학이란 무엇인가?) 같은 물음을 제기하고, 문학적 언어 사용과 비문학적 언어 사용 사이의 구별을, 또 문학적 예술 형태와 비언어적 예술 형태 사이의 구별을 논의해야 한다. 그런 뒤 그것은 문학 속(屬)의 다양한 양상과 종(種)에 관한 서술적 분류학[8]으로, 또 그러한 분류로부터 따라 나오기 마련인 규범적 규칙으로 나아가야 한다. 혹은, 현상학적 모델을 위해 스콜라적 모델을 거부한다면, 쓰기, 읽기, 혹은 둘 다로서의 문학 활동에 관한 현상학을, 혹은 생산물——즉 그러한 활동의 상관자——로서의 문학 작품에 관한 현상학을 시도해야 한다. 어느 접근을 취하든(그리고 이론

---

8) 〔역주〕기술(記述)과 기술(技術)을 구분하기 위해 본서에서는 전자는 서술(description)·서술적(descriptive), 후자는 기술(technique)·기술적(technical 전문적)·기술자(technician) 등으로 번역하였다. 다만, 역자가 "서술적 분류학"으로 옮긴 "descriptive taxonomy"는 생물학에서 "기재 분류학"으로 번역되기도 한다.

적으로 정당화 가능한 몇 가지 다른 출발점을 상상해 볼 수 있는데) 상당한 어려움이, 너무 깊이 잘라서 가장 초보적인 학술 과업 즉 그 집체[9]의 구획과 그 물음의 현재 상태도 혼란으로 끝나게 될 어려움이, 꼭 문헌 목록이 너무 크기 때문이 아니라 그 경계선을 고정하는 것이 불가능하기 때문에, 즉시 일어나리라는 것은 확실하다. 그런 예측 가능한 어려움 때문에 많은 문학에 관한 저술가들이[10] 실용적 노선보다는 이론적 노선을 따라 나아가지 못했던 것은 아니며, 자주 상당한 성공이 있었다. 그러나 모든 경우 이 성공은, 암묵적으로 남아 있겠지만 문학적인 것——만약 그러한 "것"이라는 게 참으로 존재한다면——자체로부터가 아니라 체계의 전제로부터 출발하여 "문학적인" 것의 선험적 개념을 규정하는 체계(철학, 종교 혹은 이데올로기)의 힘에 의존한다는 것이 보여질 수 있다. 이 마지막 한정은 물론 현실적 문제로, 사실상 방금 언급된 어려움이 예측 가능함을 설명해 준다. 즉 한 실체의 존재 조건 자체가 특히 중대하다면, 이 실체에 관한 이론은 실용적인 것 속으로 물러날 수밖에 없는 것이다. 문학 이론의 어렵고 비결론적(非結論的)인 역사는, 가령 농담이나 심지어 꿈과 같은 다른 언어화

---

9) 〔역주〕 언어학에서 "말뭉치"로 흔히 번역되는 "corpus"는 언어 자료의 집합체를 뜻한다. 본서에서는 "코퍼스"를 "집체"로 번역해 보았다.

10) 〔역주〕 여기서 "문학에 관한 저술가들"(writers on literature)은 물론 창작가가 아니라 문학 연구자를 지칭한다. 〈이론에의 저항〉(180쪽)도 "문학에 관한 글을 쓰는 사람들"로, 또 일어판(28쪽)도 "문학 연구자"로 옮겼다. 문제는 "writer"라는 단어가 단독으로 쓰일 때 발생한다. 드 만은 본서에서 "writer"를, "저술가"를 뜻하는 포괄적 의미로 쓰기도 하고, "작가"를 뜻하는 제한적 의미로 쓰기도 하며, 추정컨대 "문학에 관한 저술가"의 약어로 쓰기도 한다. 이러한 용어법은 번역가에게 때로 혼동을 일으키는데, 이는 뒤의 역주들에서 예시될 것이다. 창작가이면서 문학 연구자인 저술가도 있지만, 이하에서는 일단, "writer"를 문학 연구자의 의미일 때 "저술가"로 그리고 창작가의 의미일 때 "작가"로 옮겼다. 덧붙여, "author"를 "저자"로 구분하여 옮겼다.

된 사건들보다 훨씬 더 명시적인 방식으로, 문학이 참으로 그럴 수밖에 없다는 것을 보여 준다. 문학을 이론적으로 다루려는 시도는, 경험적 고려로부터 출발해야 한다는 사실에 따르는 편이 나을 것이다.

그렇다면, 실용적으로 말하여, 우리는 지난 15년에서 20년간에 걸쳐 문학 이론이라 불린 것에 강한 관심이 있어 왔음을, 그리고 미국에서 이런 관심이, 대개 유럽 대륙적인 것이었지만 항상 그렇지는 않았던, 외국의 영향을 수입하고 수용하는 것과 때때로 일치했음을 알고 있다. 우리는 또한 이런 관심의 물결이 최초의 열광을 지나 포만이나 실망이 밀려와 이제 퇴조하는 것 같음을 알고 있다. 그러한 간만(干滿)은 지극히 자연스러운 것이지만, 이 경우 그것은 문학 이론에 대한 저항의 깊이를 아주 명백히 보여 주기 때문에 흥미롭게 남아 있다. 위협적이라고 생각하는 것을 확대하거나 축소함으로써, 즉 그것에 없는 힘이 있다고 생각함으로써, 해소해 버리려는 것은 불안의 재발적인 전략이다. 고양이가 호랑이라 불린다면, 그것은 종이 호랑이로 쉽게 방기될 수 있다. 그러나 왜 처음에 그 고양이를 그다지도 무서워했는가 하는 물음은 남게 된다. 같은 전법이 역으로도 작용한다. 즉 고양이를 쥐라고 부르고 나서, 힘센 체한 데 대해 그것을 비웃는 일이다. 이 논쟁적인 소용돌이 속으로 끌려 들어가는 것보다 고양이를 고양이라 부르고, 아무리 간단할지언정, 미국에서 이론에 대한 저항의 근래 버전[11]을 기록하려고 애쓰는 편이 더 나을 것이다.

---

11) 〔역주〕 본서에 나오는 "버전"은 "version"을 그대로 옮긴 것이다. 본서를 번역하며 역자는 가능하면 우리말을 쓰는 것을 원칙으로 하였으나, 드 만이 빈번히 사용하는 "버전"을 대체할 만한 우리말을 찾지 못했다. "이형"이나 "변형" 같은 말들이 있지만, 이 말들은 차이의 어감이 더 강해, "버전"이 동시에 갖고 있는 연속성의 어감을 전하기 어려워 보였다. 또 이 말들은 "판"의 의미로 더불어 쓰기도 어색해 보였다. 이상의 이유들로 부득이 "버전"을 역어로 택하였다.

이론이라는 것을 어떤 개념적 일반성의 체계 안에서 문학적 주해와
비판적 평가를 뿌리내리는 일로 이해한다면, 1960년대 이전 북미 문
학 비평의 유력한 추세는 확실히 이론을 꺼리지는 않았다. 문학에 관
한 가장 직관적이고, 경험적이며, 이론적으로 삼가는 저술가들도, 적
어도 일반적으로 중요한 최소 개념들(어조, 유기적 형태, 인유, 전통,
역사적 상황 등등) 일체를 사용했었다. 몇 가지 다른 경우에서도, 이론
에 대한 관심은 공적으로 단언되었고 실천되었다. 다소간 공공연히
공포된, 폭넓게 공유된 방법론은 《시 이해》(브룩스 · 워렌),[12] 《문학의
이론》(웰렉 · 워렌),[13] 《빛의 장(場)》(루벤 브라우어)[14] 같은 이 시대의 영
향력 있는 교과서들과 《거울과 등불》,[15] 《몸짓으로서의 언어》,[16] 《언어
적 성상》[17] 같은 이론적으로 정향된 작업들을 함께 연결해 준다.

그럼에도, 케네스 버크[18]를 또 어떤 면에서 노스럽 프라이[19]를 가능
한 예외로 하면, 이 저자들 중 누구도 스스로를, 이론가라는 용어의
1960년대 이후 의미에서, 이론가로 생각하지는 않았을 것이고, 그들
의 작업이 긍정적이든 부정적이든, 나중 이론가들의 작업처럼 강한
반응을 불러일으켰던 것도 아니다. 의심할 바 없이, 광범위한 불합치
들을 망라하는 접근에서 논쟁과 차이가 있었지만, 문학 연구의 근본

---

12) 〔역주〕 Cleanth Brooks and Robert Penn Warren, *Understanding Poetry*.
13) 〔역주〕 René Wellek and Austin Warren, *Theory of Literature*.
14) 〔역주〕 Reuben Brower, *The Fields of Light: An Experiment in Critical
Reading*.
15) 〔역주〕 M. H. Abrams, *The Mirror and the Lamp: Romantic Theory and the
Critical Tradition*.
16) 〔역주〕 R. P. Blackmur, *Language as Gesture: Essays in Poetry*.
17) 〔역주〕 W. K. Wimsatt, *The Verbal Icon: Studies in the Meaning of Poetry*.
18) 〔역주〕 Kenneth Burke(1897-1993, 미국).
19) 〔역주〕 Northrop Frye(1912-1991, 캐나다).

적 교과 과정이나 문학 연구에 기대되는 재능과 훈련은 심각하게 도전받지 않고 있었다. 신비평적 접근들은 기성 학문 제도에 맞춰 들어가는 데 어려움을 경험하지 않았으며, 그 실천자들은 그들의 문학적 감수성을 어떤 식으로든 배반할 필요가 없었다. 그 대표자들 몇몇은 학문적 직분과 나란히 시인 혹은 소설가로서도 그만큼의 성공적인 이력을 추구했던 것이다. 또 그들은, 확실히 유럽 전통보다 덜 전제적이긴 하지만 그럼에도 결코 권력이 없는 것은 아닌, 미국적 전통과 관련해 어려움을 경험했던 것도 아니다. 신비평의 완벽한 체현은, 많은 면에서, T. S. 엘리엇의 개성과 이데올로기에 남아 있는데, 그는 독창적 재능, 전통적 학습, 언어적 기지와 도덕적 진지함의 결합체이자, 더 어두운 심적 정치적 깊이를 감질나게 힐끗 볼 수 없을 만큼 억압되어 있지는 않으면서, 자기 만족과 유혹을 지닌 양가적 적격의 표면을 깨뜨리지는 않는, 지적 고상함의 영미국적 혼합체인 것이다. 그러한 문학적 분위기의 규범적 원리는 이론적이기보다는 문화적이고 이데올로기적이며, 이론이 요구하는 비개인적 일관성보다는 사회적이고 역사적인 자기의 통합성을 향해 있다. 문화는 어느 정도의 세계 시민주의를 감안하고, 참으로 옹호하며, 1950년대 미국 학술원의 문학 정신은 결코 지방색이 있는 것이 아니었다. 그것은 유럽에서 기원한 동류 정신의 뛰어난 생산물——쿠르티우스,[20] 아우어바흐,[21] 크로체,[22] 슈피처,[23] 알론소,[24] 발레리, 그리고 저작 중 일부를 예외로 하여 J. P.

---

20) 〔역주〕 Ernst Robert Curtius(1886-1956, 독일).
21) 〔역주〕 Erich Auerbach(1892-1957, 독일).
22) 〔역주〕 Benedetto Croce(1866-1952, 이탈리아).
23) 〔역주〕 Leo Spitzer(1887-1960, 오스트리아).
24) 〔역주〕 Dámaso Alonso(1898-1990, 스페인).

사르트르 등등——을 음미하고 동화하는 데 아무 어려움이 없었다. 이 목록에 사르트르가 포함된 것은 중요한데, 왜냐하면 그것은 우리가 환기하려고 애쓰는 지배적인 문화 약호[25]가 단지 좌파와 우파, 학문적인 것과 비학문적인 것, 그리니치 빌리지와 오하이오 갬비어[26]라는 정치적 양극으로 동화될 수 없음을 보여 주기 때문이다. 정치적으로 정향되어 있었지만 주로 비학문적인 잡지들은——50년대의 《파티즌 리뷰》가 가장 좋은 예인데——신비평적 접근에 (모든 적당한 유보와 구별을 마땅히 참작한 뒤) 진정한 대립각을 세우지 않았었다. 이 극도로 다양한 추세들과 개인들을 한데 모으는, 부정적이긴 하지만 폭넓은 합의는, 이론에 대해 그들이 공유한 저항이었다. 이런 진단은 이후로 공통의 적에 대해 보다 또렷한 대립점에서 빛이 나게 될 논의와 공모(共謀)로부터 나오는 것이다.

이론에 대한 저항의 이론적 함의가 아니라면, 이러한 고찰의 재미는 기껏해야 일화적인 것일 터이다(20세기의 문학적 토의의 역사적 충격이 아주 미미하기 때문이다). 이 저항의 지역적 발현들은 그 자체로 흥미를 보증할 수 있을 만큼 지극히 체계적이다.

60년대에 전개되었던 그리고 지금도, 다양한 지칭 아래, 문학 이론이라는 잘못 정의되고 좀 혼란스러운 분야를 구성하는, 문학에 대한

---

25) 〔역주〕 역자는 "코드" 관련 용어들을 약호(code), 약호화(codification), 암호화(encoding), 해독(decoding 암호 해독) 등과 같이 구분하였다.

26) 〔역주〕 미국 오하이오 주에 있는 갬비어(Gambier) 마을은, 신비평 잡지 《케니언 리뷰 *The Kenyon Review*》를 발행한 케니언 대학(Kenyon College)이 있는 곳이다. 반면, 뉴욕 주 뉴욕 시에 있는 그리니치 빌리지(Greenwich Village)는 반체제 지식인들과 예술가들이 거주한 곳으로 유명하며, 본문에 나오는 《파티즌 리뷰 *Partisan Review*》가 창간된 곳이다.

접근들에 의해 위협받고 있는 것은 도대체 무엇인가? 이러한 접근들은 어느 특정한 방법이나 국가와 단순 동등시될 수 없다. 구조주의는, 심지어 프랑스에서도, 무대를 지배한 유일한 추세가 아니었으며, 구조주의도 또 기호학도 슬라브어권의 이전의 경향과 분리될 수 없는 것이다. 독일에서 주요한 자극은 다른 방향, 즉 프랑크푸르트 학파와 보다 더 정통적인 마르크스주의자들, 또 후설 이후의 현상학과 하이데거 이후의 해석학으로부터 왔으며, 구조적 분석은 약간 침입했을 뿐이다. 이 모든 추세는, 미국에 토착적인 관심과 다소간 생산적으로 결합하여, 미국에서 영향력의 몫을 나누어 왔다. 역사에 관한 국가적으로 혹은 개인적으로 경쟁적인 관점만이 그러한 꼬리표 붙이기 어려운 운동들을 위계화하고 싶어 할 것이다. 문학 이론을 할 수 있는 가능성은, 결코 당연한 것으로 생각될 수 없으며, 그 자체가 의식적으로 반성되는 물음이 되었고, 이 물음에서 가장 멀리 나아간 사람들은 가장 논란의 여지가 많지만 또 가장 좋은 정보의 원천이다. 이는 확실히 구조주의와 느슨하게 연결될 수 있는 몇몇 이름을 포함하는데, 구조주의는 소쉬르, 야콥슨, 바르트뿐 아니라 그레마스, 알튀세르까지 포함할 정도로 폭넓게 정의될 수 있는 것이면서도, 다시 말하면, 너무 폭넓게 정의되어 더 이상 의미 있는 역사적 용어로 쓰일 수 없는 것이기도 하다.

문학 이론은 문학 텍스트에 대한 접근이 더 이상 비언어적인, 다시 말해 역사적이고 미학적인 고찰에 기초하지 않을 때,[27] 혹은 좀 덜 조야하게 말하면, 논의의 대상이 더 이상 의미나 가치가 아니라 의미와 가치 확립 이전의 의미와 가치의 생산과 수용의 양태일 때 태어나게 된다고 할 수 있는데, 이는 의미와 가치 확립이 그 가능성과 지위를 고찰하기 위해 비판적 탐구라는 자율적 학제를 요구할 정도로 지극히 문제적이라는 것을 함의한다. 문학사는 실증주의적 역사주의의 상투어들로부터 가장 멀리 떨어져 고찰될 때에도, 여전히 이해 가능성이 당연시되는 이해의 역사이다. 미학과 의미의 관계는, 미학이 내용 자체보다는 의미의 **효과**와 명백히 관련이 있기 때문에, 더 복잡한 것이다. 그러나 미학은 사실상, 칸트 직전의 그리고 칸트와 함께한 전개 이후로, 의미와 이해 과정의 현상주의[28]이며, 예술과 문학에 관한 현상학을 (미학[29]이라는 이름이 보여 주듯) 자명한 것으로 가정한다는 점에서 순진한 것일 수 있는데, 실은 이 점이 문제일 것이다. 미학은 특정한 이론이라기보다 철학의 보편적 체계의 일부분이다. 19세기 철학 전통에서 니체가, 칸트와 헤겔 및 그 후계자들에 의해 세워진 체계에 도전한 일은 철학의 일반적 문제의 한 버전이다. 니체의 형이상학 비판은 미학을 포함하고 미학으로부터 출발하는데, 같은 말을 하이데거에게도 할 수 있을 것이다. 고명한 철학자들의 이름을 호출하

---

27) 〔역주〕 맥퀼런은 드 만 해설서에서 이를 다음과 같이 인용한다. "그는 문학 이론을 텍스트에 대한, '더 이상 비언어적인, 다시 말해 역사적이고 미학적인 고찰에 기초하지 않는' 접근으로 정의한다"(Martin McQuillan, *Paul de Man*[London: Routledge, 2001], 50쪽). 국역본 번역을 병기한다. "그는 문학적 이론을 텍스트에 대한 접근으로서 한정한다. 여기서 텍스트는 '비언어학적인, 요컨대 역사적이고 미학적인 가치에 더 이상 근거하지 않는 것이다'"(마틴 맥퀼런, 《폴 드 만과 탈구성적 텍스트》, 이창남 역[서울: 앨피, 2007], 99쪽). 원문은 이렇다. "He defines literary theory as an approach to texts which 'is no longer based on non-linguistic, that is to say historical and aesthetic considerations.'"

28) 〔역주〕 드 만은 "현상주의"(phenomenalism)나 "현상성"(phenomenality) 같은 용어를 정의하지 않은 채 쓰고 있다. 가셰의 논평을 덧붙이면, "드 만에게 현상성은 감각에의 접근 가능성을 나타낸다. 현상은 직관할 수 있는(anschaulich), 이미지 같은(bildhaft) 것이라는 사실로 특징지어진다…. 비유와 전의는 감각에 호소하고, 어떤 인식의 양식을 즉 현상적 세계의 경험의 양식을 특권시하는 점에서 현상적이다. 비현상적인 언어적 읽기는, 따라서, 우선, 비지각적인 혹은 비미학적인 읽기이다"(Rodolphe Gasché, *The Wild Card of Reading: On Paul de Man*[Cambridge: Harvard University Press, 1998], 53쪽).

는 것은 오늘날 문학 이론의 발전이 더 커다란 철학적 사변의 부산물임을 암시하지 않는다. 몇몇 드문 경우 철학과 문학 이론 사이에 직접적인 연결 고리가 존재할 수 있다. 그러나 더 흔하게는, 근래 문학 이론은 다른 맥락에서, 철학에서, 꼭 더 분명하고 엄격한 형태인 것은 아니지만 또 표면화한 물음들의 상대적으로 자율적인 버전이다. 영국에서 또 유럽 대륙에서 철학은, 때때로 자유롭다고 믿는 척하는 것보다 전통적 패턴에서 덜 자유로우며, 철학 체계의 주요 성분 중에서 미학의, 결코 지배적이지는 않지만, 현저한 자리는 이 체계의 구성 부분이다. 따라서 근래 문학 이론이 철학 외부로부터 그리고 때때로 철학 전통의 중압에 대한 의식적 반항에서 태어나게 되었던 것은 놀라운 일이 아니다. 문학 이론은 이제 철학의 정당한 관심이 되었다고 할 수 있지만, 사실적으로든 이론적으로든, 철학에 동화될 수 있는 것은 아니다. 문학 이론은 필연적으로 실용적인 계기를 함유하고 있는데, 이는 그것을 이론으로서는 확실히 약하게 하지만, 예측 불가능성이라는 전복적 요소를 더하여, 이론적 학제라는 진지한 게임에서

---

29) 〔역주〕 본서에서 시종 "미학"으로 번역된 "Ästhetik"은 어원 그대로 감각에 관계하며, 따라서 그 역어로 "감성론" 혹은 "감성학"이 더 바람직하다는 지적도 있다. 가령, "바움가르텐은 원래 이 학문을 '감성적 지각에 관한 학문'이라고 하는 보다 폭넓은, 그리고 오늘날의 입장에서 볼 때 보다 정당한 정의를 내린 바 있다. 이러한 정의를 따른다면 'Ästhetik'은 미학보다는 '감성론'으로 옮기는 것이 보다 적절한 번역일 것이다. 판단력 비판을 통해 현대 미학의 초석을 놓은 칸트에게도 'Ästhetik'은 감성적 지각을 선험적으로 분석하는 이론인 '감성론'이라는 의미로 이해되고 있다"(안성찬, 《숭고의 미학》[서울: 유로 서적, 2004], 20-21쪽). 또 "본래적 의미로 본다면 Ästhetik를 '감성학'으로 번역하되, 감성학을 '감각의 수용 능력을 다루는 학'과 '감각에 의한 주관의 정서적 또는 감정적 변양을 다루는 학'으로 구분하고 후자를 '미학'으로 부르는 것이 가장 정당하다"(칸트, 《판단력 비판》, 김상현 역[서울: 책세상, 2005], 179쪽, 역자의 용어 해설). 이 문맥에서 "미학"은 일단, 맥퀼런의 간명한 풀이로는, "예술 작품이 인간 감각에 의해 아름답거나 아름답지 않은 것으로 직관적으로 지각될 수 있다는 생각"이다(McQuillan, *Paul de Man*, 52쪽).

와일드 카드(wild card) 같은 것이 되게 한다.

이론의 출현, 이제는 자주 개탄되고 있으며 이론을 문학사 및 문학 비평으로부터 떼어 놓은 저 분기점은 문학의 상위 언어에서 언어학적 용어법의 도입과 함께 일어난다. 언어학적 용어법이라는 말은, 지시물을 지칭하기 이전에 지시를 지칭하며, 세계를 숙고할 때 언어의 지시 기능을 고려하는 혹은, 조금 더 상세하게 말하여, 지시를 꼭 직관으로서가 아니라 언어의 기능으로서 숙고하는 용어법을 뜻한다. 직관은 지각, 의식, 경험을 함의하기에, 미학이 현저한 자리를 차지하는 이 모든 상관물과 더불어 즉시 논리와 이해의 세계로 빠지게 된다. 꼭 논리학인 것은 아닌 언어 과학이 있을 수 있다는 가정은, 꼭 미학적인 것은 아닌 용어법의 발전에 이른다. 근래 문학 이론은 소쉬르 언어학을 문학 텍스트에 적용하는 것과 같은 사건으로 제 모습을 갖추게 된다.

구조 언어학과 문학 텍스트의 친화성은, 뒤늦게 역사를 보면, 지금 그렇게 보이는 것만큼 명백하진 않다. 퍼스, 소쉬르, 사피어,[30] 블룸필드[31]는 원래 문학에 전혀 관심이 없었고 언어학의 과학적 토대에 관심이 있었다. 그러나 로만 야콥슨 같은 문헌학자나 롤랑 바르트 같은 문학 비평가의 기호학에 대한 관심은, 문학이 언어학적 기호 이론에 자연스럽게 이끌림을 드러내 준다. 언어를 확립된 의미 패턴이 아니라 기호 및 기호화[32] 체계로 숙고함으로써, 언어의 문학적인 사용과 추정컨대 비문학적인 사용 사이의 전통적 장벽을 치환하거나 심지

---

30) 〔역주〕 Edward Sapir(1884–1936, 미국).
31) 〔역주〕 Leonard Bloomfield(1887–1949, 미국).
32) 〔역주〕 "의미 작용"으로 흔히 번역되는 "signification"을 본서에서는 "기호화"로 옮겼다. 또, 다소 어색하지만, "signify"를 "기호화하다"로 옮겨, "의미하다"를 뜻하는 다른 단어들과 구분하였다.

어 중지하고, 그 집체를 텍스트적 정전화(正典化)[33]의 세속적 중압으로부터 해방하게 되는 것이다. 기호학과 문학이 마주친 결과는, 문학에 관한 저술가들이 그러한 모델들을 찾아 이전에 시도해 보았던 다른 많은 이론적인——문헌학적인, 심리학적인, 혹은 고전적으로 인식론적인——모델들의 결과보다 상당히 더 멀리 나아갔다. 기호학적 분석에 대한 문학 텍스트의 반응성은, 다른 접근들이 공통된 지식의 차원에서 환언되거나 번역될 수 있는 관찰 이상으로 나아갈 수 없었던 데 반해, 이러한 기호학적 분석이 오직 그 자신의, 특정하게 언어학적인, 차원에서만 서술될 수 있는 패턴을 드러냈다는 점에서 가시적인 것이다. 기호학의 언어학과 문학의 언어학은 분명 그것들이 공유하는 관점으로만 탐지할 수 있는 그리고 그것들에만 뚜렷이 속하는 무엇인가를 공통으로 갖고 있다. 자주 문학성(literariness)이라 지칭되는 이 무엇인가의 정의가 문학 이론의 대상이 된 것이다.

그러나 문학성은 오늘날의 논쟁을 지배하는 많은 혼란을 불러일으킨 방식으로 자주 오해된다. 예컨대 문학성은 미학적 반응의 다른 이름 혹은 다른 양식으로 빈번히 가정된다. 문체와 문체학, 형식 혹은 심지어 "시"("문법의 시"[34]라고 할 때) 같은 용어들을 문학성과 연결지어 쓰는 것은 강한 미학적 함축을 전하며, 그 용어를 처음 유통시킨 사람들 속에서마저 이런 혼동을 조장하도록 한다. 예컨대 롤랑 바르트는 적절하고도 계시적으로 로만 야콥슨에게 헌정된 한 시론에서,

---

33) 〔역주〕 "정전" 관련 단어들을 정전(canon)·정전적(canonical)·정전화(canoni-zation) 등으로 번역하였다.

34) 〔역주〕 "문법의 시"는 야콥슨의 용어이다. Roman Jakobson, "Poetry of Grammar and Grammar of Poetry," in *Language in Literature*(Cambridge: Harvard University Press, 1987) 참조.

저 작가가 단어의 음성적 속성과 단어의 기호화 기능의 완벽한 일치를 추구한 데 대해 웅변으로 말한다.[35] "우리는 또한 프루스트에 있는 이름의(그리고 기호의) 크라틸루스주의(Cratylism)를 역설하고 싶다⋯. 프루스트는 기표와 기의의 관계를 동기화된 것으로, 즉 기표가 기의를 모사하고 기표의 물질적 형태에서 (사물 자체가 아니라) 사물의 기호화된 본질을 재현하는 것으로 본다⋯. 이름을 관념의 '모사'로 생각하는 이 (스콜라적 의미에서의) 실재론은 프루스트에서 근본적 형태를 취했다. 그러나 그것이 다소간 모든 글에 의식적으로 존재하는 것은 아닌지 또 이름과 본질 사이의 자연적 관계에 대한 일종의 믿음 없이 작가가 되는 것이 가능한지 물어봐야 할 것이다. 그리하여 그 말의 가장 넓은 의미에서 시적인 기능은 기호에 대한 크라틸루스적 자각에 의해 정의될 것이고, 작가는 언어가 관념을 모방하기를 바라는 그리고, 언어 과학의 가르침과는 반대로, 기호를 동기화된 기호로 생각하는 이 세속적 신화의 전달자일 것이다."[36] 소리로서의, 언어의 현상적 측면이 지시물로서의 기호화 기능과 일치하는 것을 가정하는 한에서 크라틸루스주의는 미학적으로 정향된 개념이다. 우리는 사실상, 왜곡 없이, 미학 이론을, 헤겔에서의 그 가장 체계적인 정식화를 포함해, 크라틸루스적 언어 개념이 한 버전인 이 모델의 가장 완전한 펼쳐짐이라고 생각할 수 있을 것이다.[37] 헤겔이 《미학》에서 플라톤을 좀 난해하게 언급한 일은 이런 의미로 해석될 수 있을 것이다. 흔히 바르

---

35) [역주] 여기서 "저 작가"(the writer)는 프루스트를 가리킨다. 참고로, 선행 번역과 원문을 병기한다. 롤랑 바르트는 "웅변적 어조로 작가는 단어의 음성학적 특성과 그 단어의 의미 기능 사이의 완벽한 조화를 추구해야 한다고 주장하고 있다"(《이론에의 저항》, 187쪽); "Roland Barthes (⋯) speaks eloquently of the writer's quest for a perfect coincidence of the phonic properties of a word with its signifying function."

트와 야콥슨은 순수하게 미학적인 읽기를 권하는 것처럼 보이지만, 그들의 진술에는 정반대 방향으로 움직이는 부분이 있다. 왜냐하면 프루스트에서 바르트에 의해 찬미된, 그리고 제라르 주네트가 결정적으로 보여 준 바와 같이,[38] 미혹된 마음에 대한 유혹으로 나중에 프루스트 자신에 의해 해제(解除)된, 소리와 의미의 일치는 바르트에서 언어가 완벽하게 잘 달성할 수 있긴 하지만 유비에 의해서든 존재론적으로 정초된 모방에 의해서든 그 특정한 효과 너머 어떤 것과도 아무 실질적 관계가 없는 그저 **효과**로 또한 고려되고 있기 때문이다. 그것은 언어의 미학적 기능이 아니라 수사적[39] 기능, 즉 기표 수준에서 작동하는 식별 가능한 전의(유음이의)[40]이며, 세계의 성질에 아무런 책

---

36) 〔역주〕 Roland Barthes, "Proust et les noms," in *To Honor Roman Jakobson* (The Hague: Mouton, 1967), 157-58쪽. 이 부분은 드 만의 영어 번역으로부터 우리말로 옮겨진 것이다. 국역본 번역을 병기한다. "우리가 또한 강조하고자 하는 점은 프루스트 작품에서 이름의 (그리고 기호의) 크라틸루스적인 성격이다. 그 이유는 프루스트가 기표와 기의의 관계를 동기화된 관계로 보고 있기 때문이다. 하나는 다른 하나를 모사하고, 사물(물 자체가 아니다)의 의미화된 본질을 물질적 형태로 재생하기 때문이다…. (스콜라 철학적 의미에서) 이러한 실념론은 이름들이 관념들의 '반영'이라고 주장하는데, 프루스트의 작품에서 근본적인 형태를 취하고 있다. 그러나 우리는 그것이 모든 글쓰기에 다소간 의식적으로 존재하지 않는지, 그리고 어떤 식으로든 이름들과 본질들의 자연적 관계를 믿지 않고도 작가가 진정으로 될 수 있는지 자문할 수 있다. 왜냐하면 가장 광의의 의미에서 시적인 기능은 기호들에 대한 크라틸루스적인 의식에 의해 규정될 수 있을 것이며, 작가는 이 매우 오래된 신화의 서창자라 할 것이다. 이 신화에 따르면 언어는 관념들을 제한하고, 언어 과학의 명확한 설명과는 반대로 기호들은 동기화되어 있다"(롤랑 바르트, 〈프루스트와 이름들〉, 《글쓰기의 영도》, 김웅권 역[서울: 동문선, 2007], 155-56쪽). 여기서 "전달자"(conveyor) 혹은 "서창자"는 "*récitant*"의 역어이고, "언어가 관념을 모방"한다는 구절의 원문은 "le langage imite les idées"이다.

37) 〔역주〕 가셰의 논평을 덧붙이면, "크라틸루스주의는, 단어와 사물 사이의 자연적 혹은 상징적 관계를 가정하기에, 미학의 철학적 모체이다…. 드 만에게 크라틸루스주의는 모든 미학의 모델일 뿐 아니라, 모든 철학이 내재적으로 미학적인 이유이다"(Gasché, *The Wild Card of Reading*, 125쪽).

38) "Proust et le language indirect," in *Figures II*(Paris: Seuil, 1969).

임 있는 발언을 담고 있지 않다──이와 정반대의 환상을 창조할 수 있는 강력한 잠재력에도 불구하고 말이다. 소리로서의, 기표의 현상성은 의심할 바 없이 이름과 이름 붙여진 사물의 대응에 포함되어 있는 것이지만, 그 연결 고리, 즉 단어와 사물의 관계는 현상적인 것이 아니라 관습적인 것이다.

이는 지시적 구속으로부터 언어에 상당한 자유를 주지만, 언어 사용이 더 이상 진리와 허위, 선과 악, 미와 추, 쾌락과 고통에 대한 고려에 의해 규정된다고 할 수 없기 때문에, 언어를 인식론적으로 매우 의심스럽고 변덕스러운 것이 되게 한다. 언어의 이 자율적 잠재력이 분석에 의해 드러날 때면 언제나, 우리는 문학성을 그리고 사실상 언어적 발화의 신뢰 가능성에 대한 이 부정적 지식이 쓰일 수 있는 곳으로서의 문학을 다루고 있는 셈이다. 뒤이은 기표의 물질적 현상적 측면의 전경화(前景化)는, 실제 미학적 기능이 최소한도로 중지되는 바로 그 순간에, 미학적 유혹의 강력한 환상을 창조한다. 기호학 혹은 이와 유사하게 정향된 방법들이 의미론적으로보다는 미학적으로 평가되어 형식주의적이라고 여겨지는 것은 불가피한 일이지만, 그러한 해석의 불가피성이 그것을 덜 탈선적이게 하는 것은 아니다. 문학은 미학적 범주를 긍정하기보다는 무효화하는 것을 수반한다. 이 결과의 하나는, 전통적으로 우리가 문학을 조형 예술 및 음악과의 유비에 의해 읽는 것에 익숙해져 있는 반면, 이제 우리는 회화 및 음악에서의 비지각적, 언어적 계기의 필연성을 인식해야만 하고, 의미를 **上**

---

39) 〔역주〕 수사학(修辭學) 및 비유 관련 단어들을 본서에서는 다음과 같이 번역하였다. 수사학(rhetoric) · 수사적(rhetorical); 전의(轉義 trope) · 전의론(tropology) · 전의적(tropological); 비유(figure) · 비유적(figural) · 비유 활용(figuration).

40) 〔역주〕 유음이의(類音異義 paronomasis)는 전의의 한 종류로, 효과를 위해 소리가 유사하지만 의미는 다른 단어들을 사용하는 것을 뜻한다.

상하는 것보다는 그림을 읽는 것을 배워야 한다는 점이다.[41]

문학성이 미학적 성질이 아니라면, 그것은 또한 본래 모방적인 것이 아니다. 유음이의가 언어적 요소와 비언어적 요소 사이의 동일성에 대한 요구(혹은 차이에 대한 반성) 없이 소리를 "모방"하는 것과 마찬가지로, 언어가 비언어적 실체를 모방하는 것을 선택하기 때문에, 모방은 무엇보다도 하나의 전의가 된다. 문학성에 관한 가장 오도된 표상은 그리고 또 근래 문학 이론에 대한 가장 재발적인 반대는 그것을 순수한 언어주의(verbalism)라고, 즉 절대적인 허구라는 이름으로 또 윤리적으로 정치적으로 수치스럽다고 하는 이유들로 인해, 현실 원칙을 부인하는 것이라고 생각하는 것이다. 이 공격은 피고의 죄보다는 공격자들의 불안을 반영한다. 비현상적 언어학의 필요성을 감안함으로써 우리는 문학에 관한 담론을 허구와 현실 사이의 순진한 대립으로부터 풀려나게 하는데, 이 대립은 그 자체가 무비판적으로 모방적인 예술 개념의 소산인 것이다. 진정한 기호학에서 또 여타 언어학적으로 정향된 이론들에서 기호의 지시적 기능은 부인되고 있지 않다──전혀 그렇지 않다. 문제가 되는 것은 자연적 혹은 현상적 인식을 위한 모델로서의 그 권위이다. 문학이 허구인 것은, 어쨌든 "현실"

---

41) 〔역주〕 이 핵심적인 문장에서 직역과 의역의 차이가 두드러진다. 선행 번역과 원문을 병기한다. "사실상 우리는 전통적으로 조형 예술이나 음악과의 유추를 통해 문학을 해석하는 데 익숙해져 있다. 그러나 만일 문학이 미학적 범주의 무화와 관련된 것이라면, 우리는 이제 회화와 음악에도 인식 행위와는 무관한 언어적인 순간이 필연적으로 존재한다는 사실을 깨닫고, 의미를 미학적으로 **상상**하기보다는 그림을 언어적으로 **해석**하는 법을 배워야만 한다"(《이론에의 저항》, 190쪽); "One of the consequences of this is that, whereas we have traditionally been accustomed to reading literature by analogy with the plastic arts and with music, we now have to recognize the necessity of a non-perceptual, linguistic moment in painting and music, and learn to *read* pictures, rather than to *imagine* meaning."

을 인정하기를 거부하기 때문이 아니라, 언어가 현상적 세계의 혹은 현상적 세계 **같은** 원리에 따라 기능하는지가 선험적으로 확실하지 않기 때문이다. 그러므로 문학이 자신의 언어 이외의 어떤 것에 관해 신뢰할 만한 정보의 원천인가는 선험적으로 확실하지 않다.

예컨대 기표의 물질성을 기표가 기호화하는 것의 물질성과 혼동하는 일은 불행한 일일 것이다. 이는 빛과 소리의 수준에서는 지극히 명백해 보일지 모르지만, 공간, 시간 혹은 특별히 자기(自己)의 보다 일반적인 현상성과 관련해서는 덜 그렇다. 제정신을 가진 누구도 "낮"이라는 말의 광도(光度)에 의해 포도를 키우려고 애쓰지 않을 것이지만, 사람의 과거와 미래 실존의 패턴을 세계가 아니라 허구적 서사에 속하는, 시간적이고 공간적인 도식에 따르는 것과 같은 것으로 생각하지 않기란 아주 어렵다. 이는 허구적 서사가 세계와 현실의 일부분이 아니라는 것을 뜻하지 않는다. 세계에 대한 허구적 서사의 영향은 편안해할 수 없을 만치 강력한 것이다. 우리가 이데올로기라 부르는 것은 바로 언어적 현실과 자연적 현실의 혼동, 지시와 현상주의의 혼동이다.[42] 그렇다면 경제학을 포함한 어떤 다른 탐구의 양식보

---

42) 〔역주〕 이 부분은 국내외에서 자주 인용된 대목으로, 용어의 엄밀한 이해를 요한다. 원문은 이렇다. "It would be unfortunate (…) to confuse the materiality of the signifier with the materiality of what it signifies (…) What we call ideology is precisely the confusion of linguistic with natural reality, of reference with phenomenalism." 국역의 두 예를 병기한다. "기표의 물리적 측면과 기표가 지시하는 대상의 물리적 측면을 혼동한다면, 이는 유감스러운 일이 아닐 수 없다…. 우리가 이념이라고 부르는 것은 엄밀하게 말해 언어적 현실과 실제의 현실의 현실을 혼동하거나 또는 지시 작용과 현상을 혼동하는 데에서 나오는 것이다"(《이론에의 저항》, 191쪽); "지시체(단어들과 같은 의미의 단위)의 물질성과 그것이 지시하는 것의 물질성을 혼동하는 것은 불행한 일일 것이다…. 우리가 이데올로기라고 부르는 것은 엄밀히 언어적 현실과 자연적 현실 간의 혹은 지시체와 대상물 자체 사이의 혼동이다"(맥퀄런, 《폴 드 만과 탈구성적 텍스트》, 이창남 역, 157쪽).

다도, 문학성의 언어학은 이데올로기적 탈선을 폭로하는 데 강력하고 불가결한 도구이며 그 탈선의 발생을 설명하는 데 규정적인 요인이다. 문학 이론이 사회적이고 역사적인(다시 말해 이데올로기적인) 현실을 망각하고 있다고 꾸짖는 사람들은 그저, 그들이 신용하지 않으려 하는 도구에 의해 그들 자신의 이데올로기적 신비화가 노출되는 데 대한 두려움을 진술하고 있을 뿐이다. 그들은, 한마디로, 마르크스의 《독일 이데올로기》의 아주 어설픈 독자들인 것이다.

다른 이들에 의해 훨씬 더 광범위하게 그리고 설득력 있게 이루어졌던 논의들을 이렇게 지나친 요약으로 환기하면서, 우리는 저 최초의 물음, 즉 문학 이론의 어떤 점이 그토록 위협적이어서 그런 강력한 저항과 공격을 불러일으키는가 하는 데 대한 몇 가지 답변을 지각하기 시작한다. 그것은 이데올로기 작동의 기구(機構)를 드러냄으로써 고착된 이데올로기를 뒤엎고, 미학이 현저한 부분인 강력한 철학 전통을 거역하고, 확립된 문학 작품의 정전을 뒤엎으며, 문학 담론과 비문학 담론의 경계선을 흐려 놓는다. 함의로 그것은 또한 이데올로기와 철학의 연결 고리를 드러낼 수 있다. 이 모든 것은 의심받기에 충분한 이유이지, 그 물음에 만족스러운 답변이 아니다. 왜냐하면 그것은 근래 문학 이론과 문학 연구 전통 사이의 긴장이 그저 우연히 무대를 동시에 장악하게 된 사유의 두 양식 사이의 역사적 갈등인 것처럼 보이게 하기 때문이다. 만약 갈등이 그저, 문자적[43] 의미에서, 역사적인 것이라면, 그것은 제한된 이론적 흥미만 있으며, 세계의 지적인 날씨에서 지나가는 비에 불과할 것이다. 사실은 문학 이론의 정당

---

43) 〔역주〕 "글자 그대로의"라고 옮길 수 있는 "literal"을 본서에서는 시종 "문자적"이라고 번역하였다. 같은 맥락에서, "문자주의"는 "literalism"의 역어이다.

성을 편드는 논의가 하도 막강해서 그 갈등에 관계하는 것이 전혀 부질없어 보이기도 한다. 확실히, 거듭하여 제시되는 이론에 대한 반대 중 어느 것도, 항상 잘못 알고 있어 혹은 모방, 허구, 현실, 이데올로기, 지시 그리고, 이런 문제라면, 관련성[44] 같은 용어들에 대한 조야한 오해에 기초하고 있어, 진정한 수사적 흥미가 있다고 할 수 없다.

그러나 문학 이론의 발전은 바로 그 기획에 태생적인 복잡화에 스스로 과잉 규정되어 있으며, 과학적 학제로서의 그 지위와 관련하여 불안정하다. 저항은, 자연 과학에서는 생각될 수 없고 사회 과학에서는 입에 담지 못할 방식으로, 문학 이론 담론에 내장된 구성 요소일 수 있다. 바꿔 말하면, 논쟁적 대립, 체계적인 몰이해와 허위 진술, 실질적이지 않지만 영원히 재발적인 반대는 이론적 기획 자체에 태생적인 저항이 치환된 증후이다. 이것이 문학 이론 하는 걸 그려 보게 하지 않는 충분한 이유가 된다고 주장하는 일은, 죽을 사람을 치료하는 데 실패했기 때문에 해부학을 거절하는 일이나 마찬가지일 것이다. 문학 이론의 참된 논쟁은 문학 이론의 논적들에게 있는 것이 아니고 차라리 문학 이론 자신의 방법론적 가정과 가능성에 있다. 왜 문학 이론이 위협적인가를 묻기보다, 우리는 아마도 왜 그것이 자신의 일을 하는 데 그런 어려움이 있는가를 그리고 왜 그것은 자기 정당화와 자기 방어의 언어로 혹은 그렇지 않으면 계획적으로 다행증적(多幸症的)인 유토피아주의의 과잉 보상으로 그리 쉽게 빠지는가를 물어야 할 것이다. 문학 이론의 실천자들이 침착한 방법론적 자기 확신에 거주하는 듯 보일 때마저도 이들에게 따르는 좌절을 우리가 이해하고자 한다

---

44) 〔역주〕여기서 드 만은 그라이스(Paul Grice)의 "관련성의 격률"(Maxim of Relevance)을 염두에 두고 있는 것으로 보인다.

면, 문학 이론 자신의 기획에 관한 그러한 불안정성은 자기 분석을 요구한다. 그리고 만약 이러한 어려움들이 참으로 그 문제의 불가결한 부분이라면, 그것들은 어느 정도까지는, 그 용어의 시간적 의미에서 비역사적인 것이다. 그것들이 현재의 지역적 문학 현장에서 미학적이고 역사적인 담론 속에 언어학적 용어법을 도입하는 데 대한 저항으로 부딪히는 방식은, 구체적인 역사적 상황으로 환원될 수 없는 그래서 현대적, 후기 현대적, 후기 고전적 혹은 낭만적(이 용어의 헤겔적 의미에서도 낭만적)이라고 불릴 수 없는 문제의 한 특정한 버전일 뿐인데, 물론 역사적 시기 구분의 체계로 변장하고 자신을 우리에게 강요하는 강박적 방식은 확실히 그 문제적 성질의 일부이긴 하다. 그러한 어려움들은, 어느 역사적 순간을 선택하고 싶든, 언제든 문학 이론 텍스트에서 읽힐 수 있다. 현재의 이론적 추세의 주요 업적 중 하나는 이 사실에 대한 자각을 복구시켰다는 점이다. 고전, 중세, 르네상스 문학 이론은 이제, 자신을 "현대적"이라고 부르기를 바라지 않는 것이 무엇을 하는 것인지 충분히 아는 방식으로 종종 읽히고 있다.

그렇다면 우리는, 논쟁들이 물음을 규정하도록 하는 게 아니라, 물음 안에 논쟁들을 기입해 넣을 정도로 논의를 넓히고자 하는 시도 속에서 원래의 물음으로 돌아간다. 이론에 대한 저항은 언어에 관한 언어의 사용에 대한 저항이다. 언어가 직관으로 환원될 수 없는 요인이나 기능을 함유하고 있는 것은 그러므로 언어 자체에 대한 혹은 그 가능성에 대한 저항이다. 그러나 우리는, 아마 언어에서 발견될 수 있는 어떤 단어도 "언어"라는 단어만큼 과잉 규정되고, 자기 회피적이고, 오손되고 오손하는[45] 것이 없을 터인데도, "언어"라 불리는 어떤 것을 지칭할 때 우리가 무엇에 대해 말하고 있는지 안다고 너무나 쉽게 가정하는 듯하다. 우리가 언어를 어떤 이론적 모델로부터도 떨어져 안전한 거리에서, "언어"의 실용적 역사 속에서, 개념으로서가 아니라 어떤 인간도 피해 갈 수 없는 교수적 과제로 언어를 고찰하기를 선택한다 해도, 우리는 곧 자신이 이론적 수수께끼에 직면하고 있음을 알게 된다. 모든 언어학적 모델 중 가장 친숙하고 일반적인, 고전 3학과(trivium)는 언어 과학을 문법, 수사학, 논리학(혹은 변증법)으로 구성되는 것으로 생각하는데, 이는 사실상 끝없는 좌절에 대해 무한히 길어진 담론을 낳아 왔을 만큼 강력한 미해결의 긴장들 일체로, 근래 문학 이론은 가장 자기 확신에 차 있을 때마저도 그것의 또 하나의 장(章)에 불과한 것이다. 이 어려움들은 이 구성 부분들 사이의 내적 접합들뿐 아니라 세계 일반에 대한 지식과 언어 분야의 접합으로까지, 즉 수(산술), 공간(기하학), 운동(천문학), 시간(음악) 등 비언어적 학문을 망라한 4학과(quadrivium)와 3학과의 연결 고리로까지 연장된다. 철학의 역사에서 이 연결 고리는 전통적으로 또 실질적으로 논리학을 통해, 즉 언어 자신에 관한 언어학적 담론의 엄밀성이 세계에 대한 수학적 담론의 엄밀성과 일치되는 구역을 통해 성취된다. 예를 들어, 철학과 수학의 관계가 각별히 가까웠던 때인 17세기 인식론은, 이른바 기하학(기하학적 방법)의 언어를 일관성과 경제성의 유일한 모델로 내세워, 사실상 공간, 시간, 수 사이의 동질적 연쇄를 포함하게 된다. 기하학적 방법으로 추론하는 것은 "오류가 없는 거의 유일한 추론 양식인데, 이는 그것이 진정한 방법에 충실한 유일한 추론

---

45) [역주] 드 만에게 언어(그리고 읽기)는 "비유 활용"(figuration 형상화)이면서 동시에 스스로를 손상시키는 "오손"(disfiguration 탈형상화)이다. "오손"과 "마손"(de-facement)은 특히 Paul de Man, *The Rhetoric of Romanticism*(New York: Columbia University Press, 1984)에 수록된 두 편의 글("Autobiography as De-Facement" 및 "Shelley Disfigured")에서 부각된다. 오손, 마손 두 용어의 번역은 일어판 《낭만주의의 수사학》을 따랐다.

양식이기 때문인 반면, 다른 모든 추론 양식은 어쩔 수 없이 어느 정도의 혼동 속에 있으며, 이를 기하학적 정신만이 알아차릴 수 있다"[46]고 말하여진다. 이는 정의적(定義的) 논리학으로 즉 올바른 공리적–연역적, 종합적 추론을 위한 전제 조건으로 생각된 언어 과학과 현상적 세계의 과학 사이의 상호 연결이 분명한 사례이다. 이렇듯 논리학과 수학 사이를 자유롭게 순환할 수 있는 가능성은 그 자신의 복잡하고 문제적인 역사뿐 아니라 다른 논리학과 다른 수학으로 근래의 등가물을 갖고 있다. 우리의 현재 논의를 위해 중요한 것은, 언어 과학과 수리 과학의 이런 접합이, 논리학으로서의 언어 이론과 수학이 접근을 허락하는 현상적 세계 사이의 연속성의 각별히 막강한 한 버전을 나타낸다는 것이다. 그러한 체계에서 미학의 자리는, 3학과 모델에서 논리학의 우선성이 문제되고 있지 않다면, 미리 정해져 있으며 결코 이질적이지 않다. 왜냐하면, 논의를 위하여 또 엄청난 역사적 증거에 반하여, 논리학과 자연 과학 사이의 연결 고리를 안전한 것으로 가정한다 해도, 이는 3학과 자체의 범위 안에서도 문법, 수사학, 논리학 사이의 관계에 대한 물음을 열어 놓기 때문이다. 그리고 여기가 문학성이, 즉 문법적이고 논리적인 기능보다 수사적 기능을 전경화하는 언어 사용이, 결정적이지만 불안정한 요소로 개입하는 지점으로, 그것은 다양한 양식과 측면에서 그 모델의 내적 균형을 또 결과적으로 그 모델의 비언어적 세계로의 외적 연장까지를 분열시키는 것이다.

논리학과 문법은 서로에게 지극히 자연스런 친화성을 갖고 있는 듯하며, 데카르트적 언어학의 전통에서 포르루아얄의 문법학자들은 또

---

46) Blaise Pascal, "De l'esprit géométrique et de l'art de persuader," in Œuvres complètes, ed. L. Lafuma(Paris: Seuil, 1963), 349쪽 이하.

한 논리학자들인 것에도 거의 어려움이 없었다. 같은 주장이 오늘날 아주 다른 방법과 용어법으로, 그럼에도 논리학과 과학이 공유하는 보편성을 향해 같은 정향을 유지하며, 지속되고 있다. 특정한 텍스트들의 독특성[47]을 기호학적 기획의 과학적 일반성에 대립시키는 사람들에게 답하며 A. J. 그레마스는 보편성에 헌신하지 않을 읽기를 서술하기 위해 "문법"의 위엄을 이용하는 권리를 반박한다. 기호학적 방법에 의심을 가진 사람들은, 그레마스에 의하면, "각 개별적 텍스트를 위해 문법을 구성할 필요성을 가정한다. 그러나 문법의 본질(le propre 고유성)은 많은 수의 텍스트들을 설명할 수 있는 능력이며, 이 용어의 은유적 사용은 (…) 사실상 기호학적 기획을 포기해 버렸다는 사실을 감추지 못한다."[48] 여기서 "많은 수"라고 신중하게 불린 것이 사실상 모든 텍스트들의 생성에 적용 가능한 미래 모델에 대한 희망을 적어도 함의하고 있음은 의심할 바 없다. 다시, 이런 방법론적 낙관주의의 타당성을 논의하는 것은 우리의 현재 목표가 아니며, 그것은 그저 문법과 논리학의 지속적인 공생 관계의 한 사례를 제공할 따름이다. 그레마스에게나 그가 속한 전통 전체에서, 언어의 문법적 기능과 논리적 기능이 동연적(同延的)임은 분명하다. 문법은 논리학의 동위 원소인 것이다.

따라서 언어 이론이 문법에 정초해 있는 한, 문학 이론을 포함한 어떤 언어 이론도, 우리가 모든 인식적이고 미학적인 언어 체계의 기저

---

47) 〔역주〕 "단독성"이나 "특이성"으로도 번역되는 "singularity"를 본서에서는 진태원을 따라 "독특성"으로 옮겼다. 데리다 · 스티글러, 《에코그라피》, 24~25쪽, 역주 7번 참조. 한편, 가셰는 드 만을 "절대적으로 독특한 것의 사상가"라 부른 바 있다(Gasché, *The Wild Card of Reading*, 5쪽).

48) A. J. Greimas, *Du Sens*(Paris: Seuil, 1970), 13쪽.

원리로 지탱하고 있는 것을 위협하지는 않는다. 문법은 논리학을 위해 복무하고, 다음으로, 논리학은 세계에 관한 지식으로 가는 통로를 마련하는 것이다. 자유 학과(artes liberales 교양 과목)의 제일 과목인 문법 연구는 과학적이고 인문적인 지식을 위한 필수적 전제 조건이다. 문학 이론이 이 원리를 손대지 않는 한, 문학 이론에는 아무 위협적인 것이 없다. 이론과 현상주의의 연속성은 체계 자체에 의해 단언되고 보존된다. 어려움들은 담론의 수사적 차원의 인식론적인 찌름[49]을 무시하는 것이 더 이상 가능하지 않을 때에만, 다시 말해, 그것을 의미론적 기능 안에 그저 부가물로서, 그저 장식물로서 자리에 놔두는 것이 더 이상 가능하지 않을 때에만 발생한다.

3학과의 역사에서 (문법과 논리학의 관계와는 대조적으로) 문법과 수사학의 불확실한 관계는, 이 두 구역 사이의 분쟁 중인 경계선에 양다리를 걸치는 언어의 성분인, 비유나 전의의 불확실한 지위 속에서 명백하다. 전의는 문법 연구의 일부분이곤 했지만, 또 수사학이 의미로뿐만 아니라 설득으로 수행하는 특정한 기능(혹은 효과)의 의미론적 작인(作因)으로 고려되기도 했다. 문법과 달리 전의는 원초적으로 언어에 속한다. 전의는 텍스트 생산적인 기능을 하며, 꼭 비언어적 실체를 따라 지어지는 것은 아닌 반면, 문법은 정의상 언어 외적 일반화가 가능하다. 수사학과 문법 사이에 잠재된 긴장은 읽기의 문제에서, 즉 필연적으로 양자 모두에 관여하는 과정에서 응결되어 나온다. 이론에 대한 저항은 사실상 읽기에 대한 저항으로, 근래의 연구에서, 스스로를 읽기 이론이라 부르면서도 그 대상으로 자신이 주장

---

49) 〔역주〕 드 만이 염두에 두고 있는 "검술"의 어감을 살리기 위해, 역자는 "thrust"를 "찌름"으로 시종 옮겼다. 이에 대해서는, 예컨대, 본서에 수록된 〈읽기와 역사〉에서 드 만이 보들레르의 "환영적 검술"을 논평하는 대목을 보라.

한 기능을 회피하는 방법론 중에서 아마도 가장 효과적일 저항이다.

문학 텍스트 연구가 읽기 행위에 필연적으로 의존한다고 우리가 단언할 때, 혹은 이 행위가 체계적으로 회피되고 있다고 우리가 주장할 때, 이는 무슨 뜻인가? 이는 텍스트에 관해 진술을 할 수 있으려면, 확실히, 아무리 적더라도, 최소한 텍스트의 어떤 부분들을 읽고 있어야(혹은, 아무리 적더라도, 그 텍스트에 관한 텍스트의 어떤 부분을 읽어야) 한다고 유의어 반복적으로 말하는 것 이상을 뜻한다. 풍문에 의한 비평은, 흔하긴 하지만, 전범적인 것으로는 아주 드물게만 내세워진다. 결코 자명하지 않은 읽기의 필연성을 강조하는 것은 적어도 두 가지를 함의한다. 무엇보다 먼저 그것은 문학이, 전언과 소통 수단의 구별이 분명히 확립된 것으로 당연시될 수 있는, 투명한 전언이 아님을 함의한다. 둘째로 그리고 보다 더 문제적으로, 그것은 텍스트의 문법적 해독이, 아무리 광범위하게 생각되더라도, 문법적 수단에 의해 해소되어야 하지만 해소될 수 없는 비규정의 잔여를 남김을 함의한다. 준(準)비유적(para-figural) 차원을 포함하는 문법의 확장은 사실상 근래 기호학의, 특히 통합체적이고 서사적인 구조 연구에서, 가장 주목할 만하고 논쟁할 만한 전략이다. 문장의 구문적 한계를 훨씬 넘는 문맥적 요소의 약호화는 전역적(轉譯的 metaphrastic)[50] 차원에 관한 체계적 연구에 이르고, 텍스트적 약호에 관한 지식을 상당히 세련하고 확대시켰다. 그러나 이 확장이 항상 전략적으로 문법적 약호에 의해 수사적 비유를 대신하는 쪽으로 향해 있음은 분명하다. 문법적 용어법으로 수사적 용어법을 대신하는 이런 경향(예컨대 왜상적[歪像的

---

50) 〔역주〕 "전역적"이라고 다소 어색하게 옮겨진 "metaphrastic"의 보다 흔한 의미는 "축어역적"이지만, 여기서 드 만은 산문을 운문으로 전환하는 것과 같은 종류의 번역 즉 "구문적 한계를 훨씬 넘는" 번역을 가리키고 있는 것으로 보인다.

anamorphic] 혹은 환유적 전의들을 지칭하기 위해 종속[hypotaxis]에 대해 말하는 것)은 명시적 계획의 일부분으로, 이는 의미를 지배하고 해명하는 것을 향하는 경향이 있기에 그 의도에서는 전적으로 존경할 만한 계획이다. 기호학적 모델로 해석학적 모델을 대신하고, 해독으로 해석을 대신하는 것은, 텍스트적 의미(물론 정전적 텍스트의 의미를 포함하여)의 당혹스러운 역사적 불안정성에 비추어 보면 상당한 진보를 의미할 것이다. "읽기"와 연관된 많은 망설임은 이리하여 떨쳐 버려질 수 있다.

그러나 어떠한 문법적 해독도, 아무리 세련될지라도, 텍스트의 규정적인 비유적 차원에 도달한다고는 주장할 수 없을 것이라는 반론이 제기될 수 있다. 모든 텍스트에는, 텍스트 자신 속에서든 문맥 속에서든, 결코 비문법적이지 않지만 의미론적 기능이 문법적으로 한정될 수 없는 요소가 있다. 우리는 키츠의 미완의 서사시 《히페리온의 몰락 *The Fall of Hyperion*》의 제목에 있는 소유격을 "히페리온의 몰락"(Hyperion's Fall)을 뜻하는 것으로, 그러니까 새로운 권력이 오래된 권력을 타도하는 사례 이야기이자, 키츠가 참으로 착수했지만 점점 더 옆으로 빗나갔던 바로 그 인식 가능한 이야기로 해석해야 하는가, 혹은 "몰락하는 히페리온"(Hyperion Falling)으로, 그러니까 시작도 끝도 혹은 몰락하고 있게 된 존재자의 정체도 상관없이, 훨씬 덜 분명하지만 실제 몰락 과정에 대한 보다 더 불안한 환기로 해석해야 하는가? 이 이야기는 《히페리온의 몰락》이라 제목 붙여진 단편에서 참으로 말하여지지만, 히페리온보다는 아폴론을 닮은 인물에 대하여 말하여지는데, 그는 키츠가 뚜렷한 이유 없이 아폴론의 승리 이야기를 중단해야 하지 않았었다면, 첫째 버전(《히페리온》이라 불림)에서 몰락하기보다는 분명 승리하여 서 있어야 하는 아폴론과 같은 아폴론이다. 이 제목은 우리에게 히페리온이 몰락하고 아폴론이 서 있다는 것을 말해 주는가, 혹은 히페리온과 아폴론(그리고 때로 아폴론과 거의 구분이 안 되는 키츠) 모두가 필연적으로 또 항상적으로 몰락하고 있다는 점에서 서로 뒤바뀔 수 있다는 것을 말해 주는가? 두 가지 읽기 모두 문법적으로는 맞지만, 문맥(뒤이은 서사)에 의해 어느 버전이 맞는지를 결정하는 것은 불가능하다. 서사적 문맥은 동시에 어느 것에도 들어맞지 않거나 들어맞으며, 키츠가 어느 하나의 버전도 완성할 수 없었다는 사실은, 우리에게와 마찬가지로 그에게도, 자신의 제목의 읽기 불가능성을 명시한다고 시사하고 싶게 한다. 그렇다면 제목 《히페리온의 몰락》의 "히페리온"을 역사적이거나 신화적 인물이 아니라 키츠 자신의 이전의 텍스트의 제목(《히페리온》)을 지칭하는 것이라고, 비유적으로 혹은, 그렇게 말하고 싶다면, 상호 텍스트적으로 읽을 수도 있다. 그러나 그렇다면 우리는 첫째 텍스트의 실패가 둘째 텍스트의 성공인 이야기를, 즉 《히페리온》의 몰락이 《히페리온의 몰락》의 승리인 이야기를 하고 있는 것인가? 명시적으로는 그렇지만, 꼭 그렇지는 않은 것이, 둘째 텍스트 또한 완결되는 데 실패하기 때문이다. 혹은 우리는 왜 모든 텍스트가, 텍스트로서, 항상 몰락하고 있다고 할 수 있는지에 관한 이야기를 하고 있는 것인가? 명시적으로는 그렇지만, 꼭 그렇지는 않은 것이, 첫째 버전의 실패의 이야기가, 둘째 버전에서 이야기되듯, 첫째 버전에만 해당되며, 《히페리온의 몰락》의 몰락을 또한 의미하는 것이라고는 정당하게 읽힐 수 없기 때문이다. 이 결정 불가능성은 히페리온이라는 고유명의 또 몰락하는 (falling)이라는 동사의 비유적 혹은 문자적 지위를 포함하며, 따라서 문법의 문제가 아니라 비유 활용의 문제인 것이다. "히페리온의 몰락"에서 "몰락"이라는 단어는 분명 비유적인 것이고, 즉 비유적 몰락을 나타내는 것이고, 독자로서 우리는 서 있는 이 몰락을 읽는다.[51] 그러나 이것이 "몰락하는 히페리온"에서 그리 분명하지는 않은 것이, 만약 히페리온이 아폴론일 수 있고 아폴론이 키츠일 수 있다면, 그는 또한 우리일 수 있고 그래서 그의 비유적(혹은 상징적) 몰락은 그의 그리고 우리의 문자적 몰락 또한 되기 때문이다. 이 두 읽기 사이의 차이는 그 자체가 전의로 구조화되어 있다. 그리고 어떻게 우리가 제목을 의미론의 연습뿐 아니라 텍스트가 우리에게 실제로 하는 것의 연습으로 읽는가는 대단히 중요하다. 결정에 이르러야 할 불가피한 필연에 직면해, 어떤 문법적이거나 논리적인 분석도 우리를 거들어 줄 수 없다. 키츠가 자신의 서사를 돌연 중단할 수밖에 없었듯이, 독자도 가장 직접적으로 텍스트에 의해 관여되고 소환된 바로 그 순간 자신의 이해를 돌연 중단해야만 한다. 저자와 독자의 곤궁 사이의 이 "두려운 대칭"에서 위안을 찾기를 거의 기대할 수 없는 것은, 이 지점에서, 그 대칭이 더 이상 형식적인 함정이 아니라 실제적인 함정이며, 문제가 더 이상 "그저" 이론적인 것만은 아니기 때문이다.

이런 이론의 파멸, 즉 문법에서 논리학으로 인간과 현상적 세계의 일반 과학으로 확장되는 안정된 인식 장(場)에 대한 이런 소동은, 역으로 수사적 분석의 이론적 기획이 될 수 있으며, 이는 읽기를 하지 않는 문법적 모델의 불충분성을 드러낼 것이다. 수사학은 문법과 논리학에 대한 그 활발히 부정적인 관계에 의해, 인식론적으로 안정적인 구성물이라는 3학과의(그리고 확장하면 언어의) 주장을 확실히 파멸시킨다. 이론에 대한 저항은 언어의 수사적 혹은 전의적 차원에 대

---

51) 〔역주〕 선행 번역을 병기한다. "독자인 우리는 이 몰락이 객관적으로 제시되어 있는 것으로 읽는다"(《이론에의 저항》, 201쪽). 이 당혹스러운 구절의 원문은 "we, as readers, read this fall standing up."

한 저항인데, 아마도 이 차원은 다른 언어적 발현들보다 문학(폭넓게 생각된 문학) 속에 보다 명시적으로 전경에 있으며, 혹은——좀 덜 흐릿하게 말하여——텍스트적으로 읽힐 수 있는 어떤 언어적 사건에서도 드러날 수 있는 것이다. 문법도 비유 활용도 읽기의 불가결한 부분이므로, 읽기는 결과적으로 문법적 인식이 자신의 수사적 치환에 의해 내내 파멸되는 부정적인 과정일 것이다. 3학과 모델은 자신 속에 스스로를 파멸시키는 사이비 변증법을 함유하고 있으며, 3학과의 역사는 이런 변증법의 이야기를 해준다.

　이런 결론은 근래 이론 현장에 대한 조금 더 체계적인 서술을 가능하게 한다. 이 현장은 이론적 문제로서의 읽기에 대한 강조가 혹은, 때때로 그릇되게 말하여지듯, 텍스트의 생산보다는 수용에 대한 증가된 강조가 지배하고 있다. 다양한 국가의 저술가들과 학술지들 사이에[52] 가장 결실 있는 교환이 나왔고, 문학 이론과 다른 학문들 사이에, 그러니까 언어학, 철학, 사회 과학은 물론이고 예술에서, 가장 흥미로운 대화가 전개되었던 곳이 바로 이 구역이다. 미국에서의 문학 이론의 현재 상태에 관한 단도직입적 보고(report)는 읽기에 대한 중점을 강조해야 할 것인데, 이는 언제나, 더구나, 50년대와 60년대의 신비평 전통에 있었던 방향이다. 방법은 지금이 더 기술적이지만, 문학 시학에 대한 근래의 관심은 분명, 전통적일 정도로, 읽기 문제에 연결되어 있다. 그리고 사용되고 있는 모델들이 확실히 더 이상 **단지** 지향적인 것으로 식별 가능한 자기에 중심을 두고 있는 것도 아니고, **단**

---

52) 〔역주〕 이 구절은, 앞의 역주에서 언급한, 드 만의 "writer"라는 용어법이 혼동을 일으키는 사례이다. 선행 번역과 원문을 병기한다. "다양한 국적의 작가들과 학술지들 사이에"(《이론에의 저항》, 202쪽); "between writers and journals of various countries." 참고로, 일어판(50쪽)도 "writers"를 "작가"로 옮겼다.

지 해석학적인 것으로 단일한 근원적, 전(前)비유적(pre-figural), 절대적 텍스트를 가정하는 것도 아니므로, 읽기에 대한 이런 집중은 수사학과 연관된 이론적 어려움의 재발견에 이를 수 있을 것이다. 이는 어느 정도까지는 참으로 그렇지만, 꼭 그렇지는 않다. 아마도 근래 이론의 가장 교육적인 측면은 그 기술들의 세련일 것인데, 이로 인해 수사적 분석에 태생적인 위협은, 이해를 막는 수사적 장애물이 주제적이고 현상적인 상투어로 더 이상 오역될 수 없을 정도로 이 기술들의 효능이 아주 멀리까지 진보해 온 바로 그 순간 회피되고 있다. 우리가 보았듯, 읽기에 대한 저항인 이론에 대한 저항은, 근래의 이론적 현장을 지배하는 읽기 이론가들 가운데 가장 엄밀하고 이론적으로 정교화(精巧化)된 형태로 나타난다.

이것이 그레마스처럼 혹은, 보다 세련된 수준에서, 리파테르처럼 혹은, 아주 다른 양식으로, H. R. 야우스나 볼프강 이저처럼——이들 모두는 미국의 문학 연구에, 때로 밀교적이긴 하나, 일정한 영향을 미치고 있는데——문법적 모델의 사용에 헌신하는[53] 혹은, 수용미학의 경우, 읽기의 현상주의의 문제화를 감안하지 않아서 미학에 뿌리내린 문학 이론 안에 무비판적으로 갇힌 전통적인 해석학적 모델에 헌신하는 읽기 이론가들의 경우에 그렇다는 것을 보이는 것은, 길겠지만 상대적으로 쉬운 과정일 것이다. 그러한 논의가 쉬울 수 있는

---

53) [역주] 이전에도 드 만은, 문학 기호학이 문법과 수사학의 불일치를 의식하지 않는다고 지적한 바 있다. "바르트, 주네트, 토도로프, 그레마스, 그리고 이들의 제자들은 모두, 문학 분석에서, 문법과 수사학을 완벽한 연속성 속에 기능하게 한다는 점에서, 또 문법적 구조에서 수사적 구조로 어려움이나 중단 없이 건너간다는 점에서 야콥슨을 단순화하고 야콥슨으로부터 퇴행한다"("Semiology and Rhetoric," in *Allegories of Reading: Figural Language in Rousseau, Nietzsche, Rilke, and Proust*[New Haven: Yale University Press, 1979], 6쪽). 참고로, 이 유명한 시론은 국역되었다. 폴 드 만, 〈기호학과 수사학〉, 김우창 역, 공편, 《현대 문학 비평론》(서울: 한신 문화사, 1994).

것은, 일단 독자가 텍스트의 수사적 차원을 깨닫고 나서는, 그가 알
아차리도록 되어 있는 것을 기꺼이 인정하기만 한다면, 문법이나 역
사적으로 규정된 의미로 환원 불가능한 텍스트적 사례들을 찾는 데
엇나가지 않을 것이기 때문이다. 문제는 곧 이 명백한 것을 인정하는
데 공유된 머뭇거림을 설명해야 하는 보다 더 당혹스러운 것이 된다.
그러나 이 논의는, 좀 정교해지는 것을 피할 수 없는 텍스트적 분석을
포함해야 하기 때문에 길어질 것이다. 우리는 《히페리온의 몰락》 같
은 제목의 문법적 불확정을 간명하게 제안할 수 있겠지만, 그러한 결
정 불가능한 수수께끼를 키츠 텍스트의 비판적 수용 및 읽기와 대면
시키는 것은 지면을 좀 필요로 한다.[54]

　수사학의 회피가 또 다른 전회를 취한 읽기 이론가들의 경우 그 논
증은 덜 쉽다(아마도 덜 장황하긴 할 것이다). 근년에 우리는 언어의
어떤 요소에 대한 강한 관심을 목격하였는데, 여기서 언어의 기능은
현상주의의 어떤 형태에도 의존하지 않을 뿐 아니라 인식의 어떤 형
태에도 의존하지 않으며, 그리하여 본래 수행적일 읽기로부터 전의,
이데올로기 등등에 대한 고려를 배제하거나 연기(延期)한다. 몇몇 경
우, 수행, 문법, 논리학, 안정적인 지시적 의미 사이의 연결 고리가
재도입되고, 그 결과 생긴 이론들은(오만[55]의 경우에서처럼) 공공연한

---

　54) 〔역주〕 이전에 드 만은 키츠 시 선집을 편집하면서, 명시적으로 "수사적"인 분
석은 아니지만, 《히페리온의 몰락》을 포함한 키츠 시 전반에 관해 따로 논평한 일이
있다. Paul de Man, "Introduction to the Poetry of John Keats"(1966), in *Critical
Writings, 1953-1978*(Minneapolis: University of Minnesota Press, 1989) 참조. 흥미로
운 대목을 인용하면, "다른 사람들에 대한 키츠의 강렬하고 아주 진정한 염려는, 어
떤 의미에서, 그가 두려워하는 자기 지식으로부터 그를 보호해 주는 구실을 한다"
(190쪽); 또 "키츠에게 기억은, 실제 감각 작용에 토대하고 있기 때문에, 시적 언어
의 적이다"(192쪽).
　55) 〔역주〕 Richard M. Ohmann을 가리킨다.

문법학자나 기호학자의 이론들과 본질적으로 구별되지 않는다. 그러나 읽기의 언어 행위 이론(speech act theory)의 가장 기민한 실천자들은 이런 퇴보를 피하고, 인식적이 아니라 관습적인, 언어 행위의 실제 수행을 그 원인과 결과로부터 분리할——그들의 용어법으로는, 발화 수반 행위적 힘(illocutionary force)을 발화 효과 행위적 기능(perlocutionary function)[56]으로부터 분리할——필요성을 올바르게 주장한다. 설득으로 이해된 수사학은 수행적 계기로부터 (코리올라누스[57]처럼) 강제로 추방당하여, 발화 효과 행위라는 감응적[58] 구역에 유배된다. 스탠리 피쉬는, 한 능란한 시론에서 이 점을 주장한다.[59] 이런 결론에 대한 우리의 의혹을 일깨우는 것은, 그것이 수사학과 참으로 분리될 수 없는 설득을 순전히 감응적이고 의도적인 영역으로 추방시켜 설득의 양식을 전혀 감안하지 않는다는 점인데, 설득의 양식은 문학 텍스트에서도 그만큼 수사적이고 그만큼 작동하지만, **유혹**에 의한 설득보다는 **증명**에 의한 설득의 질서에 속하는 것이다. 그러므로 수사학에서 그 인식론적 충격을 비우는 것은 그 전의적, 비유적 기능이 우회되고 있기 때문에만 가능하다. 그것은 마치, 3학과의 모델로 잠시 돌아가면, 문법과 논리학이 공통으로 하는 일반성으로부터 수사학이 유리되어 발화 행위 수반적 힘의 그저 상관물로 고려될 수 있다는

---

56) 〔역주〕 발화 수반 행위(illocution), 발화 효과 행위(perlocution)——두 용어의 번역은 J. L. 오스틴, 《말과 행위》, 김영진 역(서울: 서광사: 1992), 241쪽의 역자 해설을 따랐다.

57) 〔역주〕 코리올라누스(Coriolanus)는 기원전 5세기 로마의 전설적인 장군이며, 그의 삶에 기초한 셰익스피어의 비극 《코리올라누스》의 주인공이기도 하다.

58) 〔역주〕 "영향적" 혹은 "정감적"으로도 번역되는 "affective"를 본서에서는 "감응적"으로 옮겼다.

59) 〔역주〕 Stanley Fish, "How to Do Things with Austin and Searle: Speech Act Theory and Literary Criticism," *MLN* 91호(1976), 983-1025쪽. 특히 1008쪽을 보라.

말이나 같다. 수사학을 인식론이 아니라 심리학과 동등시하는 것은 실용적 진부함의 황량한 전망을 열어 놓는데, 수행적 분석의 광휘에 비교해 본다면 더 황량할 것이다. 읽기의 언어 행위 이론은 사실상, 훨씬 더 효과적인 방식으로, 수사학을 희생시켜 3학과의 문법화를 반복한다. 왜냐하면 수행적인 것을 순전한 관습으로 특징짓는 일은 사실상 그것을 무엇보다도 문법적 약호로 환원시키기 때문이다. 전의와 수행의 관계는 여기서 제안되고 있는 것보다 실제로 더 가깝지만 더 분열적이다. 또 이 관계가, 피쉬가 올바로 이의를 제기하는 관념인, 수행의 가정컨대 "창조적인" 측면에 대한 참조에 의해 바르게 포착될 수 있는 것도 아니다. 언어의 수행적 힘은 정립적(positional)인 것이라고 불릴 수 있으며, 관습적인 것과도 또 "창조적으로"(혹은, 기술적 의미로, 지향적으로) 구성적인 것과도 상당히 다르다.[60] 읽기의 언어 행위 정향적 이론들은, 그것들이 피하는 수사적 읽기를 위한 길을 준비하는 정도까지만 읽는다.

그러나 어떤 부당한 현상화나 텍스트의 어떤 부당한 문법적 혹은 수행적 약호화로부터도 벗어나 있는 "진실로" 수사적인 읽기가——꼭 불가능한 것만은 아니며 문학 이론의 목표와 방법이 확실히 얻으려 애써야 하는 무엇이——생각될 수 있다 해도, 진실은 여전히 같다. 그러한 읽기는 참으로 문법적 구성물을 방법적으로 파멸시키는

---

60) 〔역주〕 선행 번역과 원문을 병기한다. "언어의 이행 발화적 힘은 주위의 조건에 따라 결정되는 것이라고 말할 수 있으며, 이는 '창조적으로'(또는, 기술적인 의미에서 보면 의도적으로) 내재된 것과 다르기도 하지만, 또한 관습적인 것과도 상당히 다른 것이다"(《이론에의 저항》, 205-06쪽); "The performative power of language can be called positional, which differs considerably from conventional as well as from 'creatively' (or, in the technical sense, intentionally) constitutive." 참고로, 드 만에서의 언어 행위 이론과 "정립"(positing; Setzen)의 관계에 대한 상론으로는 Gasché, "'Setzung' and 'Übersetzung,'" in The Wild Card of Reading.

것으로 나타날 것이며, 3학과를 체계적으로 탈구시키는 가운데, 이론적으로 효과적인 동시에 건전할 것이다. 기술적으로 옳은 수사적 읽기는 지루하고, 단조롭고, 예측 가능하고, 불쾌할 수 있지만, 반박 불가능하다. 수사적 읽기는 또한 전체화하는데(잠재적으로 전체주의적인데), 왜냐하면 그것이 노출시키는 구조와 기능이 (언어 같은) 어떤 실체에 대한 지식에 이르는 게 아니라, 언어적 실체를 포함한 모든 실체가 그 자체로 담론이 되는 것을 방해하는, 지식 생산의 신뢰할 수 없는 과정이므로, 수사적 읽기는 참으로 보편——즉 언어가 모델 언어이고자 하는 것의 불가능성에 관한 항상적으로 결함 있는 모델——이기 때문이다. 수사적 읽기는, 항상 이론상으로는, 모든 모델을 끝낼 수 있는 가장 탄력적인 이론적 변증법적 모델이며, 수사적 읽기 자신의 결함 있는 자기 속에 지시적이건, 기호학적이건, 문법적이건, 수행적이건, 논리적이건, 기타 무엇이건, 읽기를 회피하는 다른 모든 결함 있는 모델을 함유하고 있다고 올바로 주장할 수 있다. 수사적 읽기는 이론인 동시에 이론이 아니고, 이론의 불가능성에 대한 보편적 이론이다. 그러나 수사적 읽기가 이론인 한, 다시 말해, 가르치고 일반화하고, 체계화에 잘 반응하는 한, 수사적 읽기는 다른 종류들처럼, 자신이 옹호하는 읽기를 여전히 회피하고 읽기에 저항한다. 어떤 것도 이론에 대한 저항을 극복할 수 없는 까닭은, 이론이 그 자체로 이 저항**이기** 때문이다. 문학 이론의 목표가 더 높아질수록 그리고 방법이 더 나아질수록, 문학 이론은 점점 덜 가능하게 된다. 그럼에도 문학 이론은 침몰할 위험에 있지 않다. 문학 이론은 번창하지 않을 수 없으며, 문학 이론이 더 저항을 받을수록 더 번창하는 까닭은, 그것이 말하는 언어가 자기 저항의 언어이기 때문이다. 결정하기 불가능한 채로 있는 것은 이런 번창이 승리인가 몰락인가 하는 점이다.

문헌학으로의 회귀

문학 교육에 관한 논쟁에 드리운 언쟁적인 어조는 자주 근래 문학 이론의 출현으로까지 거슬러 올라갈 수 있다. 이는 확실히 놀랄 일이 아니다. 새로운 접근이나 기술이 옹호되고 있을 때면 언제든, 가장 최신의 말썽꾸러기들이 찾아오기 전까지는 잘 봉사했던 확고한 교무적 습관을 변경하거나 재고해야 할지 모른다고 느끼는 사람들을 아주 이해할 만한 언짢음이 압도하는 것이다. 그러나 근래 이론의 또 특히 그 몇몇 측면의 경우 이 논쟁적 반응은 더 심하다.

　이 논쟁적 반응은 품위 있는 보수주의뿐 아니라 도덕적 분개를 먹고 산다. 그것은 동요된 평정뿐 아니라 동요된 도덕적 양심의 불안으로 말한다. 이 기분이 이론의 반대자들에게만 한정된 것은 아니다. 대부분의 경우 이론의 지지자들도 마찬가지로 신경질적이다. 그들이 그렇지 않은 것처럼 보일 때, 그들의 자기 확신은 자주 유토피아적 도식에 의존하는 것처럼 보인다. 문학을 직업으로 가르치는 일에 대한 확고한 이론적 근거는 포격을 받게 된다. 그것이 반격을 선택하는 것은 별로 놀랄 일이 아니다.

　자율적인 학문 분야가 된 이래(그리고 우리는 이것이 아주 최근의 발전이며 19세기 후반 이상으로까지 가지 않는다고 빈번히 상기되는데) 문학 교육은, 문헌학 및 수사학 같은 서술 과학과 동류이지만 또 구별되어, 인문적이고 역사적인 학제로 스스로를 정당화해 왔다. 그러나 문학 교육의 야심은 그저 서술하는 것을 넘어간다. 문학 교육은 자신의 국가사(國家史)와 비교사(比較史)를 갖고 있을 뿐 아니라, 특정한 텍스트들의 상대적으로 안정된 정전을 다루기 때문에, 주제가 덜 분명하게 정의된 다른 역사 과학들의 모델이어야 한다. 게다가 문학 교육은 텍스트의 의미를 규정하는 과업을 갖고 있으며, 이런 해석학적 기능은 신학과 친족 관계를 맺는다.

마지막으로, 상당히 다양하고 광범위한 인간 경험의 예금자(預金者)로서,[1] 문학 교육은 도덕 철학의 문제——가치의 문제와 규범적 판단의 문제——에 접근한다. 언어 과학으로서 문학 교육의 기술적(技術的)이고 서술적인 측면은 그것의 역사적, 신학적, 윤리적 기능과 이음이 맞는다. 문학 교수는 만족할 충분한 이유가 있다. 문학 교수의 과학적 양심은 그의 언어학적 역사학적 지식의 실증적 엄밀성에 의해 충족되는 한편, 그의 도덕적 정치적 그리고 (확장된 의미에서) 종교적 양심은 이 지식을 세계와 사회와 자기를 이해하는 데 적용하는 것으로 만족되는 것이다. 문학 교수법은 인문학 학제간 연구를 위해 전범적임을 정당하게 희망할 수 있을 것이다. 이 희망이 문학 이론 및 문학 비평과 양립 불가능한 것도 아니다. 어떤 형태의 이론은, 특히 영문학 분야에서 코울리지까지 거슬러 올라갈 수 있는 미학적 사변의 전통을 이어 가는 이론은 이러한 기대를 충분히 확인시켜 준다. I. A. 리처즈,[2] 라이오넬 트릴링,[3] R. P. 블랙머, 노스럽 프라이 같은

---

1) 〔역주〕선행 번역과 원문을 병기한다. "끝으로 문학 교육 담당자들은 상당한 다양성과 시야를 지닌 인간 체험을 확보하고 있기 때문에"(《문헌학으로의 복귀》, 장경렬 역, 《현대 비평과 이론》 6호[1993년 가을·겨울], 209-10쪽); "Finally, as a depositor of human experience of considerable variety and scope." 일어판(57쪽)은 "depositor"를 "침전기(沈殿器)"로 옮겼는데, 이는 침전기(沈澱器)의 오식으로 보인다.

2) 〔역주〕I. A. Richards(1893-1979, 영국).

3) 〔역주〕Lionel Trilling(1905-1975, 미국).

다양한 이름들이 그럴 것이다.

　그러나 윌리엄 엠프슨[4]이나 케네스 버크 혹은, 보다 최근에, 구조 언어학 분야에서 추구된 탐구를 고려하는 작업을 하며 인문학 동료들을 성질나게 했던 주로 프랑스의 비평가들과 철학자들에게도 사정이 꼭 같지는 않을 것이다. 이리하여 하버드 대학 교우회 회보 《하버드 매거진》 1982년 9-10월호에 게재된 한 영향력 있는 기사[5]에서, 영문과 특훈 교수이자 키츠, 새뮤얼 존슨, 그리고 낭만주의 지성사에 관한 뛰어난 책들의 저자인 월터 잭슨 베이트는 문학 연구의 파산을 비난하였다. 문학 연구의 점증하는 전문 직업성과 전문화는, 그의 주장으로는, "그 어느 때 겪었던 것보다도 취약한 상태에 있으며――분노, 두려움, 앞을 못 보는 방어적 태도가 결합되어 자기 파괴적인 진로로 향하고" 있다고 얘기되는 때에 있는 인문학을 구조(救助)하는 데 실패했다. 문학 교육의 점진적인 쇠퇴를 그려 보는 역사적 개관에서, 베이트는 문학 이론에의 점증하는 집중을 이 쇠약의 주요 원인으로 본다. 그것은 후기 구조적 시기라는 마지막 재난에서, 즉 "문학과 인간 의사 소통과 삶 자체에 대한 허무주의적 시야"를 옹호하는 프랑스의 영향이 영문과를 침입한 것에서 절정에 달한다.

　이름이 고발된 주요 피고인은 자크 데리다로, (예컨대 니체 같은) "진부한 비관주의를 낚아챈 것을 제외하고는 정말로 주요한 철학자들을 참조하지 않는" "장난꾸러기 파리인"이라고(데리다는 장난꾸러기도 아니고 파리인도 아닌데) 얘기된다. 이런 발언은 신중한 학자이며 훌륭한 선생인 베이트 교수가 이번만은 자신의 정보의 출처를 《뉴스

---

　4) 〔역주〕 William Empson(1906-1984, 영국).
　5) 〔역주〕 Walter Jackson Bate, "The Crisis in English Studies," *Harvard Magazine*(September-October 1982)을 가리킨다.

위크 *Newsweek*》 같은 잡지에 한정해 놓았음을 시사한다.

베이트가 우리에게 경고하는 문학 교육의 위기는 지극히 진정한 것
이다. 그러나 이는 베이트의 진단이나 치료법이 타당하다는 것을 뜻
하지 않으며, 이런 치료법이 이성적인 논의의 형태를 취하지 않고,
이론에 집중하는 교수들한테 종신 재직권을 주지 말도록 대학 행정
관리들에게 호소하는 형태를 취하고 있기 때문에 훨씬 덜 타당하다.
베이트의 마음에 이 문제는 논의할 필요조차 없는 것이다. 선의와 양
식이 있는 모든 사람들에게 이 문제는 오래 전에 딱 부러지게 결판이
났기 때문이다. 남아 있는 것은 비판적 논쟁이 아니라 법 집행의 문
제이다. 그렇게 공격적으로 방어적인 태도가 되다니, 참으로 아주 위
협받는다고 느끼고 있음에 틀림없다.

문학 교육의 비판적인, 심지어 전복적인 힘에 대한 나 자신의 깨달
음은 철학적인 충의에서가 아니라 아주 구체적인 교육 경험에서 유래
한다. 1950년대에 베이트의 하버드 대학 동료 루벤 브라우어는 "문
학의 해석"이라는 과목명의(하버드 대학에서 또 이 직업 일반에서는
"인문 6"[HUM 6] 수업으로 더 잘 알려진) 학부 교양 과목을 가르쳤으
며, 이 수업에서 영문과와 비교 문학과의 많은 대학원생들이 강의 조
교 일을 했다. 고성능의 프랑스 이론으로부터 루벤 브라우어보다 더
멀리 떨어져 있는 사람도 없을 것이다. 그는 셰익스피어와 포우프에
관한 책들을 썼는데, 이 책들은 섬세한 학술 연구의 모델이지 꼭 비
평적 테러 행위를 위한 선언서는 아니다. 그는 문학 이론보다는 그리
스 및 라틴 문학에 훨씬 더 관심이 있었다. 그가 가장 가깝다고 느꼈
던 비평가들은, 엘리엇 이외에, 리처즈와 리비스[6]였으며, 이 둘 모두

---

6) 〔역주〕 F. R. Leavis(1895-1978, 영국).

에게서 그는 윤리에 대한 이들의 강조에 공감하였다.

그러나 브라우어는, 리처즈의 "실천 비평"에 토대를 둔, 전적으로 무해하고 실용적인 훈시처럼 보이는 것을 믿었고 또 효과적으로 전했다. 학생들은, 다른 사람의 글에 관해 글을 쓰기 시작하면서, 자신들이 고려하고 있는 텍스트로부터 나오지 않는 어떤 것도 말하지 않기로 되어 있었다. 학생들은 텍스트에서 실제로 일어난 언어의 특정한 사용에 의해 뒷받침할 수 없는 어떤 진술도 하지 않기로 되어 있었다. 다시 말하면, 학생들은 텍스트를 텍스트로서 꼼꼼하게 읽도록 당부받았고, 곧장 인간 경험이나 역사의 일반적 맥락 속으로 옮겨 가지 않도록 당부받았다. 훨씬 더 겸손하게 혹은 얌전하게, 학생들은 어조, 어구, 비유의 그토록 독특한 표현법이 이 표현법을 알아챌 수 있을 만큼 주의 깊은 독자들에게 그리고, 문학 교육에서 자주 인문적 지식으로 통용되는 기존 생각의 장막 뒤에, 이 표현법에 대한 몰이해를 감추지 않을 만큼 정직한 독자들에게 낳을 수밖에 없는 당혹감으로부터 출발하도록 되어 있었다.

이 매우 간단한 규칙은, 놀랍게도, 광범위한 교수적 성과가 있었다. 나는 학생들이 그렇게 변화된 수업을 본 적이 없다. 어떤 학생들은 이렇듯 손에 있는 교재에만 주의를 제한시키는 또 의미 자체보다 의미가 전달되는 방식에 집중하도록 한 취지를 알지 못했다. 그러나 또 어떤 학생들은 아주 빨리 알아차렸고 이제부터는 딴사람이 될 것이었다. 이들이 기말에 제출한 논문들은 학기 초에 냈던 것과는 거의 닮지 않았다. 일반성 속에서 잃었던 것을 이들은 정확성으로 또 그들의 글이 원래 양식에 더 가까이 근접한 것으로 보상하고도 남았다. 이는 이들에게 글 쓰는 일을 더 쉽게 해주지 않았는데, 왜냐하면 이들은 머릿속에 들어오는 생각에 빠지는 일을 혹은 우연히 마주치게 된 생각을 환언하는 일을 더 이상 자유롭게 느끼지 않았기 때문이다. 이 직업은 루벤 브라우어의 학생들이 쓰는 데 실패한 책들로 어질러져 있다. 좋은 독자들은 흔히 과작의 저술가들이고,[7] 문학 연구의 현재 상태에서 그건 정말 좋은 일이다.

그렇다면, 이론적 반대도 또 전복적 의도도 전혀 없는 수업이 여기 있는 것이다. 개념적이고 전문 용어적인 장치는, 상위 언어를 위한 몇 안 되는 일상 언어 용어들만 가지고서, 최소한으로 유지되었다. 전체적인 태세는 확실히 그 나름의 이데올로기적이고 방법론적인 가정이 없었던 것은 아니지만, 이 가정은 암묵적인 채로 남아 진행을 저해하지 않았다. 루벤 브라우어는, 언어의 미묘함에 대한 존중으로부터가 아니라, 일을 철학적 탐구가 그래야 하듯 정연하게 그러나 동시에 아주 실용적으로 유지하는 희귀한 재능을 갖고 있었다. 결국 어떤 이론에도 선행하는 그저 읽기[8]가, 문학 교육을 신학, 윤리학, 심리학, 혹은 지성사 교육의 대체물로 생각하는 사람들에게 깊이 전복적일 수 있는 방식으로, 비평적 담론을 변화시킬 수 있음이 밝혀진다. 꼼꼼한 읽기[9]가 자신도 모르게 자주 이를 성취하는 것은, 문학 교육이 다소 비밀스런 목표로 감춰 두려는 언어 구조에, 꼼꼼한 읽기가

---

7) 〔역주〕이 구절 또한, 앞의 시론에서처럼, 드 만의 "writer"라는 용어법이 혼동을 일으키는 사례이다. 선행 번역과 원문을 병기한다. "훌륭한 독자란 예비된 작가이며"(《문헌학으로의 복귀》, 213쪽); "Good readers often are spare writers."

8) 〔역주〕"그저 읽기"(mere reading)는 "단순한 읽기"로 옮기는 것이 어법상 더 자연스럽겠지만, 본서에서는 "simple"과 "mere"의 어감 차이를 나타내기 위해 "그저"라고 부사적으로 번역되었다. 요컨대 "그저 읽기는 의미와 이해에 선행하는 언어 읽기이다"(Gasché, *The Wild Card of Reading*, 135쪽). 또 "그저 읽기는, 씌어진 텍스트에 대한 모든 직관적, 지각적, 감각적 접근을 침묵하게 한다는 점에서 침묵의 읽기이다…. 그저 읽기는 근본적 금욕주의를 실천한다"(같은 책, 121쪽).

9) 〔역주〕"정밀한 독서"나 "자세히 읽기"로도 번역되는 "close reading"을 본서에서는 "꼼꼼한 읽기"로 옮겼다.

반응하지 않을 수 없기 때문이다.

언어의 문헌학적 혹은 수사적 장치에 대한 주목은 미학적 감상과 같지 않은데, 다만 후자가 전자에 접근하는 길일 수는 있다. 아마도 문학 학생과 선생이 가장 깨닫기 어려운 것은, 그들의 감상이 문학에 관한 그들 나름의 담론의 분석적 엄밀성에 의해, 즉 주로 혹은 오로지 미학적이지 않은 기준에 의해 측정된다는 점일 것이다. 그럼에도 그것은 양과 염소를, 문학 소비자와 문학 **교수**를, 평가의 잡담과 실제적 지각을 분리시켜 준다.

루벤 브라우어의 인문 6 수업에 대한 개인적 경험은, 지난 10년이나 15년에 걸쳐 문학 교육에 미친 이론의 충격과 그리 다르지 않다. 그 동기는 보다 더 혁명적이었을 것이고, 그 용어법은 확실히 보다 더 위협적이었다. 그러나 실제로 이론으로의 전회는 문헌학으로의 회귀로, 즉 언어가 생산하는 의미에 선행하는 언어 구조에 대한 검토로의 회귀로 일어났던 것이다.[10] 이는 심지어 가장 논란이 많은 프랑스 이론가들 사이에서도 그렇다. 푸코의 첫 주요 저작인 《말과 사물》은, 그 제목이 가리키듯, 언어와 현실 사이의 지시적 관계를 다루고 있지만, 이 문제를 철학적 사변의 차원에서가 아니라, 훨씬 더 실용적으로, 사회 과학자와 문헌학자의 방법론적 혁신 속에 나타나는 바대로 접근한다. 반면, 데리다의 출발점은, 외양은 보다 더 전통적으로 "철학"적이지만, 직관과 지식의 힘보다 언어의 경험적 힘을 강조한다. 데리다가, 후설과 소쉬르를 거쳐, 언어학의 이름으로 현상학을 비판

---

10) [역주] 드 만의 독특한 용어법에서 "문헌학"은, "서지학"이라는 사전적 의미가 아니라, 이처럼 "언어가 생산하는 의미에 선행하는 언어 구조에 대한 검토"를 뜻한다. 이런 의미로 드 만은, 본서에 실린 스테파노 로소와의 대담에서, 자신을 "철학자"(philosopher)가 아니라 "문헌학자"(philologist)라고 말한다.

한 것이 이를 입증한다. 심지어 니체의 경우에도, 이 모든 이론가들에게 빈번한 참조점은 실존적 허무주의자 니체가 아니라 문헌학자 니체에 그 강세가 놓인다.

그렇다면 웬 운명의 울부짖음과 공통의 적에 대항한 동원 호소인가? 문헌학으로의 회귀는, 우연히 일어난 것이든 고도로 자기 의식적인 철학적 돌연변이의 결과로 일어난 것이든, 문학 직업이 작동해 오고 있던 저 당연히 여겨진 가정을 뒤엎는 듯하다. 그 결과, 신뢰할 만한, 혹은 심지어 전범적인, 인식적인 그리고, 확장하여, 윤리적인 기능을 문학에 귀속시키는 것은 참으로 훨씬 더 어렵게 된다. 그러나 이는 재발적인 철학적 궁지로, 결코 해소된 적이 없다. 문학의 목표에 대한 우리의 현재 신념을 여전히 규정하는 이 문제의 가장 최근 버전은, 미학이 18세기 중반 이후 하나의 독립된 학제로 상승한 일로까지 거슬러 올라간다. 문학(예술로서의 문학), 인식론, 윤리학 사이의 연결 고리는 적어도 칸트 이후 미학 이론의 무거운 짐이다. 우리가 문학으로부터 문학의 자기 지식, 종교, 정치 영역으로의 명백한 연장까지 그토록 쉽게 옮겨 갈 수 있는 것은 바로 우리가 문학을 미학적 기능으로 가르치기 때문이다.

미학은 그 기원과 전개에서 언어 철학자들보다는 자연 및 자기 철학자들의 관구(管區)였다. 또 미학 이론이 인식, 욕망, 도덕성을 단일한 종합 판단으로 통합하려는 자신의 경탄할 야망에 성공했던 것도 아니다. 앞서 언급된 기사에서 베이트 교수는, 데이비드 흄의 회의주의처럼 언어적으로 동기화된 회의주의를 잠재우기 위해 "칸트로 전회"하기만 하면 충분하다는 것을 당연한 일로서 단언한다. 그는 철학 교수들 사이에서보다 문학 교수들 사이에서 일반적으로 인정되는 입장을 반향하고 있다.

쉴러 및 그 후예의 단순화된 버전들과 구별되는,《판단력 비판》읽기가 이런 단언을 확인시켜 줄지는 확실히 신중한 검토를 필요로 한다. 근래 문학 이론은 이 오래 지체된 과정을 시작했다.

문학 이론은 미학적 가치가, 이 미학적 가치가 나오는 실체를 구성하는 언어적 구조와 양립할 수 있는가라는 불가피한 질문을 제기한다. 그러한 질문은 저술가와 철학자의[11] 의식에 출몰하기를 멈추지 않았다. 그 질문은 수사학이 전에 없이 사용되고 또 세련되고 있는 바로 그 순간 수사학을 양가적으로 거부하는 데서, 혹은 수사적 전의로부터 방사된 상당한 미학적 전하(電荷)를 문법의 미학적 중성(中性)으로 동화시키는 데서 전면에 나온다. 미학적 가치와 언어적 구조가 양립 불가능하다는 것은 결코 확립된 사실이 아니다. 확립된 것은 이 둘의 양립 가능성이, 혹은 양립 가능성의 결여가, 열린 물음으로 남아 있어야 한다는 것, 또 문학 교육이, 19세기 후반에 시작된 이래, 선의로 그랬다 할지라도 이 물음을 폐제해 버린 방식이 불건전하다는 것이다. 또 확립되어야 하는(그러나 확립되지 않은) 것은, 문학을 직업으로 가르치는 일이 이런 물음을 방패로 하여 일어나야 한다는 것이다.

순수하게 방법론적인 관점에서 볼 때, 이는 달성하기 어렵지 않을 것이다. 그것은 문학이, 역사적이고 인문적인 과목으로만 가르쳐지지 말고, 해석학과 역사로 가르쳐지는 것에 선행하여 수사학과 시학으로 가르쳐져야 한다는 변화를 포함할 것이다. 그러나 그러한 움직임에 대한 제도적 저항은 아마 극복될 수 없을지 모른다. 한 가지 이유로, 그러한 움직임은 자신의 제재(題材) 이외에 모든 것에 봉사하는 대규

---

11) [역주] 이 구절 역시, 거듭하여, 드 만의 "writer"라는 용어법이 혼동을 일으키는 사례이다. "작가들과 철학자들의"(《이론에의 저항》, 216쪽). 원문은 "of writers and philosophers." 참고로, 일어판(63쪽)도 "작가"로 옮겼다.

모 조직인 영문과를, 베이트 교수가 개탄하는 직업적 전문화에 헌신하는 훨씬 더 작은 단위로 변화시킨다. 그러한 움직임은 또한 문학을 가르치는 이론적 근거를, 최종적으로는 어떤 형태의 종교적 신앙에 기초해 있는 문화적 탁월성의 기준으로부터 떨어져, 과학적이기보다는, 비판적이라는 용어의 완전히 철학적인 의미에서, 비판적 불신앙의 원리로 변화시킬 것을 요구한다.[12] 왜 그런 변화가 일어나지 않을 것 같은지 지극히 쉽게 알 수 있을 것이다.

그렇지만, 비판적 고양이가 이제 자루에서 멀리 새어 나와 누구도 그 존재를 더 이상 무시할 수 없으니, 이론적 가혹함의 죄를 거절하는 사람들은 더 이상 양심의 거리낌이 없기를 바랄 수 없다. 물론 이론가들도 그럴 수 없겠지만──그렇다 해도, 이론가들은 애당초 양심의 거리낌이 없다고 주장하지는 않았다.

---

12) 〔역주〕 다른 곳에서 드 만은 문학과 종교 및 정전 사이의 관계를 다음과 같이 말한 바 있다. "모든 인간 활동 중에서 문학은, 최종적으로는, 종교적 경험과 가장 양립할 수 없는 활동이다──물론 문학은 또한 종교적 경험과 가장 잘 혼동되는 활동이긴 하다. 정전 형성을 향한 저항할 수 없는 경향에도 불구하고 문학은 비정전적인 것이며, 정전 모델을 비판하는 혹은, 그렇게 말하고 싶다면, 해체하는 것이다" ("Blocking the Road: A Response to Frank Kermode," in *Romanticism and Contemporary Criticism*[Baltimore: Johns Hopkins University Press, 1993], 191쪽).

하부 문자와 기입

문학 기자들과 문학 비평가들의 공적인 관점으로부터 볼 때, 문학 이론가들 사이의 논쟁은 점점 더, 현실이나 실용성으로부터 가장 멀리 있는, 신학자들 사이의 언쟁처럼 보인다. 이 전장에서 우군과 적군을 구분하는 것은 어느 때보다 어렵고, 그 쟁점을 이해 가능한 일상 언어로 진술하는 것은 훨씬 더 어렵다. 우리는 시장터와 수도원, 공적인 경기장과 학교 사이의 경계선의 존재를, 양 장소에서 진행되는 담론들 사이에 공통적인 것이 아무것도 없다는 것을 지적함으로써, 강조하고 싶은 유혹을 느낀다. 하지만 그러한 경계선의 타당성은 곧 그 자체가 불화를 일으키는 쟁점이 될 것이다. 신학자들 사이의 논쟁은, 그 난해함에도 불구하고, 사실상 아주 공적인 등가물을 갖고 있다. 어떻게 14세기에 유명론자와 실재론자 사이의 논쟁을 "중세의 이움"으로부터 분리하겠는가? 아마도 오늘날 기호학자 및 문법학자를 수사학 이론가로부터 분리하는 미세하고 거의 지각 불가능한 선(線)──한 명의 같은 저자의 작업을 빈번히 가로지르는 선──은 현대성의 "이움"과 풀 수 없이 뒤얽혀 있을지 모른다. 어떤 경우일지라도, 그러한 선은, 만약 선이 존재한다면 그리기가 쉽지 않다. 표면에 나타나는 또 제도적인 집단과 공범을 규정하는 유사성과 대립은 자주 계시적이기보다는 혼란스럽고, 학문 제도로서의 문학 이론의 사회학으로부터 실제 이론적인 쟁점으로의 통로는 많은 그릇된 매개에 의해 막혀서 거의 통과할 수 없을 지경이다.

그러나 "순수한" 사변과 학술의 은둔한 담론이 논전의 공적인 담론으로부터 완전히 구별된다는 것은 진실이 아니며, 전자는 일방적으로 건전한 반면 후자는 혼돈스럽다는 것, 또는 후자를 활기 있게 하고 왜곡하는 이데올로기로부터 전자는 자유롭다는 것은 훨씬 더 진실이 아니다. 혼미와 명석의 패턴들은 양자 모두에 거주하며, 이 패턴들 사이의 상동 관계는, 아무리 다양하게 평가될지라도, 공유된 가정에 따라 정리될 수 있다.

미카엘 리파테르보다 더 공적인 논전으로부터 떨어져 있는 문학 이론가도 없을 듯하다. 그의 작업은 과학자의 작업 혹은, 차라리, 다른 기술자들에게 말을 거는 기술자의 작업처럼 보인다. 그의 논쟁은 아주 날카로울 수 있지만, 이데올로그나 철학자보다는 이론적 가정이 그 자신에게 아주 가까운 동료 전문가를 끌어들인다. 최상의 고전적 전통에서 간명하고 경제적으로 글을 쓰는 리파테르는 확실히 삶, 죽음, 혹은 세계 정세에 관해 큰 발언을 하지 않는 편이다. 우리는 그의 장인답고, 기지 넘치고, 학식 있으며, 아주 통달한 논문들을 상당히 즐겁게 읽지만, 그건 말하자면 〈메두사호의 뗏목〉[1]보다는 앵그르의 선묘로부터 얻게 되는 즐거움 같은 것이다. 어떤 세상을 뒤흔들 사건이나 발언도 기록되어 있지 않으며, 다만 우주의 구조의 작은 세부가 감상되거나 수정될 뿐이다──또 많은 가능한 허풍과 멍청함도 피하고 있다. 심지어 방법론적인 관점에서도, '돌파구'나 '발견' 같은 말들은 이 명석한 분석가의 작업을 특징짓는 데 우선 떠오르는 말들이 아니다. 그럼에도 리파테르는 언어 이론에서 가장 강력한 몇몇 이론적 구성물에 건설적으로 도전하는 데 성공했으며, 이 과정에서, 아마

---

1) 〔역주〕 제리코의 그림.

도 문학 교육에, 시대나 언어와 상관없이 현재 이용할 수 있는, 가장 신뢰할 만한 교수적 모델이라 할 만한 것을 개발하였다. 그렇지만 그 목적의 진정한 겸손함과 기술적 전문화로의 고의적 한정에도 불구하고, 리파테르의 작업은, 일반적으로 주목되는 것 이상으로, 철학 논쟁에서 현저한 자리를 차지하고 있으며, 그 중대성은 공적 담론과 학문적 담론 사이의 실용적 불일치를 초월한다.

공적으로 더 노출되는 것은 이렇듯 리파테르의 의도가 아니다. 참으로, 그의 저작들의 더 폭넓은 철학적 의의를 그렇게 주장하는 것은, 어느 정도로는, 바로 이 저작들의 전제와 결론에 어긋나는 일이다. 그러나 그러한 게 언어적인 것들의 힘으로, 마음이 언어적인 것들의 근접성에 닿을 힘이 있을 때면 언제든, 마음은, 공적 논쟁의 영역보다 덜 단명하긴 하지만, 순수 사변의 영역보다는 더 북적거리고 덜 평온한 영역에 자신이 즉시 내던져져 있음을 알게 된다.

리파테르의 방법의 교수적 유효성은 이론적 판돈(enjeu théorique)을 논의하기 위한 편리한 출발점 이상이다. 본 논문이 이해를 위한 시도라기보다 평가이고자 한다면, 이제 국내와 해외에서 광범위하게 인정된, 이런 성공의 정도와 특성을 꾸물거리며 살펴야 할 것이다. 그러나 바로 이 성공은 즉시 교수법과 문학 언어 이론 사이의 관계에 관한 문제를 제기한다. 이론과 교육 사이의 그런 완벽한 양립 가능성 속에서, 이론을 위해, 무엇이 함의되어 있는가? 교수적 생산성은, 말하자면, 이론의 정확성에 대한 보과(報果)인가, 아니면 어떤 이론적 폐제에 대한 보상 혹은 구실인가? 이 문제에 결정적인 방식으로 답하는 것은 쉽지 않은 일인데, 왜냐하면 이론적 탐구의 진리 가치와 그 결과 생긴 교무(教務)의 전범성의 관계는, 바꿔 말하면, 진리(Wahrheit)와 방법(Methode) 사이의 관계는 단순히 상보적인 것이 아니기 때문이다——또 그것이 다른 식으로 단순히 상반적이거나 대칭적인 것도 아니다. 방법의 교수적 힘을 방법의 인식론적 일관성과 완전히 절연시키는 것은 부조리할 것이다. 이론상, 그 대상에 맞는 이론은 맞지 않는 이론보다, 결국에 가서는, 더 잘 가르쳐지게끔 된다. 아무리 많은 야단과 유혹도 이성의 결함을 영원히 감출 수는 없는 법이다. 그럼에도, 특히 이론의 그 "대상"이 문학적인 것은 말할 것도 없고 언어적인 것일 때, 이런 명제는 다룰 수 있는 것보다 더 많은 문제를 제기한다. 심지어 수학과 자연 과학 분야에서도 이 문제는 간단하지 않은데, 이는 이 문제를 둘러싸고 증식해 왔던 미결된 철학적 궁지들——즉 교육이 논리의 산물이어야 하는지 변증법의 산물이어야 하는지, 교육이 분석 판단을 포함하는지 종합 판단을 포함하는지 등등[2]——의 재발에서 입증된다. 역사 과학과 언어 과학 분야에서는, 새로운 문제들이 추가된 반면, 예전의 문제들은 사라지지 못했다. 예컨대 이론의 실천적 결과가, 즉 이론이 특정한 과제를 실행하도록 하고 특정한 텍스트를 읽도록 하는 방식이, 이론적 탐구 그 자체로부터 분리될 수 것인지, 그리하여 이 탐구에 실제로 참여하지 않는 사람들에게도 이용 가능하게 될 수 있는 것인지는 전혀 확실하지 않다. 이 문제는 리파테르 자신의 작업에서 완전히 정복되고 있는 것처럼 보이며, 이론과 읽기는 서로를 지탱하고 명공(名工)의 솜씨와 이음이 맞게 되어 있다. 다시 그럼에도, 아마도 이론은 그 대상에 태생적인 필연성에 의해서보다는 이런 실용적인 목표에 의해 제어되고 있는 것이 아닌가 하는 의혹이 그렇다면 일어나야 한다. 이성적 탐구의 정신은 자신이 헌

---

2) 가령, 많은 예들 가운데 하나로, "Réponses aux secondes objections 〈contre les Méditations〉," in *Œuvres philosophiques*, ed. Fernand Alquié(Paris: Garnier, 1967), II권, 583쪽 이하에 있는, 데카르트의 교육에 관한 논의를 보라.

신하는 교수적 성공에 특히 조심할 의무가 자기 자신에게 있다. 미카엘 리파테르의 작업이 이런 정신에 의해 고무되어 있음은, 이론과 문학 교육(paideia 교양) 사이의 간극을 넓힐지 모를 자신의 결과의 측면에 저항하려는 결의를 집요하게 되풀이하는 데서 분명하다.

문학 교육에 태생적인 주요 이론적 어려움은 문학 분야를 다른 담론의 양식들과 떼어 놓음으로써 그것을 한정 짓는 경계선들의 구획이다. 한 문학 집체의 정전적인 한정에 참견하는 것이 불러일으킬 수밖에 없는 신경질이 이로부터 나온다. 자연 세계나 사회 세계의 이론가들보다는 문학 이론가들에게 더 통렬한 방식으로, 그들은 도대체 자신들이 무엇에 대해 말하는지 전혀 모른다고 할 수 있는데, 이는 문학의 무엇임이 즉 문학의 존재론이 헤아리기 어렵다는 형이상학적 의미에서뿐만 아니라, 문학에 대해 말하게 되어 있을 때면 언제든 우리는 문학을 제외하고 태양 아래 있는 어떤 것에 대해서도 (물론 우리 자신을 포함해) 말한다는 보다 회피적인 의미에서도 그렇다. 계속하여 잡담, 시시한 일, 자기 강박으로 타락할 성싶은 학제를 보호하기 위한 방법으로, 문학을 규정할 필요는 이래서 오히려 더 강해진다. 이 경계선들을 지칭하는 가장 전통적인 용어는 "형식"이다. 문학에서 형식 개념은, 다른 무엇보다도, 정의적(定義的) 필요물이다. 어떤 문학적 상위 담론도 형식의 부재 속에 생각될 수는 없을 것이다. 형식주의를 이유로 비평가나 이론가를 꾸짖기 전에, 우리는 형식이 어떤 이론에도 필수적인 전제 조건임을 깨달아야 한다. 그러나 이는 형식 개념이 그 자체로 정의 가능하다는 의미는 아니다.

리파테르는 공공연하고, 완고하고, 자존심 강한 형식주의자이며, "시에서 내용에 대한 형식의 승리," 시적 텍스트를 "게임"뿐 아니라 "기념비"에 동화, 또 단어와 사물이 일치하도록 되어 있는, 그가 인식과 모방적인 말의 "선형적" 언어라 부르는 것과 시의 언어 사이의 분명한 분리 등등과 같이 가장 전통적인 말들로 자신의 신념을 진술한다.[3] 이 분리는 자기를 내세우지 않는, 면밀한, 제한된 문학 분석의 언어로 확장되고, 또 문학 창작으로까지 확장된다. 그리하여 문학 텍스트의 비문법성이 문학 평론에서는 관용되지 않는다.[4] 이 독단적인 단언들에 대한 독단적인 논의는 우리 저자의 기여를 서술하는 데 도움이 안 될 것이다. 이 단언들을, 그가 그렇게 하듯, 가장 차분하고 가장 논증적인 말들로 진술함으로써, 그는 이 단언들의 발견적인 기능을 명백히 한다. 최종적인 비판은, 이 가정들이 초월적 판단들로서 갖는 장점보다는, 이 가정들이 도달하게 해주는 결과들을 고려해야 할 것이다. 게다가, 시적 형식주의의 가정들은 결코 억지스럽거나 역설적이지 않다. 사실상 그것들은 극도로 자명해서, 문제는 왜 비지시적인 담론으로서의 시라는 생각이 단언될 수 있는가가 아니라, 왜 그런 생각이 리파테르 같은 근본적 형식주의자까지도 그 저항을 설명해야 할 정도로 저항을 받는가이다. 또 우리는 이 경계선들을 확립하는 데 함의된 전유 행위를 너무 서둘러 평가하려고 결정하지 말아야 한다. 우리는 문학을 "현실" 세계의 뒤죽박죽으로부터 보호하려는 일을 결벽한 시도로 보는 경향이 있다. 그러나 울타리들이나 경계선들은 적어도 두 방향으로 기능한다. 참으로 사람은 특권적으로 거주하게 된 신성한 기념비에 어중이떠중이가 접근하지 못하도록 해두고 싶을

---

3) *Semiotics of Poetry*(Bloomington: Indiana University Press, 1978), 115쪽; *La production du texte*(Paris: Seuil, 1979), 7쪽. 이 책은 *Text Production*, trans. Terese Lyons(NY: Columbia University Press, 1983)으로 영역되었다. 이후로는 전자를 《기호학》, 후자를 《생산》으로 본문에 표기한다. 후자로부터의 번역은 드 만의 번역이다.
4) 예컨대, 타키투스의 텍스트에 대한 롤랑 바르트의 논평을 비판하고 있는 *Essais de stylistique structurale*, 281-85쪽을 보라. 이 책으로부터의 번역은 드 만의 것이다.

지 모른다. 그러나 기념비는 또한 아주 공적인 장소로, 알다시피 꼭 경외심이 있는 것은 아닌 무단 거주자와 잡다한 시민에게 매력이 있으며, 그래서 사람은 그 경계 안에서 일어나는 수치스런 짓거리로부터 시적인 것의 영역 너머에 있는 것을 보호하고 싶을지 모른다. 그 기념비성에도 불구하고 리파테르의 "형식"은 고루하지 않으며, 프로이트가 농담과 꿈에서 발견한 속임수로부터 자유롭지도 않다. 리파테르는 어쩌면 이성적 세계를 시의 나쁜 사례로부터 보호하고 싶어 할지도 모른다.

시의 모든 형식주의적 이론들은 조만간 유사한 문제를——즉 자신들의 논제의 현상적으로 현실화된[5] 측면에 정합하는 것이 자신들을 서술적 학제로는 매우 효과적이게 하지만 이해를 희생시킨다는 점을——직면해야 한다. 기념비란, 정의상, 자기 충족적인 것이다. 기념비는 기껏해야 관조될 수 있으며, 심지어 특히 유해를 안치하고 있을 때, 보는 사람과는 전혀 별도로 존재한다. 바꿔 말하면, 형식주의는 문학 해석학이 아니라 문체학(혹은 시학)을 생산할 수 있을 뿐이며, 이 두 접근들 사이의 관계를 설명하려고 하는 데 불충분하다. 그럼에도 리파테르 같은 형식주의자는 자신의 기획 속에 독자의 해석학적 활동을 통합시켜야 한다고 느낀다. 그에게 문학의 특수성을 정의해 주고 구획해 주는 자기 지시성의 가정을 파멸하지 않고 어떻게 리파테르는 이를 성취하기를 바랄 수 있는가? 이 점을 말하면서 우리는 리파테르의 작업이 《구조 문체학에 관한 시론》(1971년에 출간되었지만 거의 10년 전에 씌어진 논문들 또한 담고 있다)에서 최근의 《시의 기

---

5) 〔역주〕 본서에서는 "현실화"(realization) 및 "현실화하다"(realize)를 "실제화"(actualization) 및 "실제화하다"(actualize)와 구분하여 옮겼다.

호학》(1978)으로 옮겨 가는 그 역학을 환기하였다. 그의 분석들의 정확성과 풍부함은, 과연 그리고 어떻게 문학 형식의 시학이 읽기의 해석학과 양립 가능하게 될 수 있는지에 대해 그를 모범 사례이게 한다. 여기에는 문학 교육의 교수법이나 문학사의 가능성 이상의 것이 걸려 있다. 최우선적으로는, 이성적 인식을 전복하는 듯 보이나 이성적 인식을 후견하는 미학의 범주가 걸려 있으며, 이 너머에는, 미학적 거리의 보호 없이 텍스트를 직면해야 하는 위험을 무릅쓰는 인식의 운명 자체가 걸려 있다.

리파테르의 주요 이론적 저작들의 제목이 **문체학**에서 **기호학**으로 이행한 것은, 그의 방법의 이론적 하위 텍스트에서의 진정한 변화 혹은 변이를 나타내 보인다. 언제나 그는 유행하는 추세로부터 독립해 있었지만, 그의 초기 작업은 이미 정교화된 약호와 구조를 서술하지, 그 정교화의 가능성을 설명해 주는 (기반)-구조를 분석하려고 애쓰지는 않는다는 점에서 러시아 형식주의자들의 작업에 유사한 것이라 불릴 수 있다. 그의 문체학에서 문학 언어는 그것 자신의 기호 체계를 생성하는 계열체적 기호로 기능하지만, 이 문체학적 표지 자체의 기호-성격 즉 기호성(semioticity)을 구조적으로 분석하려는 어떤 시도도 이루어지지 않는다. 바꿔 말하면, 문체학은, 리파테르 자신이 정식화한 구별에서는, 기호론(semiology)이지, 기호학(semiotics)이 아니다. 그 자체로 문체학은, 엄밀성 속에서, 독자의 기능을 전혀 고려하지 말아야 할 것인데, 왜냐하면 텍스트를 구성하는 암호화 체계를 그저 서술하는 것은 형식에, 하나하나씩 남김없이 일치할 것이기 때문이다. 암호 해독(décryptage)은 미리 규정되어, 획득된 기술에 의해 극복될 수 없을 장애물을 만나지 않고 기호화의 장(場)을 포화한다. 마찬가지로, 아주 다른 이유 때문이긴 하지만, 존재-신학적 해석학에서도 읽기의 유일한 목적은 읽기를 완전히 없애는 일이다. 엄격하게 형식주의적인 체계에서 읽기는 기껏해야, 서술적 분석을 하기에 앞서, 지시적이고 이데올로기적인 잡석을 치우는 일이다. 읽기는 형식의 구조적 부분이 아니라 우연적 부분인 것이다.

그럼에도, 《구조 문체학에 관한 시론》에서도, 리파테르는 문체학이 함의하는 읽기의 제거를 승인하려고 하지 않았다. 대신 우리는 그의 기획 전체를, 읽기를 텍스트의 형식적 서술 속으로 그 경계를 폭발시키지 않고 통합하려는 지속적인 이론적 노력으로 볼 수 있다. 그러므로 로만 야콥슨이 클로드 레비-스트로스와 협력하여 보들레르의 시 〈고양이〉를 해석한, 60년대 중반으로 거슬러 올라가는 논문[6]에 대해 야콥슨과 논쟁을 주고 받으며 리파테르는, 텍스트의 실제적 읽기 경험에 일치하는 분석 방법의 필요성을 반복하여 역설하는 것이다. 텍스트적 의의[7]가 언어 속에서(예컨대 문법적 혹은 어휘적 구조 속에서) 실제화되는 것만으로는 충분하지 않다. 의의가 시적이기 위해서는, 텍스트와 독자 사이에 발생하는 과정 속에서 실제화되어야 한다. 야콥슨과 레비-스트로스가 골라낸 문법 구조가 무관한 까닭은, "무엇이 시와 독자 사이의 접촉을 확립하는지 설명하지 않기" 때문이다(《문체학》, 325쪽). 보들레르의 텍스트에 관한 리파테르 자신의 버전은 "시적 현상의 성질"이 읽기를 함의한다고 가정하는데, 이는 지시적 탈선이 제거된 읽기이지만 그래도 똑같은 읽기이다. 그것은 심지

---

6) 〔역주〕 Roman Jakobson and Claude Lévi-Strauss, "'Les Chats' de Charles Baudelaire"(1962)를 가리킨다.

7) 지시적인 그리고 형식적으로 암호화되지 않은 "의미"(meaning)와 구분된 용어로 "의의"(significance).

어 초-독자(super-reader)라는 합성 인물마저 등장시키는데, 초-독자는 "처음부터 출발해, 문장을 따라감으로써, 언어적 배치에 의해 우리에게 부과된 바대로, 시를 읽고 지각하는 정상적 과정을 따라가는 상당한 이점을 소유하고 있다…"(327쪽). 그리고 원래 텍스트에 대한 나중의 가필에서, 리파테르는 이 점으로 돌아간다. "우리는 텍스트와 같은 방향으로, 즉 처음에서 끝으로, 나아가는 읽기의 중요성을 아무리 역설해도 모자랄 것이다. 이 '일방 통행로'를 존중하지 않는다면, 문학 현상의 본질적 요소를 무시하는 셈이다…. 즉 텍스트는 점진적인 발견의 대상이며, 역동적이고 계속 변화하는 지각의 대상으로, 독자는 놀람에서 놀람으로 옮겨 갈 뿐만 아니라, 앞으로 가면서, 그가 읽었던 것에 대한 그 자신의 이해가 변경되고 있음을 보고, 매번 새로운 발견이 반복되거나 모순되거나 확대되고 있는 이전 요소에 새로운 차원을 더해 준다는 것을 무시하는 셈이다…"(327쪽).

이 인용에서 중요한 것은 순서보다는 읽기에 대한 강조이다. 순서는 사실상 프랑스 중등 학교에서 실천되곤 했던 행 단위(line-by-line) 해설의 가능한 유물이며, 커다란 정도로 탈선적인 것이다. 왜냐하면 독자의 최초의 혹은 반복적 지각이 순서적이라는 것은, 특히 서정시의 경우, 전혀 진실이 아니기 때문이다. 또 그러한 읽기가 일련의 역전과 발견[8]으로 극적으로 전개된다는 것도 진실이 아니다. 그러한 개념들은, 리파테르가 다른 모든 면에서 거리를 두고 싶어 하는, 아리스토텔레스적 모방의 선형적 세계에 속한다. 또 이 개념들이, 접합 원리가 극적이고 약호화되기보다는 주로 기억적인, 텍스트의 독자에

---

8) [역주] "역전"(reversal 급전)과 "발견"(anagnorisis 인지)은 아리스토텔레스의 《시학》에 서술된 비극적 플롯의 두 부분이다. 아리스토텔레스, 《시학》, 천병희 역(서울: 삼성 출판사, 1990), 10장-11장, 354-55쪽 참조.

미치는 충격에, 다시 말하면, 암기되는 것에 일치하는 것도 아니다. 열거하는 하위 단락들로 쪼개지고, 각 단락에서, 존재하지 않는 순차성의 속박에 의해 평평해진, 〈고양이〉에 관한 반대 논평을 망쳐 놓는 좀 지루한 절차의 리파테르의 작업에서, 내가 아는 한, 더 나중의 예들은 없다. 후일에 그가 제안한 "주사"(走査 scanning) 같은, 읽기 동작에 대한 은유가 훨씬 더 정확하다. 그러나 이 점은 제한된 이론적 중요성만 있다. 왜냐하면 리파테르에게 가장 중요한 것은 텍스트적 실제화를 위한, 더 세부적으로는, 읽기로서의 실제화를 위한 필요성이기 때문이다.[9] 독자 정향적 절차는 그의 작업에서 시종 이론적 불변식으로 남아 있다.

우리는 리파테르의 이론적 입장을 상당한 정도로 복잡하게 하고 풍요롭게 해준 정향을 촉진했던 이유와 영향에 대해 길게 숙고할 수 있을 것이다. 그것은 유럽에서 훈련받은 문학 해석자가 1940년대 후반에 미국으로 옮겨 와서, 꼼꼼한 읽기가 논평의 가장 도전적인 부분일 수 있음을, 즉 논평이 절연될 수 없는 역사적 문헌학적 정보보다 또 논평이 여분의 일로 만드는 경향이 있는 주제적 환언보다 더 도전적일 수 있음을 발견하고서 느꼈던 해방감일 것이다. I. A. 리처즈의 《실천 비평》이나 엠프슨의 《애매성의 일곱 유형》 같은 책들은, 그 신비평적 확장들은 말할 것도 없고, 프랑스의 문학 연구에 약간의 흔적도 남기지 않았다. 극소수의 완전히 비학문적인 비평을 예외로 하고,[10] 프랑스의 문학 비평이 읽기 문제를 아예 회피해 버림으로써 발전하고 번창했다고 말하는 것은 과장이 아니다. 아주 최근까지도, 프

---

9) 이는 또한 리파테르와 콘스탄츠 학파의 수용 미학이 일치하는 지점이다. H. R. 야우스와 그의 동료들에게 중요한, 펠릭스 보디츠카(Felix Vodicka)의 "구체화"(concretization) 개념은 리파테르의 "실제화" 개념에 가깝다.

랑스 비평가들은 굳이 읽으려고 애쓰지 않았거나, 이 문제를 주의할 가치가 있는 것으로 여기지 않았는데, 이로 인하여 그들이 읽지도 않은 텍스트들에 대해, 자주 상당히 명민하게, 많이 써대지 못한 것은 아니었다. 이는, 다른 이유들로, 생트-뵈브, 텐느, 브륀티에르, 랑송[11] 등의 전통에서 명백히 그랬지만, 40년대와 50년대의 풀레, 리샤르 그리고, 어느 정도로는, 블랑쇼[12] 같은 주제적 비평가들에게도 여전히 사실이었다. 즉 이들 모두는 언어를 그 기능에서 주관적 경험의 운반체인 양, 마치 투명한 것인 양 취급하는 것이다. 바르트와 그의 계승자들도 여전히 대체로 그렇다. 실제로 텍스트를, 읽는다는 용어의 완전히 이론적인 의미에서, **읽는** 유일한 프랑스 이론가는 자크 데리다이다. 독자 수용을 향한 리파테르의 정향은 그를 "프랑스" 비평가이기보다는 "미국" 비평가이게, 혹은 적어도 이런 국가적 꼬리표들에서 여전히 상당한 신비화의 힘을 벗겨 내는 것을 도운 사람들 중 하나이게 한다. 그러므로 "프랑스 형식주의"라는 제목의 1969년 UCLA 학술 회의에 발표한 논문(지금은 《문체학》의 프랑스어 버전에 수록되었다)에서 리파테르는 그 시기의 바르트와 《텔 켈 *Tel Quel*》 저자들을

---

10) 발자크와 플로베르에 관한 프루스트의 비평적 시론이나 사르트르의 《상황 1》에 있는 초기 시론의 몇몇 구절처럼 광범위하게 흩어진 예들을 염두에 두고 있다.

11) 〔역주〕 Charles Augustin Sainte-Beuve(1804-1869), Hippolyte Taine(1828-1893), Ferdinand Brunetière(1849-1906), Gustave Lanson(1857-1934). 《이론에 대한 저항》 원서의 색인에서는, 브륀티에르의 경우 "Ferdinand"이 "Gustave"로, 텐느의 경우 "Hippolyte"가 "Hyppolite"로 오기되어 있다(*The Resistance to Theory*, 132, 136쪽).

12) 〔역주〕 Georges Poulet(1902-1991), Jean-Pierre Richard(1922-), Maurice Blanchot(1907-2003). 물론 이 중 풀레는 드 만과 같은 벨기에 출신이다. 또 드 만은 블랑쇼와 풀레에 관해서는 따로 논평한 일이 있다. *Blindness and Insight: Essays in the Rhetoric of Contemporary Criticism*, 2nd ed.(Minneapolis: University of Minnesota Press, 1983)에 수록된 "Impersonality in the Criticism of Maurice Blanchot" 및 "The Literary Self as Origin: The Work of Georges Poulet" 참조.

비판했던 것인데,[13] 여기서 그는 지시적 문자주의(literalism)의 압제로부터 그들이 해방된 데 대해서는 칭찬하지만, 독자가 지각에 참여하는 것을 무시함으로써 그들이 "문학적 전언의 지각 양태를 엄폐"한 데 대해서는 비난한다(《문체학》, 268쪽). 지각(perception)이라는 말은 참으로 적절한 용어인데, 왜냐하면 리파테르는 시적 의의가 잠복되어 있거나 삭제되어 있는 것으로는 충분하지 않으며, 분석가가 위치를 파악할 수 있는 그리고, 다음으로, 독자의 반응을 규정하거나 과잉 규정하는, 특정한, 규정된 텍스트적 특징을 분석가로 하여금 지적하도록 해주는 방식으로 시적 의의가 명시화되고 실제화되어야 한다는 입장을 계속 유지해 왔기 때문이다. 그러한 증거가 부재하면, 독자도 또 논평자도 가장 난폭한 자의성에 무방비일 것이다. 그럼 텍스트적 의의가 실제화되기 위한 조건이 무엇인가라고 물어본다면, 그 답은 적어도 이중적이다. 텍스트적 의의는 무엇보다도 먼저, 변칙(anomaly)에 의해, 즉 리파테르가 그것의 비문법성이라 부른 것──"일상적" 모방의 기대로부터의 일탈(deviation)──에 의해 주의를 끌어야 한다. 예컨대 위고가 방패를, 곤봉으로 하듯, 적을 실신시키는 공격 무기인 양 행동하게 할 때가 그러한데(《생산》, 195쪽), 이 변칙은 그렇다면 우발적이거나 부주의한 글쓰기의 증거이기는커녕, 지시적 약호에서 시적 약호로 이행하는 순간을 표시해 주는 셈이며, 분석가로 하여금 텍스트에서 작동하고 있는 생성 체계 중 하나를 식별 가능하게 하는 증후를 제공해 주는 셈이다. 비문법적 신호는 다양한 형태를 취할 수 있다. 그것은 어휘적, 문법적, 통사적, 비유적, 텍스트 내적일 수 있는데,

---

13) 데리다와 푸코를 고의로, 그리고 현명하게 떼어 놓은 것은, 이들의 작업이 그 논의의 보다 더 엄격히 기술적인 판형에 맞지 않기 때문이다.

그 언어적 양식이 어떤 것이든, 그것의 실제성은 항상 현상성에 의해, 즉 직관이나 인식에의 접근 가능성에 의해 규정된다. 만약 이렇지 않다면, 리파테르는 그것의 의의를 부인한다. 프랑스의 소설가이며 때로는 이론가인 리카르두는 포의 어구 "라이트 홀딩"(right holding)에서, "라이트"(right)의 "g"가 영어에서는 소리가 나지 않는데도 불구하고, 전철 문자(anagram)[14] "골드"(gold)를 발견했다고 주장한 것 때문에 비난받는다.[15] 우리가 리카르두의 유희나 전철 문자에 대해 어떻게 생각하든, 리파테르의 반대는 보다 일반적인 원리에 기초하고 있다. 즉 들리지 않는 "g"는, 야콥슨과 레비-스트로스의 기상 천외한 배열과 마찬가지로, 현상적 실재를 소유하고 있지 않기 때문에 실제화된 것으로 여겨지지 않는다. 그것은 감각에, 직접적으로든 혹은, 청각 효과보다는 시각 효과의 경우, 비유 활용에 의해서든 접근 가능하지 않다. 실제화의 기준은 더 이상 지시적이지 않지만(단어와 명명된 사물이 일치한다고 가정하지 않도록 되어 있지만), 여전히 현상적이다. 변칙의 표시 혹은 신호는 여전히 그것의 부정으로서의 재현으로부터 온다. 지시물에서 기표로의 전이는 기호의 현상적 실체의 손실 없이 일어난다. 기호의 현상적 실체는 향상되었고, 시적인 독자는 지시적인 독자보다 더 나은 문자적 귀와 더 나은 상상의 눈을 갖고 있다고까지 말할 수 있을지 모른다. "상징주의적" 평가는 고스란히 있는 셈이다. 각

---

14) [역주] "아나그람"(anagram)은 "철자 바꾸기" 혹은 "전철어(轉綴語)"로 번역되는데, 본서에서는 "전철 문자"라고 옮겨 보았다.

15) [역주] 이상은 Jean Ricardou, "L'Or du scarabée"(1968)에 관련된 논의이다. 그런데 리카르두가 "right holding"이라고만 언급한 것은 포의 《황금 풍뎅이 The Gold Bug》 중 다음 두 구절을 지칭하는 듯하다. "손을 그의 **오른쪽** 시각 기관에 두고, 손을 거기에 **대고 있으면서**"(placing his hand upon his *right* organ of vision, and *holding* it there) 및 "너의 **오른손**은, 양피지를 쥐고서"(while your *right*, *holding* the parchment).

운과 두운 같은 청각 효과가 실제화라고 주장할 수 있는 것은, 말해진 언어가 소리나 목소리로서 현상적 존재를 갖고 있기 때문이다. 그러나 이 똑같은 말해진 언어는, 물론, 어떠한 시각적 현상성도 소유하고 있지 않으며, 소리에서 이미지로의 전위는 비유적이다. 상상의 비유 활용은 기호와 기호화의 접합이, 그 자체가 현상적으로 현실화된 구조에 의해 일어난다는 것을, 다시 말하면, 그것이 기호를 근본적으로 상징인 양 취급하고 있다는 것을 함의한다. 미학 이론의 전통적 문제틀을 구성하는 이 문제 다발을 리파테르는, 독자의 매개를 통해, 현상적 직관을 의미론적 인식에 동화시킴으로써 회피하는 것처럼 보인다. 심지어 그의 (기호학적 시기와 구분되는) 문체학적 시기에서도, 구조적 단위는 의미의 의미론적 단위이다. 우리가 칸트로부터 아는 것처럼, 또 확실히 헤겔에 의해 공개적으로 논전되지는 않은 것처럼, 직관의 의미로서의 내면화는 미학적 경험의 현상주의와 완전히 양립 가능하다. 실제화를 역설하며 리파테르는, 언어의 현상성의 확인으로서의 미학 범주를 창립하는 영속적이고 필수적인 몸짓을 반복한다. 이 현상성이 논전되고 있을 때면——늘 논전되고 있는데——미학은, 셀수 없이 많은 변장 중 하나를 하고서, 구조하러 온다. 현재의 역사적 배치에서 이 전략은, 현상학적 언어 이론과 기호학적 언어 이론 사이에서, 후설과 소쉬르 사이에서 발전된 복잡한 대립과 공모 속에 작동하고 있다. 철학보다는 문학을 참조하는 리파테르의 경우, 이 상호 작용은 예컨대 폴 발레리의 미학적 형식주의와 초현실주의자의 기호학적 불손 사이에서 일어난다고 할 수 있다.

그렇다면 "프랑스 형식주의자들"이 독자의 반응을 등한시한다고 비판될 때 함의되어 있는 것은, 이들이 시적 텍스트의 지시적 기능을 중지시켜 현상적이고 인식적인 읽기 경험을 타협해 버림으로써 그릇된 길로 갔다는 것이다. 텍스트의 현상성이 사라지도록 되면, 문자적으로는 아무 읽힐 것도 남겨지지 않게 된다. 리파테르는 그의 동지들의 기호학적 과잉 살상에 대항해 자신의 문체학 상표를 아주 굳건히 방어하는 듯하다. 즉 기호화의 실제화야말로 텍스트가 읽힐 수 있도록 해주는 것이며, 읽기 가능성은 이 실제화의 필연성을 보증해 주는 것이다. 이 주장은 순환적이지만, 길고 존중할 만한 전통에 의해 뒷받침되는 순환이다. 그럼에도 불구하고, 이는 리파테르가 문체학의 어휘로부터 떠나 기호학적 용어법과 절차를 강조하기 시작하는 순간이다. 그의 이론적 움직임은 결코 편의주의에 의한 것이 아니기 때문에, 우리는 이론적 모델에서 조정을 요구했던 실제적인 혹은 잠재적인 반대에 그가 응답하고 있었다고 가정할 수 있다.

참으로, 《구조 문체학에 관한 시론》에 있는 텍스트적 실제화 이론과 독자 반응 이론은, 이 두 이론이 그래야 하는 것처럼 분명 동연적이지 않다. 읽기의 필요성은 완전히 양립 가능한 것은 아닌 두 방식 속에서 정당화된다. 한편으로, 읽기는 텍스트적 표지의 엄격한 규정에 대한 유도된 반응이며, 그래서, 그 자체로, 상당한 해석학적 자신감을 갖고——즉 리파테르가 특정한 텍스트에 관여할 때 우리가 그의 어조에서 듣는, 이론적으로 정당화되고 따라서 완전히 정당한 확신을 갖고——성취될 수 있는 안정된 과정이다. 그러나 다른 한편, 읽기는 "지시의 추정"이라 불리는 필연적 착오로부터 태어나는 변증법으로, "따라서, 시는 사물보다는 단어에 중심이 놓여 있지만, 독자는, 지시적 언어의 계속적 사용에 의해 조건 지워져, 마치 지시가 있는 것인 양 합리화한다. 그는 〈재버워키〉[16]를 듣는 앨리스와 같다…"(《문체학》, 268쪽). 혹은, 훨씬 더 적확하게 정식화하면, "…시를 현실과 비교하는 것은 수상쩍은 효과가 있는 비평적 접근이다. 즉 그것은 무관한 결론에 이르는데, 왜냐하면 그것은 텍스트의 밖에 있거나 텍스트에 못 미치기 때문이다. 그러나 현실에 의지하는 것이 비평가 편에서 용서할 수 없는 합리화라 할지라도, 이 똑같은 합리화는 문학 현상을 구성하는 텍스트와 독자 사이의 관계의 양태들 중 하나이다. 그러므로 그것을 설명하려 애쓰는 일이 필수적일 것이다"(《생산》, 176쪽). 독자를 그렇게 차분한 손으로 유도하는 비문법성도 또한 동시에 독자를 심하게 오도한다. 그리고 두 기능 모두 동등하게 중요하다. "지시의 추정이라는 기구(機構)는, 그 기구를 출발시킨 지시의 부재가 그러하듯, 문학 현상에서 중대한 역할을 한다. 이 영역은 탐구되지 않은 채로 있다"(《문체학》, 289쪽). 그러나 제공된 설명들은 이 필수적인 탐구를 시작하는 데 실패한다. 그 설명들은, 무엇보다도, 영리한 비평가와 순진한 독자의 분리를 가정하는데, 이는 "자연스런" 독자와 공동 상투어 어법에 대해 건강한 존경심을 갖고 있는 저자 속에서 조화되지 않는다. "용서할 수 없는" 탈선이라고도 불리는 것을 수행하도록 "조건 지워져" 있기 때문에 우리가 지시적으로 읽는다고 말하는 것은 훨씬 더 당혹스러운 문제를 공정하게 다루는 데 실패한다. 통속적인, 비학문적인 독자나 작가는 자주 직업 비평가보다, 미학적 쾌락의 조건인 지시와 유희 사이의 미묘한 중지된 균형을 보존하는 데 훨씬 더 낫다. 많은 예들 가운데 하나로, 바르트가 《신화학》에서 대중 문화적 사건들에 관해 고찰한 것은, 조건 지워진 지시주의라는 관념을 떨쳐 버리는 데 도움이 된다. "지시적 언어의 계속적 사용"은 나쁜 문학 선생들의 발명품으로, 리파테르는 단연코 이 선생들

---

16) 〔역주〕〈재버워키 Jabberwocky〉는 《거울 나라의 앨리스 Through the Looking Glass, and What Alice Found There》에 나오는 무의미 시이다.

의 무리에 속하지 않으며, 이들에 대해 자신의 가장 치명적인 논쟁의 작살을 마련해 두고 있다.

그러나 이 유도되고 오도된 읽기를 어떻게 생각해야 하는가라는 의문은 남는다. 리파테르의 초기와 후기의 실천 모두 순수하게 교정적(矯正的)이지 않으며, 지시적 현혹을 떨쳐 버리는 데 갇혀 있다. 그것은 항상, 운율과 소리의 속성을 텍스트의 기호화 기능으로부터 인위적으로 분리할 필요 없이, 기호 작용(semiosis)의 바로 그 핵심에서 형식적 구조를 드러내는 강력하게 실증적인 요소를 포함한다. 리파테르의 이론적 사변의 이 지점에서 그의 이론적 모델은 그의 실천에 좀 뒤처진 것처럼 보인다. 이 불일치를 극복할 필요는, 의심할 바 없이 미국과 해외에서의 기호학의 일반적 발전에 자극받아, 퍼스 및 특히 소쉬르 기호학의 초창기로 리파테르를 데려갔다. 프랑스 형식주의자들에 관한 논문의 각주(《문체학》, 270–71쪽, 각주 25번)에 선언된, 소쉬르로부터 나온 개념들인, 텍스트적 초과 문자(paragram)와 하부 문자(hypogram)[17] 이론은 1971년 이후 리파테르 작업의 이론적 핵심이 될 것이었다. 이 이론은 《시의 기호학》의 이론적 하위 구조를 구성하며, 현재까지 몇몇 시론에서 체계적인 취급을 받고 있다.

70년대 초반, 리파테르를 포함하여, 이론가들 가운데 강한 관심을 다시 일으킨 것은 바로 전철 문자의 소쉬르이다.[18] 여기에는 충분한 이유가 있는데, 라틴 시가 시행(詩行)들을 통해 밑에 놓인 단어나 고유

---

17) 〔역주〕 역자는 "파라그람"(paragram) 및 "히포그람"(hypogram)의 역어로 각각 "초과 문자" 및 "하부 문자"라는 용어를 신조해 보았다. 마찬가지로 "hypotext"를 "하부 텍스트"로, 또 구분을 위해, "subtext"를 "하위 텍스트," "infratext"를 "기반 텍스트"로 각각 번역해 보았다.

명의 약호화된 분산(혹은 산종)에 의해 구조화되었다는 소쉬르의 신념 혹은 강한 육감은, 형식적 정교화의 과정으로 지시적 읽기를 대치(代置)하는 것이기 때문이다. 시에서 지시적 기능의 중지를 계속 주장했던 리파테르 같은 사람에게, 이 가설은 하나의 확인이며 새로운 가능성이다. 그러나 이 가설은 또한 최고도로 잠재적으로 분열적이다. 우리는 소쉬르 자신이 이 가설로부터 물러났으며, 《일반 언어학 강의》가 된 강의를 하기 시작했을 때는 그 탐구를 포기했었다는 것을 알고 있다. 혁명들 중 가장 사적이고 눈에 띄지 않은 이 잠재적 드라마는(마치 콜럼버스가 신대륙 발견을 혼자만 알고 있기로 결정했던 것처럼, 발견자 소쉬르가 감추려고 했던 것이라는 가정을 포함해) 근래 이론가들 가운데 어떤 신화적 성질을 획득해 왔다. 왜냐하면 소쉬르의 주의(注意)는 공포를 힐끗 보았던 것이라는 가정을 뒷받침하기 때문이다. 잘 알려진 대로, 소쉬르가 탐구를 중단한다고 한 것은, 부분적으로는 그가 재구성했던 정교한 약호의 존재에 대한 어떤 역사적 증거도 찾을 수 없었기 때문이었지만, 주된 이유는 그 구조가 무작위적인지, 그저 확률의 소산인지, 기호 작용의 약호화에 의해 규정되는지 입증할 수 없었기 때문이었다. 규정에 대한 헌신이 아주 강한 리파테르는 이 곤경의 도전을 느끼고, 그것을 자신의 텍스트 이론을 조정하기 위한 출발점으로 이용한다. 그러나 이 과정에서, 아마 소쉬르의

---

18) 1971년 장 스타로벵스키는 많이 기다려 온 《말 밑의 말: 페르디낭 드 소쉬르의 전철 문자 *Les mots sous les mots: le anagrammes de Ferdinand de Saussure*》(이후로는 《말》로 표기)를 출간했으며, 소쉬르의 수고(手稿)로부터 더 많은 미출간 텍스트들이 뒤를 이었다. 그것은 다방면의, 특히 줄리아 크리스테바와 《텔 켈》 집단의 상당한 관심을 끌었다. 이 텍스트들로부터 방사된 이론적 도전에 관해 영어로 이용 가능한 아마도 가장 좋은 설명은 Sylvère Lotringer의 시론 "The Game of the Name," *Diacritics*(1973년 여름), 8–16쪽의 설명일 것이다.

가장 당황스러운 가설이었을 것이 해석학적으로 아주 생산적인 또 방어책으로서 아주 효과적인 방식으로 치환된다.

또한 잘 알려진 대로, 소쉬르는 작업하고 있던 텍스트의 밑에 놓였다고 굳게 믿은 언어 단위의 분포를 지칭하기 위한 용어법의 선택에서 상당히 망설였다. 그는 "전철 문자"를 고려했다가, "초과 문자"에 대한 선호를 진술했는데, "초과 문자"라는 말은 핵심어가 분산된 공간에 아무 제한이 없음을 함의한다. 다른 곳에서 그는 "하부 문자"(하위 텍스트 혹은, 더 낮게, 기반 텍스트)에 대한 선호를 진술했는데, 실베레 로트링게르가 설득력 있게 보인 바와 같이, "하부 문자"라는 말은 으뜸말[19] 혹은 이름으로서의 말의 통일성을 되찾는다. 이 모든 용어들은, 무슨 차이가 있든, 항상 접미사로 phone(음)이 아니라 gram(문자)을 쓰지만, 소쉬르는 이렇게 주장한다. "전철 문자도 초과 문자도[하부 문자도 그렇다고 우리는 추론할 수 있는데――드 만의 삽입] 시의 비유가 씌어진 기호에 의해 지도된다는 것을 뜻하지 않는다. 하지만 이 단어들 하나 혹은 각각에서 -gram을 -phone으로 대체한다면, 아마도 우리는 전대미문의, 괴물 같은 것이 포함되어 있다고 생각하게 될 것이다"(《말》, 31쪽). "전대미문의 것"은 바로 시적 어법의 음성적, 감각적, 현상적 토대가 뒤흔들리는 것일 터인데, 왜냐하면 텍스트에서 핵심어의 분산 법칙은, 전철 문자로서든 초과 문자로서든 하부 문자로서든, 현상적으로도 또 심지어 수학적으로도 지각 가능하지 않기 때문이다. 핵심어가 모든 근원적 통합성 속에서 고유명이기 때문에, 이산된 부분들과 무리들로 세분되는 것은, 의미 수준에서, D. P. 슈레버의 《한 신경증 환자의 회상록》[20]에서 발견될 최악의 절단

---

19) 〔역주〕마땅한 역어가 없는 "master-word"를 "으뜸말"로 옮겨 보았다.

(dismemberment) 환영을 닮는다. 그렇다면 우리는, 사실상, 언어의 현상성이 파멸됨을 목격했을 터인데, 이는 (현상적인 것과 본체적인 것은 같은 체계 안의 양극이기 때문에) 인식이 파멸됨을 그리고 기입(inscription)으로서의 문자의 제어 불가능한 힘에 의해 그것이 대체됨을 수반한다.[21] 하부 문자라는 단어를 선택했지만, 하부 문자를 기입이 아니라 발성 가능한 이름으로 기능하게 함으로써 소쉬르는 언어를 인식론적 절단으로부터 보호하는데, 인식론적 절단을 충족된 욕망의 유익한 잉여 가치로 찬미하는 것은 어느 정도 순진한 일이다. 여기에 걸려 있는 것들은, 참으로 아주 상당하다. 소쉬르가 《일반 언어학 강의》에서 이 문제를 재이론화한 것은, "그저" 억압한 것이라기보다(덤으로, 헤겔을 거쳐, 로트링게르가 그렇게 말할 것이듯), 그것이 드러내는 위험의 면전에 있는 이론적 담론의 고집으로 더 너그럽게 보일 수 있을 것이다. 그 당시에 여전히 많이 미출간된 소쉬르의 《수고》에 의지하지 않고도, 데리다가 《문자학에 대하여 De la grammatologie》에서 보일 수 있었듯,[22] 《일반 언어학 강의》는 권위적으로 획일적인 텍스트가 결코 아니다.

---

20) 〔역주〕 *Denkenwürdigkeiten eines Nervenkranken*(1903)은 Daniel Paul Schreber (1842-1911)의 자전적 기록인데, 프로이트, 라캉, 카네티, 들뢰즈 · 가타리 등에 의해 논평된 것으로 유명하다.

21) 이 문제 전체에 관해 소쉬르는, 고전 라틴 시 분야를 포기하고 고지 독일어 및 북유럽어 두운시의 인도 유럽어 어근을 고찰하려는 위험을 무릅쓸 때, 특히 곤란을 겪으며 현기증이 날 정도로 사변적이다. 예컨대 《말》, 38-40쪽의 독일어 Stab(막대기)와 Buchstabe(문자)에 관한 단락을 보라.

22) 내가 아는 한, 스타로벵스키가 *Mercure de France*(1964년 2월호)에 발표한 예비 텍스트 《전철 문자》를 유일한 예외로 하면 그러한데, 데리다도 이 텍스트를 언급한다. 좀 비밀스런 소쉬르 《수고》의 존재는 《말 밑의 말》이 출간되기 전까지 감질나게 하는 지적 잡담거리였다. 〔역주〕 데리다는 《문자학에 대하여》(1967) 1부 2장에서 이 텍스트를 언급한다. 참고로, 영어판 쪽수는 *Of Grammatology*, 38쪽 및 325-26쪽.

리파테르가 소쉬르의 비전범적인 모델을 변형시킨 것은 지극히 사소해 보인다. 짧은 한두 개 구절의 지면에서[23] 리파테르는 하부 문자를 하부 텍스트가 되게 한다. 소쉬르의 핵심-어(key-word)가 음절-쌍들(그리고 잠재적으로 문자들)로 파편화되어 있는 것은, 밑에 있는 핵심-텍스트(key-text)라는 가설로 대체되는데, 이 핵심-텍스트는 단어가 아니고, 기입은 더더욱 아니며, "의미론적 소여"(donnée sémantique)로, 문법적 단정[24]을 허용하는 읽기 가능한 의미 단위이지만, 의미론적 **가치**에 대하여 어떤 식으로든 특권화된 것은 아니다.[25] 그러나 텍스트적 정교화의 기능은 이 의미를 **진술**하는 것이 아니라(의미론적 핵과 관련해서는 아무 주목할 것도 없기 때문에, 그러는 것은 아무 흥미도 없을 것인데), 소쉬르의 핵심-어가 시행들에 감추어져 있듯이, 차라리 이 의미를 감추는 것, 혹은 차라리, 독자를 자기 보답적인 발견

---

23) 특히 《생산》에 수록된 "Paragramme et signifiance"; 또 《기호학》, 12쪽과 주석 16번(168쪽), 19쪽, 그리고 《기호학》을 통해 분산되어 있다. 리파테르의 용어법은, 아마도 소쉬르에 대한 고의적 인유로, 완전히 일관성 있는 것은 아니며, 하부 문자, 초과 문자, 혹은 심지어 모체(matrix) 등등의 용어 사용을 서로 엄밀히 구분하기가 항상 쉽지는 않다. 초과 문자는 상호 텍스트를 통해 하부 문자의 치환 과정을 서술하는 것처럼 보이지만, 텍스트가 바로 이 치환에 의해 구성되어 있기 때문에 하부 문자와 초과 문자의 구분이 중대하지는 않을 것이라고 가정하는 편이 안전하다. 그러므로 용어법적 양가성은, 어느 지점까지는, 정당하거나 하찮은 것이다. 모체로 말하면, 특정한 어휘화(lexicalization)에 선행하는 하부 문자의 의미론적 토대를 뜻하는데, 모체라는 용어는 참으로 구별된다. 모체는, 하부 문자나 초과 문자와 달리, 텍스트에서 실제화되지 않을지 모른다. 때로 리파테르는 모체가 결코 실제화되지 않는다고까지 단언하지만, 이 단언을 그의 모든 예들에서 필요 조건으로 고수하는 것은 아니다. 하부 문자라는 용어에 대한 나 자신의 선호는 소쉬르의 어원적 고려와 관계가 있는데, 이는 뒤에서 분명해질 것이다.

24) 〔역주〕일어판(85쪽)은 "단정"을 "예측"으로 옮겼는데, 아마 "predication"을 "prediction"으로 착각한 듯하다.

25) 이는 리페테르가 근원적 제일 처소(loucs princeps)라는 형이상학적 궁지를 피하고 있다고 주장할 수 있게 해주는데, 로트링게르가 보여 준 것처럼, 그것은 이름의 원리에 의해 소쉬르의 체계에 놓여 있는 것이다.

과정으로 애태울 만한 방식의 약호화에 의해 과잉 규정된 변이나 초과 문자 체계 속으로 이 의미를 위장하는 것이다. "하부 문자들은 (…) 텍스트적 기호에 의해 지적되어 있거나 파편적으로 실제화되어 있다"(《기호학》, 165쪽). 하부 문자는 지극히 수줍게 행동하지만, 결국에는 베일이 벗겨질 것인데, 왜냐하면 이것이 사실상 하부 문자의 존재 이유이기 때문이다. 즉 하부 문자의 형태는 자기 자신의 규정 원리를 드러내는 방식으로 암호화되어 있는 것이다. 진정한 실천적 비평가로서 리파테르의 주요 관심은 이론적 모델에 관한 논의보다는 위장의 기구에 집중된다. 그리고 확실히 특정한 텍스트들에서 이런 기구들이 일어나는 것을 분석하는 데서 그는 자신의 주요한 승리를 찬미하는데, 이는 특히(자주 그렇듯, 그것은 이론적 필연성은 아니지만) 그 규정들이 그가 완벽히 지배하는 문학 정전 안의 상호 텍스트들에 의해 일어날 때 그렇다. 모든 독자는, 리파테르의 박학과 고도로 훈련된 귀가 모으도록 해주는, 풍성한 수확으로부터 각자 나름대로 좋아하는 횡재를 하게 될 것이다. 내 추측에, 리파테르 자신은 위고에서 초현실주의에 이르는 프랑스 시의 체계를 구조화하는 베르길리우스적 하부 문자들을 탐지하여 확인할 수 있을 때 가장 행복할 것 같다. 베르길리우스로부터의 인용들이 프랑스 중등 학교에서 쓰이는 교과서에서 발췌된 가장 흔한 문법적 예들이라는 사실은 특히 만족스러운 것이어야 하는데, 왜냐하면 그것은 하부 문자의 미덕이 확실히 그 의미론적인 "깊이"가 아니라 오히려 그 문법적인 풍부함에 있다는 것을 강조해 주기 때문이다. 정전적인 문학사에 관한 리파테르의 아주 설득력 있는 견해로는, 베르길리우스가 보들레르와 위고에게 갖는 기능은, 디아벨리의 작은 왈츠 주제가 베토벤에게 갖는 기능과 가깝다.[26]

리파테르의 독자는 이제 이중의 그러나 잘 통합된 과업을 얻게 되었다. 모방적 변칙에 의해 바뀌어, 독자는 감추어진 하부 문자를 탐색하러 나서고, 어느 지점까지는, 그것을 발견한 것으로 보답된다――이 경우, 간다고 하는 즐거움이 분명 여행의 즐거움의 대부분이라는 중요한 조건이 있지만 말이다. 최종적으로 드러나는 것은, 프로이트에 의해 해석된 꿈에서와 마찬가지로, 그것을 위장하는 데 필요했던 작업의 복잡함에 비하면 별것 아닌 것처럼 보인다. 그것은, 사실상, 전혀 아무것도 아닌 것일 수 있다. 그럼에도 그것의 존재는, 실제적이든 잠재적이든, 전체 과정이 발생하는 데 불가결한 것이다. 독자는 암호를 해독하고, 잠정적으로 비밀을 밝히며, 리파테르가 말하듯, "구조적 등가물이 일순간의 계시의 섬광 속에 돌연 명백해질 때, 적절한 읽기로 다시 돌아간다"(《기호학》, 166쪽).

리파테르가 해온 것은 소쉬르를 재어휘화하는 일이고, 절차의 기구에 대한 아무리 많은 강조도 이런 몸짓의 중압을 없애지 못할 것이다. 리파테르는 본질적으로 문법 교과서에 있는 예문에 불과한, 하부 텍스트의 순수하게 언어적인 성질을 반복하여 역설할지 모르지만, 하부 문자를 텍스트가 되게 하는 원리는, 그렇게 말하고 싶다면, 하부 문자 체계의 모체는, 의미라는 말의 충분히 현상적이고 인식적인 의미에서, 의미의 규정되고 안정된 원리이다. 그 자체로, 그것은 문학에서 이런 단언을 부정할 가능성을 함유하고 있다. 극한에서, 자신들이 심연적(深淵的) 버전인 구조를 반복하며, 모든 하부 문자와 모체는 같은 것――즉 하부 문자와 모체는 문학 형식을 정의해 주는 의미의 중지를 의미 있게 반복한다는 것――을 말한다. 모든 시는 무의미 시이지

---

26) 〔역주〕 Anton Diabelli(1781~1858, 오스트리아): 베토벤은 디아벨리의 왈츠를 주제로 33개의 디아벨리 변주곡을 작곡했다.

만, 자신이 그렇다는 것을 아는 무의미 시이다. "그 소여는 따라서 (…) 지시적 부정의 과정이다. 그러나 지시의 비존재를 공언하는 텍스트는 문학 담론의 극단적 형식일 뿐이다"(《생산》, 88쪽). 이론적 모델 발전의 이 진화된 단계에서, 우리가 출발했던 형식적 전제를 우리는 재발견한다. 우리는 사실상 형식주의적 문체학 분야를 결코 떠나지 않았으며, 기호학을 통한 우회는 기호학을 문체학으로 동화시킨 일이었지, 그 역이 아니었던 것이다.

이 지점에서, 한편에 있는 선형적, 모방적, 담론적 언어와 다른 한편에 있는 시적 비지시성 사이의 날카로운 원래의 구별이 극복되는 것도 역시 분명하다. 양자는 서로의 거울 이미지로, 의미 생산 기능으로서의 언어의 근본적 일의성을 위협하지 않는다. 문학은 의미의 불변적 체계 속의 변체, 즉 동일성에 또한 가장 가까운 "대척(對蹠)"(《생산》, 88쪽)에 있는 극단적인 변체이다. 변신이나 "변성(變性)"은 그 자체가 불변의 원리, 즉 "불변적 변수"라는 형이상학적 패러다임 혹은 하부 문자이다. 우리는 심지어, 아주 더 세련되어, 로만 야콥슨과의 논쟁에서 좀 지나치게 문자적으로 단언되었던 읽기의 선형성으로 돌아간다. 읽기의 현상성이 결코 문제시되지 않기 때문에, 읽기의 선형성은, 외양과는 반대로 역시 안전하다. "형식적 차이와 그 의미론적 등가물에 관한, 즉 텍스트적 순서와 초과 문자적인 순서를 대립시키기도 하고 연결시키기도 하는 양극성에 관한 동시적 지각이 바로 문학 담론의 유효성을 설명해 주는 것이다. 그리고 여기가 선형성과 비선형성이 화해하는 듯 보이는 곳이다. 즉 초과 문자화의 비선형성의 결과나 효과는 선형적 순서를 깨뜨리는 공극의 변칙 속에서만 지각 가능하다"(《생산》, 86쪽). 이 불연속성, 무의미한 시적 어법의 이 명백한 비이성이 이성적 담론의 가능성을 최고로 보증해 주는 것이다. 이성의 형식적 부정보다 이성이 더 잘 대처할 수 있는 것은 없어 보인다. 시사적인 액자 기법(mise en abyme) 속에, 리파테르는 자신의 어조의 과학적 초연함을 환기하는 방식으로 프랑시스 퐁주의 텍스트를 서술한다. 퐁주는 "전통을 일축하고, 그 대신 적절한 언어 즉 결정학(結晶學)의 과학적 담론에서 나온 이미지로, 신물 나는 서정주의가 제거된 찬미를 제안한다." 시의 수사적인 "꽃의 언어"는 객관적인 인식 담론의 단단한 "결정(結晶)의 언어"로 말하여지는데, 이는 평론가가 평론하는 텍스트를 희생시켜 자신의 사이비 시적 충동을 충족시키는 "아름다운" 글쓰기의 효과를 리파테르가 멀리하는 것과 꼭 같다. 리파테르 자신은 현학적 문헌학자풍으로 반어적으로[27] 글을 쓴다. 그러나 "결정은 참으로 돌이지만 꽃처럼 행동하는 돌이기 때문에, 상호텍스트적 갈등은 상호적 등가 속으로 해소되거나 옮겨지고, 텍스트의 미학적(어휘적) 통일성은 실증되며, 언어적 적절성은 인식적 언어로부터 최대 이탈한 지점에서 다시 증명된다(《기호학》, 114쪽). 이 "최대이탈"은 낮이 밤에서 떨어진 것보다 더 멀리 떨어진 것은 아니다. 그것은 변동 속의 같은 것——자신 속의 분화된 일자[28]——의 반복을 보증해 주는 지식의 교류하며 대칭적인 더하기와 빼기이다. 이 문학교육자는 고전적인 형이상학자의 풍모를, 교육 기술자 차림으로 변장한 플라톤적 백조의 풍모를 띠고 있다. "피 흘림으로써 백조는 교육하는 기호가 된다"(《생산》, 81쪽).[29]

---

27) 〔역주〕 본서에서는 아이러니 관련 단어를 반어(irony) · 반어적(ironic 혹은 ironical) · 반어적으로(ironically) 등으로 옮겼다.

28) 〔역주〕 여기서 드 만은 "자신 속의 분화된 일자"라는 뜻의 독일어 및 그리스어 어구를 병기하고 있는데, "hen diapheron auto"는 헤라클레이토스의 말이며, "das Eine in sich selber unterschiedne"는 횔덜린이 《히페리온》에서 그 말을 독일어로 옮긴 것이다.

내가 믿기로, 올바르게도 리파테르는 지금까지 얘기된 것을 그의 이론이나 작업에 대한 비판이라고 해석하지 않을 것이다. 많은 변장을 한 비이성적인 것을 평가해 주며 그것에 항거하는 것을 속물적인 소심함이라 비난하는 경향이 있는 작금의 이데올로기적 풍토 속에서는, 리파테르의 일관성을 그저 방어적이거나 회피적인 것으로 해석하고 싶은 유혹이 든다. 이는, 리파테르의 해석적 노동의 도전을 만나 그 노동의 설득력을 되받아치고자 한다면, 충분하지 않기 시작할 것이다. 예컨대 "모체"라는 말의 모성적이며 수학적인[30] 함의가 명백한 리파테르의 모델의——혹은 죽음, 석관, 전혀 단순하지 않은 성, 환각, 그리고 강박 자체에 대해 강박적으로 강조하는 리파테르의 문학적 사례들의——심리학적 함의를 지적하는 것은 너무나 손쉬운 일일 것이다. 혹여 병적 성향이 이론적 대담성의 척도라면, 리파테르는 누구에게도 뒤지지 않는다. 그의 체계의 동화력은, 소쉬르의 통찰을 포괄한 것처럼, 많은 프로이트적 통찰의 구조를 완벽히 포괄할 수 있다. 도전은 기표의 기호 작용뿐 아니라 텍스트적 읽기에 필적할 만한 재능이 있는 저자들로부터 와야 할 것이다. 리파테르는 슬라브어계 및 프랑스의 다양한 구조 시학과 결실 있게 교류하며 자신의 입장을 확고히 한다. 리파테르의 각주에 그레마스가 약간 보이긴 하지만 진정한 도전이 되지는 못한다. 바흐친은 더 문제일 것인데, 왜냐하면 리

---

29) 〔역주〕 원문은 "c'est en saignant que le cygne devient un signe enseignant"인데, 이때 "백조"(cygne)와 "기호"(signe), 또 "피 흘림으로써"(en saignant)와 "교육하는"(enseignant)은 프랑스어로 발음이 같다. 참고로, 영어판(*Text Production*, 81쪽)은 다소 다르게 옮겨 놓고 있다. "피 흘림으로써 백조는 의미 있는 기호가 된다"(it is by bleeding that the swan becomes a significant sign; c'est en saignant que le cygne est un signe enseignant).

30) 〔역주〕 본서에서 "모체"로 번역된 "matrix"는 "자궁"과 "행렬"의 의미를 지니고 있다.

파테르에서는 독자/텍스트 관계가 대화적이기보다는 변증법적이기 때문이다. 리파테르의 읽기 실천과 다만 부분적으로 관계가 있긴 하지만, 리파테르의 이론과 훨씬 더 양립 불가능한 것은, 물론, 울타리 (closure)[31]의 원리로서의 현상주의 및 형식주의의 존재론화에 대한 데리다의 신중하고 신랄한 비판일 것이다. 최근에 리파테르는 워고, 보들레르, 퐁주의 텍스트를 다룰 때 데리다의 텍스트를 다루는 것으로 그에게 경의를 표했다(또 정당하게 선수 쳤다). 이는 드문 사건인데, 왜냐하면 철학 텍스트는 리파테르의 읽기를 위한 상호 텍스트로 좀처럼 필요하지 않기 때문이다. 따라서 리파테르는 철학 텍스트가 기호학적 문체학적 분석에 가하는 추가적인 문제를 분별 있게 피한다. 〈상호 텍스트의 흔적〉[32]에서 리파테르가 《조종 弔鐘 *Glas*》의 서두를 읽은 결과는 계시적인 것으로, 우리는 드디어, 리파테르의 맹점이 의미론적 규정자가 비규정적인 비유 활용 체계 속에 텍스트적으로 기입되어 있음을 승인하지 않으려는 것임을 확인할 수 있다.

《조종》 서두 왼쪽 단의 세 문단에 대한 리파테르의 짧지만 나무랄 데 없는 읽기는, 초과 문자적 상호 텍스트가 과잉 규정의 도구이며, 결국, 확정된 읽기의 가능성과 명령법적 강제를 보증해 주는 것이라는, 자신의 확신을 재확인시켜 주는 것으로 제시된다. 상호 텍스트가 다만 우연적으로 인유적이거나 인용적일 때는, 어떤 진정 시적인 상호 텍스트성도 포함되지 않는다. 오직 촘촘하게 뒤얽힌 그물망이 기표 및 기호 작용 수준에서 생산될 때만 우리는 진정 시적인 발명을

---

31) 〔역주〕 데리다의 "울타리"(clôture)라는 용어에 대한 상론으로는 김상환, 《해체론 시대의 철학》(서울: 문학과지성사, 1996), 186쪽 이하, 209-20쪽 참조.

32) "La trace de l'intertexte," *Le Pensée* 215호(1980년 10월호). 이후로는 〈흔적〉으로 표기한다.

다루고 있는 것이다. 그렇다면 리파테르는 데리다의 텍스트가 바로 이러하다는 것을 정확하고 우아하게 보여 줄 수 있다.

이 과정에서 리파테르는, 당연히, 《조종》의 전체에 씌어 있는 상호텍스트——즉 〈감각적 증거〉(〈감각적 확실성 혹은 이것과 의미〉)³³⁾라 제목 붙여진, 헤겔의 《정신 현상학》의 제1장 그리고 특히 어느 규정에도 함의되어 있는 "여기"와 "지금"에 관한 논의——를 마주쳐야만 한다. 이 텍스트는 현상적 경험과 인식적 경험 사이의 가능한 동질성(나는 진리인 것의 양식 속에서 습득한다[ich nehme wahr]³⁴⁾로서 지각하는[wahrnehmen] 것)을 다루고 있으므로, 자신의 모델이 이 가능성에 전적으로 의존하는 리파테르에게 특별한 의의를 지닌다. 그는 헤겔의 입론의 핵심을 다음과 같이 환언한다. "헤겔은 (…) **여기**와 **지금**이 우리가 이 말들을 적는 순간 그릇되고 오도하는 것이 됨을 보이는 데 어려움이 없었다"(〈흔적〉, 7쪽). 이는 옛말에도 있듯, 거의 헤겔이 말했거나 말하려고 했던 것은 아닌데, 물론 리파테르가 줄곧 말해 오고 있던 것에, 즉 문학 언어("적힌" 언어)는 지시적 비문법성이 가능하다

---

33) 〔역주〕 원문은 "Sensory Evidence"(Die sinnliche Gewissheit oder das Diese und das Meinen). 괄호 안은 헤겔의 원래 제목이고, 앞의 것은 드 만의 영어 번역이다. 국역본은 헤겔, 《정신 현상학 1》, 임석진 역(파주: 한길사, 2005)의 1장 〈감각적 확신, '이것'과 '사념'〉. 다른 곳에서 드 만은, '생각하다' 혹은 "뜻하다"(to mean)를 의미하는 "meinen"에 "내 것이 되게 하다"(to make mine)라는 함축이 있음에 착안하여, "언어는 일반적인 것만 진술하기에, 나는 내 의견인 것만 말할 수 없다"(so kann ich nicht sagen was ich nur meine)라는 헤겔의 말을 "나는 내 것이 되게 하는 것을 말할 수 없다" 혹은 "나는 내가 생각하는 것을 말할 수 없다" 혹은, 더 나아가, "나는 나를 말할 수 없다"로까지 영어로 환치한 바 있다. "Sign and Symbol in Hegel's *Aesthetics*," in *Aesthetic Ideology*(Minneapolis: University of Minnesota Press, 1996), 97-98쪽 참조. 또 드 만은, "'지금,' '여기,' 혹은 '이것' 같은 가장 개별적인 지칭어들이 가장 강력한 일반화의 작인이라는 역설"을 헤겔이 지적했음도 언급한다(같은 글, 98쪽).

34) 〔역주〕 독일어 "wahrnehmen"은 문자적으로는 "진실하게 취하다"라는 뜻이다.

는 것에 확실히 가깝기는 하다. 이렇다는 것을 보이는 데 우리는 참
으로 "수고가 안 들기"는 하지만, 헤겔이 이 문제를 우회하려 애쓰면
서도 직면하는 데 수천수만 쪽이 들었다는 사실은, 뭔가 다른 것이
걸려 있음을 보여 주는 듯하다. 《정신 현상학》에서의 그 순간에 헤겔
은 전혀 언어에 대해 말하고 있는 것이 아니고, 뭔가를 적는 것에 대
해서는 더더욱 아니며, 시간, 공간, 자기성(selfhood) 같은 현상적 범
주와 관련하여 **확실성**으로서의 의식 일반에 대해 말하고 있는 것이
다. 요는 이런 확실성이, 시간적이거나 여타의 현상적 규정이 관여되
자마자, 늘 관여되어야 하는 대로, 사라진다는 점이다. 의식("여기"
그리고 "지금")은 언어 때문에 "그릇되고 오도하는" 것이 아니다. 그
릇되고 오도하는 것이기 때문에 의식은 언어**이며**, 다른 어떤 것이 아
니다. 그리고 의식이 그릇되고 오도하는 까닭은, 의식이 보이기
(showing; montrer 혹은 démontrer; deiknumi)나 가리키기(pointing; Zeigen
혹은 Aufzeigen)에 의해, 다시 말하면 감각 지각(가리키기를 필연적이
게 하는 것)의 직접성과 개별성의 상실 속에 인식(가리키기를 가능하게
하는 것)으로서의 현상의 일반성을 함의하는 방식으로, 규정하기 때
문이다. 즉 의식은 직시적(deictic)이기 때문에 언어적이다. 언어는 헤
겔의 1장에서 **말하는** 의식(*speaking* consciousness)의 모습으로 최초로
명시적으로 나타난다. "(외적 사물의 현실 혹은 존재가 의식에 대해 절
대적인 진리를 소유하고 있다는) 단언은 그것이 **진술**(*states; spricht*)하
는 것을 알지 못하며, 그것이 말하고자(*wants to say; sagen will*) 하는
것의 정반대를 말(*sagt*)하고 있다는 것을 알지 못한다…. 모든 의식은
(그러한 진리)의 정반대를 **진술**(*spricht*)한다."[35] 말하는 의식의 모습은
그것이 명명하는 직시적 기능에 의해 그럴 듯해 보이게 된다. 적히거
나 기입된 언어는 헤겔 텍스트에서 가장 문자적인 방식으로만——헤

겔이, 바로 그 순간 바로 이 장소에서, 우리가 말하고자 하는 유일한 것 즉 감각적 확실성을 말하는 것의 불가능성에 관해 써 오고 있던 실제 종잇장에 우리를 돌연 직면하게 하는 중절(parabasis)[36]에 의해서 ——나타난다. 개별성(그 여기와 지금)은, 말(speech; Sprache)보다도 앞서, 오래 전에 상실되었던 것이다. 그러니 이런 지식을 적는 것은, 헤겔이 말한 대로, 의식이나 말에 접근(erreichbar) 불가능한, 여기 및 지금을 결코 상실하지도(물론 회복하지도) 못한다. 적는 것은 뭔가 아주 다른 일을 한다. 말의 그 여기 및 그 지금과 달리, 기입의 그 여기 및 그 지금은 그릇되지도 오도하지도 않는다. 그가 그것을 적었기 때문에, 헤겔 텍스트의 여기 및 지금의 존재는 온통 공백일 뿐만 아니라 부인될 수도 없다. 적는 것은, 예컨대 《정신 현상학》 텍스트 전체를 끝없이 반복되는 말더듬——이 종잇장, 이 종잇장 등등——으로 환원해 버린다. 우리는 집, 나무, 밤, 낮 등등 헤겔이 언급한 다른 사례들에 신경 쓰는 것을 지극히 쉽게 배울 수 있지만, 누구도 그의 꿰

---

35) *Phänomenologie des Geistes*, ed. J. Hoffmeister(Hamburg: Felix Meiner, 1952), 단락 20번, 87쪽. 번역과 강조는 드 만의 것이다. 〔역주〕이 부분의 국역본 번역을 병기한다. "(외적인 사물의 실재나 존재가 의식에서 절대의 진리라는) 그런 주장을 하는 사람은 그 자신이 무엇을 말하고 있는지를 알지 못할 뿐더러 그 자신이 스스로 말하고자 하는 것과는 반대되는 말을 하고 있다는 것도 모르고 있다… 개개인의 의식은 (…) 감각적 진리를 파기하고 그와는 반대로 (…) 〈말〉한다"(《정신 현상학 1》, 144-45쪽).

36) 〔역주〕 "중절"(parabasis)은 원래 그리스 희극에서 줄거리에 관계없이 합창대가 관객을 향해 작자의 주장을 호소하는 것을 의미한다. 또 프리드리히 슐레겔은 반어를 "영구적인 중절"(eine permanente Parekbase)이라 정의한 바 있다. 드 만은 이 정의를 자주 인용하며, "*parabasis*"를 "허구적 환상을 붕괴시키는 저자의 개입"("The Rhetoric of Temporality," in *Blindness and Insight*, 218-19쪽) 혹은 "수사적 등록의 변환에 의한 담론의 중지"("The Concept of Irony," in *Aesthetic Ideology*, 178쪽) 등으로 부연한다. 그렇다면 "개입," "중지," "일탈" 등이 역어가 될 수 있는데, 이러한 의미들을 갖는 다른 단어들과 구분하기 위해 역자는 "중절"이라고 번역해 보았다. 참고로, 슐레겔의 반어 개념에 대한 상론으로는 최문규, 〈독일 낭만주의와 "아이러니" 개념〉, 《문학 이론과 현실 인식》(서울: 문학동네, 2000), 특히 93-94쪽.

매어진 종잇장——세상에서 우리가 가장 듣고 싶어 하지 않는 이것
——을 신경 쓰지는 않을 터인데, 그러는 이유는 바로 이 종잇장이 더
이상 한 **사례**가 아니라 사실, 우리가 실제로 얻은 유일한 것이기 때
문이다. 우리가 일상 회화에서 무딘 지루한 사람한테 속이 터질 때, 신
경 쓰지 마(forget it! 잊어버려)라고 말하듯 말이다. 이는 바로 헤겔이
글쓰기의 기능으로 보는 것임이 밝혀진다. 글쓰기는 말(speech)이 발
생하는 것을 막는 일, 말이 단어에 도달하는 것(zum Worte zu kommen)
을 막는 일, 말이 언제나 소쉬르의 하부 문자의 **단어**(*word*)에 도달하
는 것을 막는 일이고, 따라서 동물이 감각적인 것을 먹어 치운다고 말
하여지듯(단락 20번, 87쪽),[37] 자신이 그릇되고 오도하는 것이라는 지
식 속에서, 자기 자신을 먹어 치우는 일이다. 글쓰기는 말을 잊어버리
게 한다. "자연적 의식은 따라서 자신의 진리인 이 결과로 스스로 나
아가며, 자신 안에 이런 진전을 경험한다. 그러나 자연적 의식은 또한
항상 몇 번이고 반복해서 **그것을 잊어버려**(*forgets it*), 이런 운동을 처
음부터 다시 시작한다"(단락 20번, 86-87쪽, 드 만의 강조).[38] 지적될
수 있는 유일한 개별적 사건으로서의 글쓰기는, 말 및 인식과는 달리,
우리를 이 언제나 재발하는 자연적 의식으로 돌려보내는 것이다. 글
쓰기에 관해 "잊어버린" 것으로 종종 말하여지는 헤겔은, 우리가 잊
는 것을 잊지 말아야 한다는 것을 기억시켜 주는 그의 능력에서 타의

---

37) 〔역주〕 관련 대목을 국역본에서 인용한다. "왜냐하면 동물은 감각적인 사물을
있는 그대로 방치해 두지 않고 그것이 사물로서 실재하는 데 절망하여 그의 존재가
아무런 가치도 없다는 것을 철저히 확신하는 가운데 이를 거침없이 먹어 치워 버리
기 때문이다"(《정신 현상학 1》, 145쪽).

38) 〔역주〕 이 부분의 국역본 번역을 병기한다. "따라서 자연적인 의식은 확신의
진리를 이루는 이 결론을 향하여 끊임없이 전진하면서 그의 진리를 경험은 하면서
도 그때마다 그의 진리를 망각하고 다시 한 번 처음부터 운동을 시작하는 것이다"
(《정신 현상학 1》, 144쪽).

추종을 불허한다. 이 종잇장에 적는 것은(그것을 말하는 것과는 반대로) 더 이상 직시적인 것도 아니고, 더 이상 바르거나 틀리게 가리키는 몸짓도 아니며, 더 이상 한 사례(Beispiel)[39]인 것도 아니라, 아무 흔적도 남기지 않는 잊음의 확정적인 삭제이다. 바꿔 말하면, 적는 것은 규정의 규정된 제거이다. 그 자체로, 그것은 리파테르의 비이성의 이성적 규정과는 전혀 맞지 않는 것이다.

하여간, 그것으로 인해 리파테르는 헤겔을(또 데리다를) 오독하고, 이들을 다음과 같은 진술로 요약한다. "확실성을 주는 유일한 **그것**(*that; ça*)은 추상적인 **그것**, 즉 손가락으로 가리킨다는 사실로, **그것**을 구체화하는 무수한 **여기들** 및 **지금들**을 부정함으로써 획득된다"(〈흔적〉, 7쪽). "손가락으로 가리킨다"는 것은 참으로 최고도의 추상으로, 몸짓과 목소리로서의 언어 즉 말(Sprache)에 속하는 것이지 글쓰기에 속하지 않는데, 결국은, 전혀 가리킨다고 할 수 없는 것이다. 리파테르가 규정의 상실을 그저 지시의 상실로 잘못 해석해야만 할 것은 그의 체계와 어울리는 일이지만, 그것은 또한 이 체계의 한계를 표시해 준다. 하부 문자 관념은 리파테르가 데리다, 말라르메, 헤겔 사이의 상호 작용 속에 있는 데리다 구절에 관한 올바른 상호 텍스트적 구조를 발견하게 해주지만, 하위 텍스트(헤겔)의 "의미론적 소여"에 대한 접근을 폐제시켜, 그러한 소여를 규정할 가능성을 영원히 없애 버린다. 이 〈흔적〉이라는 특정한 논문의 경우, 파멸된 체계는 우연적인(무작위의) 상호 텍스트적 관계와 필연적인 상호 텍스트적 관계 사이의 대립 체계, 즉 이 입론을 구조화한 대립 체계이다. 왜냐하면

---

39) 《정신 현상학》의 1장에 있는 사례에 대해서는 Andrzej Warminski, "Reading for Example: 'Sense Certainty' in Hegel's *Phenomenology of Spirit*," *Diacritics*(1981년 여름), 83–94쪽을 보라.

가능한 의문의 여지없이 드러난, 데리다의 글에 대한 터무니없는 과잉 규정은, 소쉬르의 하부 문자처럼, 그것이 무작위적인 것인지 규정된 것인지 규정될 수 없는 경우에만 시적 의의가 있기 때문이다. 과잉 규정은 제어의 증후일 뿐만 아니라 절망(Verzweiflung)의 증후이고, 데리다는 이 양자 사이에서 결정하는 일을 꼭 더 쉽게 해줄 저자는 아니다.[40]

하부 텍스트 모델이 가능하게 해주는 형식과 읽기의 안정화는 이런 고찰들에 의해 결정적으로 동요된다. 맞는 서술적 관찰은, 데리다의 텍스트가 우연적이 아니라거나 헤겔의 텍스트가 지시의 중지에 관한 것이 아니라는 확신 따위의, 틀린 해석학적 결론에 이른다. 그러나 이렇게 말하면서 우리는, 특정한 텍스트의 어떤 차원이, 그것이 위험에 처하게 한, 이론적 모델의 손길 너머에 있다는 증거를 제공해야 할 의무를 완수하지 않았다. 이런 의무가 존속하는 것은, 헤겔이나 데리다에 대한 잘못된 구성이 저절로 결론적이지 않기 때문이다. 그것은 우리가 전에 관찰한 바와 같이, 읽기의 실천이 이론화에 앞서 있는 것으로 남아 있고, 또 이 모델을 더 세련하는 것이 그 간극을 좁힐 수 있기 때문일지 모른다.

리파테르는 이와 같은 압박에 반응해 왔던 것처럼 보이는데, 왜냐하면 《시의 기호학》의 결론 장은 무시될 수 없는 어조의 변환을 드러내기 때문이다. 하부 문자 모델에서 이론적으로 내쫓겼던 지시성의 유령은 완전히 편안하게 잠들지 못했던 것처럼 보인다. 우리는 읽기가 "제한적인 동시에 불안정한" 것이라는 말을 듣는데, 이 말이 놀라

---

40) 리파테르와 데리다 사이의 불합치는 무엇보다도 교육의 가능성과 관련이 있는, 《조종》의 다음 문단에서 즉각 명백해진다. "아마도 교육과 서명 행위 사이에는, 선생과 서명자 사이에는, 변증법적 모순보다는, 양립 불가능성이 있을 것이다."

운 까닭은, 제한을 기꺼이 받아들이려는 주된 이유가, 제한이 그토록 안정화하는 힘을 가졌다는 것이기 때문이었다. 우리는 맞는 읽기의 "계시"가 "항상 우연적이며, 항상 새로 시작되어야 한다"는 말을, "독자의 의미 제조는 따라서 시를 통한 진전이라기보다…. 기호의 바로 그 이원성에 의해 강제된, 텍스트에 대한 오르락내리락하는 주사"라는 말을, 읽기는 "계속적인 재개, 즉 한순간 해소되고 다음 순간 상실되는 미결정"이라는 말을 듣는다(《기호학》, 165-66쪽). 이런 말은 그토록 경탄할 정도로 분명하고 결정적인 책, 즉 교과서라는 용어의 가장 칭찬하는 의미에서, 전범적인 **교과서**의 결론으로는 놀라운 것이다. 그것은 또한, 방법이 진리보다 우위에 서는 것을 허용하지 않을 저자의 철학적 경계심을 증명하는 불안감을 드러낸다. 그것은 또한 리파테르에서, 이론이 뒤처지지 않고 텍스트적 실천을 앞서 간 순간일 수 있다.

그러한 실천은 이 통찰들의 힘에 일치하기 위해 어떤 것이어야 하겠는가? 리파테르는 실제 텍스트적 읽기들에서, 만약 생략한 것이 있다면, 무엇을 생략했는가?

잠정적인 수고 중 하나에서 소쉬르는, 그리스어로 하부 문자(hypogram)라는 단어의 다양한 용법을 논의한다. 이 개략적인 구절은 애태우게 하는 만큼이나 불분명하다(《말》, 30-31쪽 및 31쪽의 주석 1번). 소쉬르는 히포그라페인(hypographein 하부 기록)에 "서명(署名)"의 의미가 있음을 알아채고 이에 동요된 듯하지만, 또 "'화장으로 얼굴의 일부분을 강조하는 것'이라는, 보다 광범위하면서도 보다 특별한 의미"가 있음을 언급한다(31쪽). 이 용법은 소쉬르 자신의 이 용어 채택과 양립 불가능하지 않은 것으로, 유비에 의해, 이 용어는 "음절을 반복하려고 함으로써 이름, 단어를 강조하고, 따라서 단어에, 말하자면, 그 단어의 원래 존재 양식에 추가된, 또 다른, 인위적인 존재 양식을 부여한다." 히포그라페인은 이런 의미에서 프로소폰(prosopon) 즉 가면이나 얼굴에 가깝다. 하부 문자는 활유(活喩 prosopopeia)에, 즉 돈호법(頓呼法 apostrophe)의 전의에 가깝다. 이는 참으로 소쉬르의 "하부 문자" 사용과 양립 가능한 것으로, 우리는 다시 한 번, 하부 문자에 의해 치장될 수 있고, 강조될 수 있고, 두드러지거나 보충될 수 있는 원래 얼굴의 안정된 존재를 가정하기만 하면 된다. 그러나 프로소폰-포이에인(prosopon-poiein)은 얼굴을 **부여한다**는 것을 뜻하고, 따라서 원래 얼굴이 실종될 수 있거나 존재하지 않을 수 있다는 것을 함의한다. 아직 이름 붙여지지 않은 실체에 대해 이름을 신조하는, 얼굴 없는 것에 얼굴을 부여하는 전의는, 물론, 남유(濫喩 catachresis)이다. "얼굴 부여"라는 어원적 의미에서, 남유가 활유일 수 있다는 것은, 산의 **얼굴**[41] 혹은 태풍의 눈 같은 일상적인 예들에서 분명하다. 그러나 활유가 속(屬)의 유형 남유의 아종인 것(혹은 그 역인 것)이 아니라, 둘의 관계가 속과 종의 관계보다 더 분열적인 것이 가능하다. 이는 하부 문자의 텍스트적 모델에 무엇을 함의하는가?

그러한 물음은, 리파테르가 좀 마지못해 인정하는 수사학의 일부분인, 전의론 분야에 속한다. 실은 《구조 문체학에 관한 시론》의 바로 첫 번째 문장이 규범 수사학을 문체학 분석의 장애물이라고 비난하는데, 이는 프랑스 교무의 맥락에서는 확실히 적절한 비난이다. 야콥슨, 바르트, 주네트 이후(데리다의 〈백색 신화〉[42]는 말할 것도 없고),

---

41) [역주] "산의 **면모**" 혹은 "산의 **면**"이라고 옮기는 게 더 자연스러울 수도 있겠지만(사실 한국어 표현에서는 이것들도 다 어색한데), 여기서는 "얼굴"의 비유를 부각하기 위해 *face of a mountain*을 그대로 "산의 **얼굴**"이라고 옮겼다.

《시의 기호학》이 나온 시기에, 수사학이라는 용어는 상당히 진전되어와서, 더 이상 그렇게 무심코 내버려질 수 없다. 그러나 리파테르는 수사적 범주가 문법 구조에 의해 규정되지 않는 독자적인 생활을 영위할지 모른다는 제안으로부터 일관되게 거리를 유지한다. 《시의 기호학》의 바로 그 서두에서, 드문 독단적인 순간에 그는 이렇게 선언한다. "나는 〈시의 의미 구조에 대한〉 많은 그러한 서술이, 자주 수사학을 토대로 하고, 이미 제안되었다는 것을 알고 있으며, 나는 비유와 전의 같은 관념들의 유용성을 부인하지 않는다. 그러나 이 범주들이 잘 정의된 것인지 (…) 아니면 망라하는 말들인지 (…) 이것들은 읽기 이론이나 텍스트 개념과는 별도로 도달될 수 있다"(《기호학》, 1쪽). 어떤 읽기 이론도 전의 이론인 것을 피할 수 없기 때문에, 또 하부 문자 관념은 출발부터 특정한 전의적 기능(즉 활유에 의한 남유)[43]에 뒤얽혀 있기 때문에, 리파테르의 단언은 그 단언이 가능하게 하는 읽기의 실천적 결과와 함께 서거나 쓰러진다. 이런 읽기는 비유 활용의 순전한 힘에 잘 대처하는가, 다시 말하면, 의의를 수여하고 찬탈하고 문법적 보편으로부터 빼앗아 버리는 자신의 힘을 지배하는가? 어느 정도까지는, 이 읽기는 전의들 사이의 상호 작용을 직면한다. 이 읽기는 자신의 변형 논리 안에 야콥슨의 은유와 환유 쌍[44]을 합체하는 데 어려움이 없다.[45] 또 이 읽기는 다양한 남유적 신조어를 설명할 수 있다.[46] 그러나 하부 문자——즉 호칭(address)의 전의로서, 독

---

42) 〔역주〕 〈백색 신화: 철학적 텍스트에서의 은유 Mythologie blanche: métaphore dans les textes philosophiques〉(1971). 나중에 《철학의 여백 Marges de la philosophie》(1972)에 재수록된 이 글에 대한 상론으로는 김상환, 〈해체론과 은유〉, 《해체론 시대의 철학》 참조.

43) 하부 문자와 전의의 관계에 대한 소쉬르의 비슷한 망설임을 보라. 소쉬르의 경우, 고찰 중인 전의는 유음이의이다(《말》, 32쪽).

자와 읽기의 바로 그 비유인 활유——의 어휘성과 문법성을 절단하거나 오손하려고 위협하는 전의를 이 읽기는 어떻게 직면하는가? 활유 비유가 리파테르의 용어법에서 경시되거나 심지어 회피되고 있지만, 활유 비유가 시적 집체의 중심적 전의로 스스로를 다시 단언한다는 것은 이번에도 리파테르의 아주 건전한 철학적 수사적 본능의 징표인데, 이는 다른 무엇보다도 리파테르가 조심스럽게 작업했던 텍스트적 체계——빅토르 위고의 시(와 산문) 집체——를 위한 모델이다.[47]

이 점을 논증하는 것은, 말의 경제라는 너무 명백한 이유로 인해, 단일한 예에, 즉 〈재현으로서의 시: 위고 읽기〉라 제목 붙여진 논문에서 위고의 〈플랑드르 창유리에 씌어진 Ecrit sur la vitre d'une fenêtre flamande〉을 읽은 것(《생산》, 175-98쪽)에 한정되어야 할 것이다. 이 짧은 시 텍스트는 다음과 같다.

---

44) 〔역주〕 이에 관해서는 로만 야콥슨, 〈언어의 두 측면과 실어증의 두 유형〉, 《일반 언어학 이론》, 권재일 역(서울: 민음사, 1989) 참조. 한편, 드 만은 이처럼 야콥슨이 "전의 체계를 실제적 체계로 환원함으로써 전의 체계를 지배하려는 시도는 그 자체가 전형적인 전의적 오류"라고 지적한다(Interview, in Robert Moynihan, *A Recent Imagining: Interviews with Harold Bloom, Geoffrey Hartman, J. Hillis Miller, and Paul de Man*[Hamden: Archon Books, 1986], 147쪽).

45) 리파테르가 제라르 주네트와 공유하는 수사적 분석의 기술인, 명백히 은유적인 구조의 환유화 작업을 통한 수많은 예들이 있다. 특히 충격적인 예로 《기호학》, 122쪽(퐁주의 석반[ardoise]에 관한 부분)을 보라.

46) 예컨대 《생산》의 4장 〈신조어의 시학 Poétique du néologisme〉이나 《기호학》에서 크노의 시에 관한 관찰을 보라. Raymond Queneau(1903-1976, 프랑스).

47) 과장 없이 말하여, 《구조 문체학에 관한 시론》은 빅토르 위고에 관한 책이라 할 수 있다. 원래 이 책의 시론들은, 내 생각에 바로 이 목적을 위한 것이었다. 《시의 기호학》은 위고의 여파 속에 상징주의 및 초현실주의 시인들을 주로 다루고 있다. 물론 이런 무리 짓기에는 역사적인 정당화가 있는데, 왜냐하면 19세기와 20세기 프랑스 시에 끼친 위고의 영향은 같은 시기 독일 시에 끼친 괴테의 영향이나 영국 낭만주의에 끼친 밀턴과 스펜서가 합쳐진 영향에 필적할 만한 것이기 때문이다. 이른바 프랑스 상징주의 및 초현실주의 시에 "얼굴"이 있다면, 그건 위고의 얼굴이다.

나는 사랑하지 그대의 옛 도시의 종소리를,

오 오랜 고장, 그대의 가풍의 수호자여,

고결한 플랑드르, 마비된 북부가 뜨거워져

카스티야의 태양 속에, 남부와 결합하는 곳!

5 종소리, 그것은 예측 못할 광란의 시간,

눈은 본다고 생각하지, 스페인 무희 복장으로,

열리면서 공기의 출입문이 만들

예리한 밝은 구멍을 통해 별안간 나타남을.

그녀는 와서, 졸리는 지붕 너머로

10 마술 주문 가득한 은색 앞치마를 흔들며,

권태롭게 자는 자들을 가차 없이 깨우고

흥겨운 새처럼 조그만 발걸음으로 뛰기도,

과녁에서 떠는 투창처럼 떨기도 하지.

비가시적 수정의 연약한 계단에

15 놀라며 춤추며, 그녀는 하늘로부터 내려오네.

그리고 마음, 귀들과 눈들로 만들어진 이 파수꾼은,

그녀가 가고, 오고, 올라가고 다시 내려올 때,

계단에서 계단으로 그녀의 울리는 발이 거니는 것을 듣네!

J'aime le carillon dans tes cités antiques,

O vieux pays gardien de tes moeurs domestiques,

Noble Flandre, où le Nord se réchauffe engourdi

Au soleil de Castille et s'accouple au Midi!

5 Le carillon, c'est l'heure inattendue et folle,

Que l'oeil croit voir, vêtue en danseuse espagnole,

Apparaître soudain par le trou vif et clair

Que ferait en s'ouvrant une porte de l'air.

Elle vient, secouant sur les toits léthargiques

10   Son tablier d'argent plein de notes magiques,

Réveillant sans pitié les dormeurs ennuyeux,

Sautant à petits pas comme un oiseau joyeux,

Vibrant, ainsi qu'un dard qui tremble dans la cible;

Par un frêle escalier de cristal invisible,

15   Effarée et dansante, elle descend des cieux;

Et l'esprit, ce veilleur fait d'oreilles et d'yeux,

Tandis qu'elle va, vient, monte et descend encore,

Entende de marche en marche errer son pied sonore![48]

리파테르는 이 텍스트를 서술적 시의 한 예로 분석하며, 그러한 서술의 경우 시적 재현이 외적 지시물의 복제나 모방에 기초하는 게 아니라, 순수하게 언어적 방식으로 기능하는 하부 문자, 모체 혹은 상투어의 확대에 기초한다는 것을 논증하기 위해 이 텍스트를 이용한다. 즉 "시적인 것은 외적 현실이 아니라, 바로 외적 현실이 서술되고 단어의 관점으로부터(à partir des mots) '보이는' 방식이다"(《생산》, 178쪽). 혹은, 훨씬 더 강하게 말하여, "문학적 서술은 우리를 겉보기에만 사물로, 기의로 돌려보낸다. 사실상, 시적 재현은 기표를 지시하는 것에 토대를 두고 있다"(《생산》, 198쪽). 이리하여 리파테르는

---

48) 〔역주〕 드 만은 영어 번역 없이, 프랑스어 원문만 그대로 인용하고 있다. 영어판(*Text Production*, 183쪽)에는 이 시의 가장 축자적인 영어 번역이 실려 있다.

위고의 여행과 취향에 관한 그 흔한 상투어들을 피할 수 있을 뿐만 아니라, 이 텍스트를 조직하는——또 서술되고 있는 실체의 지각적 윤곽과는 참으로 거의 관계가 없는——몇몇 세부를 설명할 수 있게 된다. 이리하여 마침내 리파테르는, 실제 관찰의 정확성(그 외시에서 끝없을 수밖에 없으며 따라서 항상 자의적이고 비결론적인 것) 차원에서 가 아니라, 상호 수렴이나 대조에 의해 서로를 제한하고 한정하는 몇몇 언어 체계들 사이의 상호 작용 차원에서 선택된 비유적 운반체의 **적절성**을 설명할 수 있게 된다. 시계를 새와 스페인 무희로 재현한 것, 종 가락을 흘러 넘치는 앞치마와 오르고 내리는 계단[49]으로 재현한 것, 그리고 겉보기에 양립 불가능한 다른 몇 가지 세부들은 공통된 모체에 의해 생성된 것으로 보여진다. 이 모체는 상투어들 일체를 거쳐, 자기 자신의 하부 문자 체계를 생성한다. 이 "의미론적 소여"는 "플랑드르의 종소리"로 확인되며, 증폭에 의해, 이 시를 구성하는 서술적 체계의 규정적인 배치를 생산한다. 이 시가 수행하게 되어 있는 서술에 대한 리파테르의 서술에서 우리는 불찬성을 위한 여지를 거의 찾지 못할 것이다.

"플랑드르의 종소리"라는 서술적 체계는 이 시에서 참으로 일어난다고 할 수 있지만, 그것은 5행에서야 시작하고, 끝맺는 세 행들은, 엄격히 말하면, 그것의 일부분이 아니다. 사실상 이 시가 도대체 서술적인가 하는 것은 조금도 확실하지 않다. 릴케의 《신시(新詩)》에서 같은 제재를 다룬 〈로제르 부두〉[50]에나 적합할, 〈종소리〉 같은 제목은

---

49) 〔역주〕 리파테르 자신의 논평을 빌려, "이 계단 이미지는 따라서 **음계**(*scale*)의 변형"이다(*Text Production*, 187쪽).

50) 〔역주〕 드 만은 전에 〈로제르 부두 **Quai du Rosaire**〉를 "Tropes(Rilke)," in *Allegories of Reading*, 40쪽 이하에서 따로 논평한 일이 있다.

어울리지 않을 것이다. "서술"은, 만약 서술이 있다고 한다면, 아주 다른 틀 속에 내장되어 있다. 이 시는 무엇에게 혹은 누구에게 건네진 사랑 선언으로, 나-그대(je-tu) 상황에서 한 주체가 다른 주체를 호칭하는 것으로 극화되어 있어, 서술적이라고는 거의 불릴 수 없다.

> 나는 사랑하지 그대의 옛 도시의 종소리를
> 오 오랜 고장, 그대의 가풍의 수호자여….

> J'aime le carillon dans tes cités antiques
> O vieux pays gardien de tes moeurs domestiques….

이 돈호법, 이 호칭(오 오랜 고장…)은 그것이 가능하게 하는 서술을 틀 지운다. 그것은 참으로, 문자적 얼굴을 가장 확실히 박탈당한 "시간"과 "마음"이라는 두 실체에 얼굴을 부여하는 활유이다. 그럼에도 이 시의 끝에 가서는, 틀림없이 1행의 나와 그대를 시간과 마음인 것으로 확인하는 게 가능하다. 그 비유 활용은 이 호칭에 의해서 일어난다. 리파테르는 이것을 알아채지만——이것을 간과하기는 참으로 어려울 터인데——이것을 문체학적으로든 여타 방법적으로든, 하여간 주목할 만한 것으로 여기지는 않는 것으로 보인다. 그는 이것을 의인화(personification)라 부르고 논평으로부터 내버리며, "다시 한 번, 한 현실을 다른 현실의 차원에서, 무생물적인 것을 생물적인 것에 의해서 서술하는 것"의 진부함을 강조한다(《생산》, 177쪽). 이제 호칭 비유가 서정시에서 재발적이라는 것은, 최소한 송시(頌詩)의 총칭적 정의를 구성하는 지점까지는(송시는, 다음으로, 시 일반에 대해 계열체적으로 보일 수 있는데), 확실히 의심의 여지가 없다. 그리고 호칭 비유가 따라서, 모든 비유들처럼, 상투어나 관습으로 변장하고 일어난다는 것 역시 확실하다. 이 중 어떤 것도 이 시 전체를 생산하는 주요 생성적 힘으로서의 호칭 비유를 버리거나 무시할 수 없게 할 것이다. 왜냐하면 〈플랑드르 창유리에 씌어진〉의 독특성은 주로 놀라운 세부들로 구성되는 게 아니기 때문이다. 이 "서술들"은, 남성이 여성에 성교하는 연인으로 관계하듯(5행), 의식이나 마음이 또 다른 추상(시간)에 관계하는 것으로 비유적으로 말하여지기 때문에만 일어날 수 있다. 바꿔 말하면, 모체는 "종소리"가 아니라 "나는 사랑하지 종소리를"이고, 이 모체는 "의미론적 소여"가 아니라 그 자체가 이미 비유이다. 그것은 시간 애호증(chronophilia) 같은 괴상한 성적 도착을 서술하도록 되어 있지 않은데, 왜냐하면 이 정사에 관여된 사람들은 언어적 비유 활용에 의해서만 사람들이기 때문이다. 뒤이은 서술, 즉 13행들에 걸쳐 연장되는 하나의 문장은, 확대라는 용어의 리파테르적 의미에서, 그저 원래 비유의 확대이다. 그것은 지시적이거나 텍스트적인 하나의 실체를 서술하는 게 아니라, 감각 지각처럼 구조화되어 있다고 말하여지는 개념들 사이의 친교를 세우는 것이다. 이 문장은 **듣는다**는 동사("종소리, 그것은 시간 (…) 그리고 마음은 **듣네**")에서 절정에 달하며, 극적인 해소와 이해 가능성의 최대 부담을 지니고 있다. 헤겔의 《정신 현상학》 1장에서와 마찬가지로, 이 비유적 수수께끼는, 어떤 방식에서 감각 지각의 확실성에 가까운, 의식적 인식의 수수께끼이다. 이는 고전적 철학소(哲學素 philosopheme)일지는 모르나, 규정된 의미의 핵은 아니다.

　리파테르는 추정컨대 서술되고 있는 것이 지시적이 아니라 언어적이라고 말할 때는 확실히 올바르다. 그러나 언어적 실체 혹은 기능은 "종소리"라는 기표가 아니라, 마음이 시간을 듣는다(또 "본다" 그리고, 최종적으로, "사랑한다")⁵¹⁾는 비유이다. 따라서 이 텍스트는 기표의 모방이 아니라, 활유라는 특정한 비유의 모방이다. 그리고 모방은 그 자체가 비유이기 때문에, 그것은 비유의 비유(활유의 활유)이며, 어느 측면에서도, 현상에서도 현실에서도 서술이 아니다——프루스트의 《잃어버린 시간을 찾아서》에 나오는, 두운이 맞는 병(瓶)들이나 제유적인 교회들이 거의 서술들이 아닌 것처럼 말이다. 위고의 시에 적절한 제목은 〈종소리〉보다는 차라리 〈활유〉일 것인데, 이는 호칭의 시에는 이런 제목이 주어질 수 있다는 모호하고 일반적인 방식에서만이 아니라,⁵²⁾ 이 시에서 이해와 설득의 부담이 활유——시적 담론의 으뜸 전의——를 생산하는 인식론적 긴장에 정확히 상응하는 아주 특정한 방식에서 그렇다. 그러나 실제 제목은 〈플랑드르 창유리에 씌어진〉으로, 이 시의 그 "여기" 및 그 "지금"은 리파테르로부터 아무 논평도 끌어내지 못한 채 여전히 설명되어야 하는 것으로 남아 있다.

종소리와 시간의 관계는 기호학자에게 특별히 흥미로운 것이어야 하는데, 왜냐하면 이 관계는 기호를 구성하는 기표와 기의의 관계에 유사한 것이기 때문이다. 종의 울림(혹은 실제 종소리의 서곡으로 쓰이는 관습적 가락)은 사건(시간의 경과)의 물질적 기호로, 이 사건의 현상성은 확실성을 결여한다. 소설들이 없다면 누구도 자기가 사랑하고 있는지 확실히 알 수 없을 것이라고 했던 것과 마찬가지로, 종들과 시계들이 부재하는 가운데 누구도, 시간이라는 용어의 완전히 존재론

---

51) 지각 동사들의 사용에 대한 리파테르의 정당화를 보라(《생산》, 191쪽). 요는 어떻게 허구적인 인물들("des personnages")이 시간에 의해 감응되고 있는가가 아닌데, 왜냐하면 여기서 감응되고 있는 것은 현실적이거나 허구적인 인물들이 아니라, 생각할 수 있는 가장 일반적 의미에서 마음이기 때문이다.

52) 사실상 이런 시들이 자주 그렇듯, "송시" 혹은 "X에 부치는 송시"처럼 보다 듣기 좋고 고상한 용어가 제목으로 선호되긴 하지만 말이다.

적인 의미에서, 시간 같은 것이 존재한다고 확신할 수 없을 것이다. 왜냐하면 대부분의 철학자들이 잘 아는 대로, 모든 개념들의 기반인 확실성이라는 바로 그 개념이, 헤겔에서처럼 무매개적 확신으로서든 혹은, 데카르트에서처럼 반성된 망상으로서든, 감각적 경험과의 관계에서만 존재하게 되기 때문이다. 의식(혹은 경험, 마음, 주체, 담론, 혹은 얼굴)이 있으려면, 그것은 현상화가 가능해야 한다. 그러나 경험의 현상성은 선험적으로 확립될 수 없기 때문에, 그것은 기호화 과정에 의해서만 일어날 수 있다. 기표의 현상적이고 감각적인 속성은 기의의 그리고, 궁극적으로, 지시물의 확실한 존재를 보증해 주는 것이어야 한다. 시간에 대한 종소리의 관계는 감각에 대한 마음의 관계와 같은 것이어야 한다. 즉 그것은 인식의 소리 나는 얼굴――"소리 나는 눈을 가진 얼굴"(릴케)[53]――이며, 환유적 대치에 의해, 종소리를 시계의 얼굴에 연결해 준다. 일단 현상적 직관이 발동되면, 다른 모든 대치들은 하나의 사슬에서처럼 뒤따른다. 그러나 기호화의 시동하는, 남유적 법령은 자의적이다. 다른 모든 텍스트들과 마찬가지로, 이 텍스트는, 저자의 철학적 지식이나 수완과 상관없이, 이 문제틀의 계획에 밀착해야 한다. 그것은, 종이 기호화하는 시간적 운동에 종을 연결하는 기호적 관계에 마음을 자의적으로 연결시킴으로써 이 속임수를 성취한다. 종소리가 시간의 기호이듯 감각은 마음의 기호가 되는데, 왜냐하면 시간과 마음은, 비유에서, 연인의 포옹에서처럼 연결되어 있기 때문이다. 그렇다면 이 선언("나는 사랑하지 종소리를" 혹은 **마음은 사랑하지 시간을**)은 "그저" 감각 지각의 관능적 양식 속에서,[54]

---

53) 〔역주〕 원문은 "masque aux yeux sonores"인데, 이 어구의 출처로 보이는 릴케의 프랑스어 시를 드 만은 *Allegories of Reading*, 56쪽에서 언급한 바 있다. "얼굴? (…) 그대는 소리 나는 눈을 갖고 있지"(Masque? (…) tu as des yeux sonores).

다음과 같은 이상한 행에서 절정에 달하는 유혹 장면, 그 활유의 활유를 따르는 인식의 우의(allegory) 속에서 실연(實演)되는 것이다.

그리고 마음, 귀들과 눈들로 만들어진 이 파수꾼은…

Et l'esprit, ce veilleur fait d'oreilles et d'yeux…

진흙이 흙과 물로 만들어지듯, 눈들과 귀들로 만들어진 이 깨어 있는 기이한 괴물은 아주 현저하게 눈에 띄어서, 주의 깊은 독자는 이 괴물에 반응해야 할 것이다. 이 괴물은 감각적 존재가 없는 어떤 것의 시각적 형태 즉 환각이다. 위고의 독자나, 그런 문제라면, 늘 탁자의 **다리**에 대해 혹은, 워즈워스처럼, 산의 **얼굴**이나 **등**에 대해 의아해했던 사람은, 활유가 환각적이라는 것을 알고 있다. 비가시적인 것을 가시적이게 하는 것은 섬뜩하다.[55] 리파테르의 역량을 아는 독자는 이런 식으로 반응하리라 기대될 수 있다. 《구조 문체학에 관한 시론》에 수록된, 거의 20년을 거슬러 올라가는 초기 시론 중 하나는 〈빅토르 위고에서의 환각적 시각〉이라 제목 붙여져 있다. 그 어조와 기

---

54) 관능적인 것은 감각 경험의 고양된 버전이라기보다는, 그러한 경험을 가능하게 하는 비유이다. 우리는 사랑하는 것을 보는 게 아니라 참으로 무엇이건 보고 있다는 환상을 확인하려는 희망 속에서 사랑한다.

55) 〔역주〕 원문을 병기한다. "To make the invisible visible is uncanny." "두려운 낯선"으로도 번역되는 "uncanny"(unheimlich)를 본서에서는 "섬뜩한"으로 옮겼다. 참고로, 다른 곳에서 드 만은 예술 작품의 섬뜩함에 대해 이렇게 진술한다. "예술 작품의 가공할 요소는 그토록 익숙하고 친숙한 어떤 것이 또한 자유로이 그토록 근본적으로 다를 수 있다는 점이다. 차이가 주체와 대상의 이분법으로 쉽게 개념화되는 자연과 달리, 예술 작품은 신(神) 같다고 불릴 수 있을 만큼 충분히 **섬뜩한**, 같음과 다름의 비변증법적 배치로 존재한다"(*Allegories of Reading*, 177쪽, 역자의 강조).

술은, 나중의 엄밀성과 비교하면, 상당히 "이데올로기적"으로 보일지 모르지만, 이미 이 시론은 문학적 효과를 심리학적 경험과 떼어 두기 위해 용맹하게 싸우고 있다. 그 분석이 이름만 문체학적인 까닭은, 풀레나 바슐라르 같은 비평가들이 비문체학적 목표를 위해 사용해 오고 있던 주제적 절차를 리파테르가 여전히 사용하기 때문이다. 그러나 계획적 목표는 분명히 진술된다──즉 시가 우리에게 주는 것은 환각이 아니라 환각적 효과이다. 똑같은 분명한 구별이, 현재 우리 시에서 핵심적인 **비가시적**이라는 단어에 대한 각주에서 진술된다. "'귀들과 눈들로 만들어진 파수꾼'은 두 감각 질서 사이에서 날카롭게 구분된다…. 그러므로 청각적인 것에서 시각적인 것으로의 전위는 공감각이 아니라 환각으로 재현된다. 환각은 시적으로 효과적이지만, 시적 모방의 관점에서 보면, 여전히 하나의 구실, 즉 이성적 맥락에 대한 필연적 지시를 시인하는 것이다"(《생산》, 186쪽, 각주 1번). 다시 한 번 이와 같은 진술에서 우리를 잠깐 멈추게 해야 하는 것은, 명백한, 비지시성의 단언이 아니라 의미론적 규정의 함의된 단언으로, 비지시성은 의미론적 규정의 거울 같은 부정인 것이다. 데카르트는 깨어 있는 것과 잠자는 것을 구분하기가 어려움을 알게 되었는데, 왜냐하면 꿈을 꿀 때 우리는 항상 우리가 깨어 있는 꿈을 꾸기 때문이며,[56] 이는 위고의 "마음"(마음, 이 파수꾼…)이 깨어 있는 것과 마찬가지이다. 그렇다면 환각에서는 **나는 본다**와 **나는 본다고 나는 생각한**

---

56) 〔역주〕 원문은 "one always dreams that one is awake." 같은 말을 드 만은 다른 곳에서도 한 일이 있다. 데카르트는 "현상적인(결과적으로 미학적인) 인식의 가능성이 애초부터 우리에게 허락되어 있지 않은 까닭이, 꿈을 꿀 때(다시 말해 환시[vision]가 있을 때, 다시 말해 지각할 때) 우리는 항상 우리가 깨어 있는 꿈을 꾸기 때문이라고 지적하였다"("Murray Krieger: A Commentary," in *Romanticism and Contemporary Criticism*, 185쪽).

다 사이의 차이가 통각의 방향으로 일방적으로 해소되었으니, 환각과 지각 사이의 구별을 어떻게 결정할 수 있겠는가? 의식은 자신에 관해서만 의식이 되었다. 그런 의미에서는, 지각을 포함한 어떤 의식도 환각적이다. 우리는 속담처럼 돌을 차서 아픈 발을 갖는 방식으로 환각을 "갖지" 못한다. 꿈꾸기의 가설이 잠의 확실성을 파멸시키는 것과 마찬가지로, 환각의 가설 혹은 비유는 감각 확실성을 파멸시킨다. 이는 언어학적 차원에서 말하면, 꿈과 환각의 경험적 존재 때문에 환유가 그럴 듯해 보이는지, 아니면 언어가 활유 비유를 허가하기 때문에 꿈과 환각 같은 것이 존재한다고 우리가 믿는지 말하기가 불가능함을 뜻한다. "그것은 환시였나, 깨어 있는 꿈이었나?"[57]라는 물음은 답변되지 않은 채로 남을 수밖에 없다. 리파테르를 포함해 모든 기호학적 체계가 의존하는 지시와 기호화 사이의 구별을 활유는 파멸시킨다.

비가시적인 것을 가시적이게 한다는 모든 시의 주장은, 그것이 기호와 전의 사이의 구별을 파멸시키는 바로 그 정도까지 비유이다. 그것은 수사학의 간계를 기호학의 위생적 명료성에 몰래 도로 갖고 들어온다. 이런 주장은 위고의 시에 명시적으로 진술되어 있으며, 이 텍스트(14행)에 나타나는 "비가시적"이라는 단어에 특히 무거운 짐을 지운다. 리파테르는

비가시적 수정의 연약한 계단에
…그녀는 [시간은] 하늘로부터 내려오네

---

57) 〔역주〕 이것은 키츠의 〈나이팅게일 송시 Ode to a Nightingale〉에 나오는 시구이다. 원문은 "Was it a vision or a waking dream?" 또 다른 번역을 병기하면, "헛개비였던가, 눈뜨고 꾸는 꿈이었던가"(〈나이팅게일에 부치는 노래〉, 《키이츠 시선》, 김우창 역[서울: 민음사, 1976], 48쪽).

Par un frêle escalier de cristal invisible

…elle [l'heure] descend des cieux

행에 대해 (1) 수정을 훨씬 더 수정 같은 것이게 하는, "비가시적 수정"이라는 유의어 반복의 과장법적 기능을 강조함으로써 또 (2) 건축적, 공간적, 따라서 가시적 계단을 비가시적 계단으로 대체하는 형용어구의 부정적인 힘을 강조함으로써 논평한다. 그러므로 이 행은 마무리 행에 나오는 시각에서 청각으로의 전이를 예비한다. 리파테르가 스스로 한정하기로 선택한 서술적 맥락 속에서, 이 두 관찰들은 또 이것들이 결합되어 과잉 규정하는 효과는 전적으로 맞다. 그러나 감각 내적(intra-sensory) 순환에 대한 이 서술적 전략은 보다 넓은 장면에 기입되어 있으며, 여기서 그 상호 작용은 한 종류의 감각 경험과 또 한 종류의 감각 경험 사이에서 일어나는 게 아니라, 한쪽은 감각적인 것 자체 그리고 다른 한쪽은 비감각적인(non-sensory) 마음 사이에서 일어난다. 이것이 바로 "마음, 귀들과 눈들로 만들어진 이 파수꾼" 행에서, 리파테르가 맞게 관찰하듯, 눈들과 귀들이, 이것들 사이의 변증법적 긴장 없이, 분리되어 있지만 동등한 것으로 취급받는 이유이다. 보들레르의 〈상응〉에서 무한한 확대, 즉 다양한 감각 능력들의 혼란과 통일에 의해 달성된 것이 여기서는 시초의 돈호법 비유에 의해 달성된다.[58] 따라서 검토되어야 하는 것은 이 돈호법 비유의 권위이지, 시에 나오지 않는, 전체화하는 제유의 권위가 아니다. 리파

---

58) 이는 여기서는 논의될 수 없는 방식으로, 〈상응 Correspondances〉을 단순화시키는 일이다. 여기서의 언급은 읽힌 〈상응〉이 아니라, 정전적인 〈상응〉의 통념에 관계된 것이다(드 만의 "Anthropomorphism and Trope in the Lyric," in *The Rhetoric of Romanticism*, 239-62쪽 참조).

테르에 의해 지적된 기능 외에, "비가시적 수정"은 여전히 또 다른 등록 속에서 기능하며, 전체로서의 시에 더 무거운 투자의 짐을 나른다. 올라지는 계단들의 매개에 의해 시간은 비가시적 **수정**이라 불릴 수 있다. 적어도 감각들 중 하나에 접근 가능한, 수정의 물질성은 달아나는 시간의 경과를 시각과 소리에 접근 가능한 것이 되게 하는 일에서 이 시의 고집스런 전략에 맞을 수 있다. 그러나 이 시에는 또 다른 "수정"이 있는데, 이 수정——제목에 따르면, 시가 씌어졌던 것으로 되어 있는 창——은 더 이상 비가시적인 것이 아니며, 아주 다른 방식으로이긴 하지만, 물질성을 또한 달성한다. 이 시는 투명한 창에 대고 씌어진 것이기 때문에, 이 창은 참으로 가시적인 것이 되며, 우리는 이런 변신을 마음과 감각 사이의 연결 고리에 대한 또 하나의 비유로 여길 수 있을 것이다. 호칭 활유를 신조함으로써 위고는, 나르시스의 눈이 나르시스의 반영된 얼굴과 떨어질 수 없는 것처럼, 마음과 시간이 떨어질 수 없는 한 쌍으로 서로를 반영하게 한다. 그러나 제목에 있는 것은 이것이 다가 아니다. 이 시에 있는 다른 모든 것과 달리, 그 제목은 환각적이지 않은 요소를 함유하고 있다. 그 제목에 있는, 이 시가 씌어진(écrit) 것이라는 단언을 제외하면, 이 시에 있는 모든 세부와 모든 일반적 명제는 환영적이다. 스텔라에게 쓴 스위프트의 연애 시처럼, 이 시가 창유리 위에 단어들로 씌어지도록 되어 있었다는 것은, 리파테르가 이미 모아 놓은 상투어들에 추가할 또 하나의 상투어이다. 그러나 헤겔의 《정신 현상학》 중의 텍스트처럼, 그것이 씌어졌다는 것은 부인될 수 없다. 그리하여 드러난 물질성(현상성과 구별된 물질성)은, 즉 그리하여 그 존재가 어떤 **거기**, 어떤 **그때**가 되고, "지금" 발생하고 있는 읽기에서 **여기**와 **지금**이 될 수 있는 저 보이지 않는 "수정"은 마음이나 시간이나 종소리의 물질성이 아니라——이

중 어느 것도, 활유 비유 속에 존재하는 것을 제외하면 존재하지 않는데——기입의 물질성이다. 서술(description)은 기입(inscription)을 은폐하는 장치였음이 밝혀진다. 기입은 비유도, 기호도, 인식도, 욕망도, 하부 문자도, 모체도 아니지만, 어떤 읽기 이론이나 시 이론도, 리파테르처럼, 이 경우 비유적인 것을 회피하는 교묘히 효과적인 형식을 취하는, 비유적 회피에 의해서만 기입의 힘에 반응한다면 일관성을 달성할 수 없을 것이다.

읽기와 역사

독일의 문학 사학자이며 이론가 한스 로베르트 야우스의 작업은 자의(自意)에 의해, 그가 대표자로 있으면서 문학을 탐구하고 교육하는 특정한 방식을 실천하는 한 연구 집단과 연관되어 왔다. 문학 이론 분야에서, 그러한 집단들의 존재는 이례적인 사건은 아니다. 때로 그 집단들은 유력한 단일 인물을 중심으로 하고, 입회, 제명, 영웅 숭배의 의례들로, 비밀 결사의 앙양된 배타성을 취한다. 야우스가 현저한 회원으로 있는 집단의 정신보다 이로부터 더 동떨어진 것도 없을 것이다. 몇몇 회원이 남부 독일에 새로 설립된 콘스탄츠 대학에서 가르쳤거나 가르치고 있어서 그렇게 이름 붙여진 콘스탄츠 문학 연구 학파는 학자들의 자유로운 연합으로, 상당한 다양성을 감안하는 방법론적 고려에 의해 격의 없이 뭉쳐 있다. 이 학파는 보다 부정기적인 참여자들 옆에 항상적인 회원들(야우스가 그 중 한 사람)을 포함하는 계속적인 연구 세미나의 성격을 갖고 있다. 미국에서, 내용에서가 아니라 구조에서, 그러한 집단에 좀 비견할 만한 사례는 40년대와 50년대의 시카고 비평가들일 것으로, 이들은 아리스토텔레스 시학에 대한 관심을 공유했었다. 그러한 집단들의 관심은, 신비평이나 프랑크푸르트 학파의 경우에서처럼, 문화적이고 이데올로기적이기보다는 방법론적인 것이다. 그러한 집단들의 영향은 비판적이기보다는 교수적(didactic)이고 "과학적"이다. 우리는 이 책에 포함된 시론들을 읽을 때 야우스의 이런 측면을 염두에 두어야 한다.[1] 이 점이 그 시론들의 계획적이고 비교적 비개인적인 어조의 원인이다. 독일과 다른 곳에서 이전 세대의 "대가들," 그러니까 포슬러,[2] 슈피처, 쿠르티우스, 아우어바흐, 심지어 루카치[3] 같은 문학 학자들이 그들 자신의 사변에 몰두된 개인적 재능으로 글을 썼던 반면, 야우스는 스스로를 문학 교육의 직업적 측면에도 관계하는 팀의 참여자로 본다. 이 태도는 문학에 대한 접근이 보다 체계적이 된 세대에 전형적인 것이며, 진정한 혁신이나 보다 넓은 인문학적 헌신과 결코 양립 불가능한 것이 아니다. 야우스를 읽으면서 우리는 사변 철학자나 문학 비평가나 순수한 시학 이론가의 작업을 읽고 있는 것이 아니다. 무엇보다 먼저 우리는, 중세 장르 이론으로부터 마르셀 프루스트에 이르기까지 놀라울 정도로 다양한 논제들에 기여한 프랑스 문학 전문가의 작업을 읽고 있는 것이다.[4] 그러나 이것을 넘어 우리는, 이론적으로 정통하고 박학하고 통달한 전문가의 작업을 또한 읽고 있는 것으로, 이 작업은 확장된 이론적 논의와 교수적 적용을 충분히 보증한다.

콘스탄츠 학파의 방법론은 대개 수용 미학(Rezeptionsästhetik)이라고 지칭되는데, 이 단어는 영어로 쉽게 번역되지 않는다. 우리는 미국에서 독자 반응 비평에 대해 혹은, 더 상상력 있게(또한 더 논란이 있긴

---

1) 〈읽기와 역사〉는 원래 Hans Robert Jauss, *Toward an Aesthetic of Reception*, trans. Timothy Bahti(Minneapolis: University of Minnesota Press, 1982)의 서문으로 나왔다. 앞으로 이 책으로부터의 참조는 본문에 쪽수를 표시한다.

2) 〔역주〕 Karl Vossler(1872-1949, 독일).

3) 〔역주〕 루카치에 대한 드 만의 논평으로는 "Georg Lukács's *Theory of the Novel*," in *Blindness and Insight* 참조.

4) H. R. 야우스의 최초의 본격적인 저서 *Zeit und Erinnerung in Marcel Prousts A la recherche du temps perdu: Ein Beitrag zur Theorie des Romans*(Heidelberg: C. Winter, 1955)는 마르셀 프루스트의 《잃어버린 시간을 찾아서》의 서사 구조에 관한 연구로, 그 시대를 훨씬 앞서 있고, 독일 바깥에서는 너무 알려져 있지 않다.

하지만), "감응 문체학"(affective stylistics)[5]에 대해 말한다. 이 용어들은 텍스트의 구성 요소로서의 읽기를 강조하지만, "문체학" 혹은 "시학"의 암시적인 함축을 제외하면, "미학"이라는 광범위하고 전통적인 단어에는 덜 강조점을 두는데, 미학은 야우스와 동료들에게 핵심적으로 중요하게 남아 있다. 좀 어색하게 "수용 미학"(aesthetics of reception)이라 불려야 하는 것은 그 자체로 미국에서 잘 수용되어 왔다. 그것은 양방향적 과정이었다. 콘스탄츠 대학은 오늘날 독일에서 가능하듯 대도심으로부터 가능한 한 멀리 떨어져 있을지 모르지만, 콘스탄츠 학파에는 전혀 지방색이 없다. 이 집단의 토론회에는, 1963년 출발 당시부터, 미국에서 온 참여자들이 포함되어 있었고, 그 주요 입장을 표명한 최근의 논문집에는 미카엘 리파테르와 스탠리 피쉬의 기고가 포함되어 있다.[6] 역으로, 볼프강 이저, 유리 슈트리터, 한스 로베르트 야우스 같은 콘스탄츠 집단의 지도적인 회원들은 자주 미국에서, 몇몇은 종신 고용직으로 가르치고 있다.[7] 주요 미국의 학술지들은 이들의 논문을 게재하고 논평하며, 분야가 영문학인 볼프강

---

5) 이 용어는 1970년으로 거슬러 올라가 *New Literary History*에 발표된 한 논문에서 스탠리 피쉬에 의해 신조되었다. 나중에 피쉬는 몇 가지 이유로 이 용어가 "최적의 지칭어는 아니었다"고 진술했지만, 그 이유는 여기서 강조되고 있는 논점과는 거의 관계가 없다. 미국에서의 독자 반응 비평에 대한 좋은 짧은 개관으로는, 피쉬를 인용하는 Leopold Damrosch, Jr.의 "Samuel Johnson and Reader-Response Criticism," *The Eighteenth Century, Theory and Interpretation* XXI권, 2호(1980년 봄), 91–108쪽을 보라. 여러 책들 중에서도, Susan Suleiman과 Inge Crosman이 공편한 *The Reader in the Text: Essays on Audience and Interpretation*(Princeton: Princeton University Press, 1980) 같은 독자 반응 비평 선집이 최근 미국에서 출간되었다. 〔역주〕《이론에 대한 저항》 원서(70쪽) 및 일어판(147쪽) 모두에서 편집자 "Crosman"이 "Crossman"으로 오기되어 있다.

6) Rainer Warning, ed., *Rezeptionsästhetik: Theorie und Praxis*(Munich, 1975).

7) 〔역주〕 Jurij Striedter(1925-)의 경우, 1977년부터 하버드 대학 교수로 슬라브 어문학을 가르쳤다.

이저의 저서들은 번역되어 미국의 서사 허구물[8] 전문가들에 의해 널리 이용되며 논의되고 있다. 야우스의 《수용 미학을 향하여》의 출간과 더불어, 콘스탄츠 학파를 미국 독자에게 소개하는 일은 완성되게 된다. 이 책은 이 집단에서 생겨난 가장 명석하게 논의된 이론적 논문들을 볼 수 있게 해준다. 야우스의 이 논문들은 거의 소개를 필요로 하지 않을 만큼 참으로 분명하고 설득력 있다. 그러나 이 논문들이 우리 자신의 전통과는 멀게만 비교 가능한 방법론적이고 철학적인 전통에 뿌리박혀 있기 때문에, 어떻게 야우스의 전제가 드러나고 다른 환경에서 발전된 접근에 의해 조망되는지 보는 것이 유용할 것이다.

콘스탄츠 이론가들의 목표는 이들의 주요 연속 간행물에 붙여진 일반 제목——시학과 해석학(Poetics *and* Hermeneutics)[9]——에서 추론될 수 있다. 이 결합에 보이는 과(*and*)는 보기보다는 명백하지 않다. 해석학이란 정의상, 의미 규정을 향한 과정이다. 해석학은 아무리 복잡하거나 지연되거나 얄팍할지라도, 이해의 초월적 기능을 전제하며, 아무리 매개된 방식에서일지언정, 문학 텍스트의 언어 외적 진리 가치에 대하여 문제를 제기해야만 할 것이다. 다른 한편, 시학은 과학적인 일관성을 주장하는, 상위 언어적이고 서술적이거나 규범적인 학제이다. 시학은 기호화와 상관없이, 언어적 실체 자체에 관한 형식적 분석에 관계한다. 언어학의 한 갈래인 시학은, 역사적 현실화에 선행하는 이론적 모델을 다룬다. 해석학은 전통적으로 신학의 영역에 또 신학이 다양한 역사적 학제 속에서 세속적으로 연장된 것에 속한다. 시적 구조의 분류학과 상호 작용에 관심을 두는 시학과 달리, 해석학은

---

8) 〔역주〕 본서에서는 "fiction"을 "허구" 혹은 "허구물"로 번역하였다.
9) 이 연구 집단의 연례회 발표 자료를 담고 있는 연속 간행물들은 1963년부터 《시학과 해석학 *Poetik und Hermeneutik*》이라는 일반 제목 아래 나왔다.

특정한 텍스트의 의미에 관심을 둔다. 해석학적 기획에서 읽기는 필연적으로 개입하지만, 대수적 증명에서의 계산처럼, 읽기는 목적을 위한 수단, 즉 결국은 투명해지고 잉여적이 되어야 하는 수단이다. 해석학적으로 성공적인 읽기의 궁극적 목표는 읽기를 아예 없애는 것이다.[10] 어떻게 읽기가 시학에 관여되는지, 만약 관여된다고 한다면, 말하기는 쉽지 않다. 문학에서 가장 닳고 닳은 예들 중 하나를 다시 한 번 남용하여, 호메로스가 아킬레우스를 사자라고 지칭한 것을 주목해 내가 아킬레우스는 용감하다고 결론을 내린다면, 이것은 해석학적 결정이다. 다른 한편 내가, 아리스토텔레스와 함께, 호메로스가 직유를 사용하고 있는지 아니면 은유를 사용하고 있는지[11] 검토한다면, 이것은 시학 영역에서의 고찰이다. 이 두 절차는 거의 공통적인 것이 없다. 그러나 이 유도적인(비유를 선택함으로써 사실상 의문을 미리 없도록 해버렸기 때문에 유도적인) 예로부터, 우리가 해석학적 결론에 도달하기 위해 시학으로 텍스트를 "읽어야" 한다는 것은 분명하다. 우리

---

10) 예를 들어 마르틴 하이데거의 *Erläuterungen zu Hölerlins Dichtung*(Frankfurt am Main: Klostermann, 1951), 8쪽에 있는 서언을 보라. 〔역주〕 이 부분을 영어판 *Elucidations of Hörlderlin's Poetry*, trans. Keith Hoeller(Amherst: Humanity Books, 2000), 22쪽으로부터 인용하면 다음과 같다. "시에 놓인 것을 보존하기 위하여, 시의 주해는 주해 자체가 잉여적인 것이 되도록 힘써야 한다. 모든 해석의 최종적인 그러나 또 가장 어려운 단계는, 시의 순수한 현존 앞에서 주해와 함께 사라지는 데 있다." 덧붙여, 일찍이 드 만은 하이데거의 횔덜린 주해 작업에 대해 따로 비평한 일이 있다. "Heidegger's Exegeses of Hölerlin"(1955), trans. Wlad Godzich, in *Blindness and Insight* 참조.

11) Aristotle, *Rhetoric*, 1406b. 〔역주〕 아리스토텔레스의 말을 *On Rhetoric*, trans. George A. Kennedy(Oxford: Oxford University Press, 1991), 229쪽으로부터 직접 인용하면 다음과 같다. "직유 또한 은유이다. 왜냐하면 거의 차이가 없기 때문이다. 시인이 '그는 사자처럼 달려들었다'라고 말하면, 그것은 직유이지만, '그 사자가 달려들었다'는 은유일 것이다. 둘 다 용감하기 때문에 시인은 은유를 사용했던 것이며, 아킬레우스를 사자로 말했던 것이다."

는 그것이 비유라는 것을 알게 되었어야 하며, 그렇지 않다면 우리는 단지 그것이 아킬레우스가 종(種)을 바꿨다거나 호메로스가 제정신이 아니었음을 뜻하는 것으로 여길 것이다. 그러나 우리는 또한 그것을 시학으로 "이해"하기 위해 그것을 해석학적으로 읽어야 한다. 즉 우리는 자연 세계나 사회 세계에서는 정상적으로 일어나지 않는 뭔가가 언어 속에서 일어난다는 것을, 그리고 사자가 인간으로 대치될 수 있다는 것을 알아채기 위해 아킬레우스의 용기와 아킬레우스가 인간임을 인정해야 한다. 이 성급히 즉흥적으로 만들어진 시학 표본이 시사하고자 하는 바는, 해석학과 시학은 다르고 구별되긴 하지만, 참으로 아리스토텔레스 이후로 또 이전에도 그랬듯, 얽히게 되는 방식이 있다는 점이다. 우리는 문학 이론의 역사를, 이 매듭을 풀려는 또 그러는 데 실패한 이유를 기록하려는 지속적인 시도로 볼 수 있다.

자신들의 접근을 해석학뿐 아니라 시학으로 부르는 콘스탄츠 학파의 대담성은 이 학파의 기여 범위와 부담을 가늠할 수 있게 해준다. 실제로는, 이 집단의 꽤 복잡한 방법론적 계보뿐 아니라 능력들의 배분은 다양한 회원들 사이에 강조점을 나누어 놓았다. 어떤 이들은 프라하 언어 학파의 구조 분석으로 돌아가서, 폴란드 철학자 로만 인가르덴의 작업을 포함한, 현상학의 보다 기술적인 측면들 가운데 자신들의 계통을 발견한다. 이들의 경우, 주된 강조점은 해석학(Interpretationssystem 해석 체계)보다는 시학(Werkstruktur 작품 구조)에 놓인다.[12] 또 어떤 이들은 언어 및 의식의 구조적 분석보다는 역사 및 해석 철학자들 가운데 자신들의 선조들을 발견한다. 이들의 주된 강

---

12) Rainer Warning, "Rezeptionsästhetik als literaturwissenschaftliche Pragmatik," in *Rezeptionsästhetik*, 25쪽.

조점은 해석학에 놓인다. 그 종합, 즉 시학과 해석학의 접합은 모든 수용 미학의 공통 목표로 남아 있지만, 시도된 해결책은 또 이런 해결책에 이르게 한 읽기 기술은 출발한 입장에 따라 다양하다. 주로 편의를 위해 우리가 이 집단을 시학자와 해석학자로 나누는 것을 선택한다면, 한스 로베르트 야우스는 의심할 바 없이 후자에 속한다. 이는 야우스가 그의 동료들보다 더 전통적이라는, 혹은 적어도 전통에 더 관심이 있다는 인상을 줄지 모르지만, 형식적 분석의 전문성에 정당하게 안달이 나서 역사적 이해의 모델을 찾아나선 미국 독자들에게 그의 접근을 특히 교육적인 것이게 한다.

　해석학적 전통에 대한 야우스의 관계는 그 자체가 단순하거나 무비판적이지 않다. "본질주의적" 문학 예술 개념을 공통적으로 거부한다는 점에서 이 집단의 모든 회원들을 하나가 되게 하는 태세에 야우스는 완전히 함께한다. 본질주의에 대한 의심은 문학 텍스트의 생산 혹은 구조 연구가 수용을 희생시키고——즉 읽기로부터 나오며 시간 속에 진전되는 개인적이거나 집단적인 이해의 패턴을 희생시키고——추구될 때 언제든 일어나는 것이다. 야우스가 실제적 선언문을 쓴 것에 가장 가까운 〈문학 이론에 대한 도전으로서의 문학사〉[13]에서, 자신의 방법을 선행자들의 방법과 떼어 놓은 구절들의 논쟁적 찌름으로 인해 이 새로운 실용주의는 혹은 이 새로운 유물론은 독일 학술 전통 안에 위치할 수 있게 된다. 야우스는 당시 유행하던 형식주의적 경향

---

13) 〔역주〕 원래의 독일어 제목은 〈문예학의 도전으로서의 문학사 Literatur-geschichte als Provokation der Literaturwissenschaft〉이며, 영어로 번역된 제목이 〈문학 이론에 대한 도전으로서의 문학사 Literary History as a Challenge to Literary Theory〉이다. 〈문예학의 도전으로서의 문학사〉, 《도전으로서의 문학사》, 장영태 역 (서울: 문학과지성사, 1983) 참조.

과 마르크스주의적 경향 모두로부터 자신을 뚜렷이 차별화한다. 형식
또 마르크스주의(혹은, 더 정확하게는, 어떤 유형의 사회적 현실주의)를
향한 비판적 태도의 토대는 놀랍게도 유사한 것임이 밝혀진다. 공공
연한 마르크스주의자 게오르그 루카치는 결코 마르크스주의자가 아
닌 에른스트 로베르트 쿠르티우스와 관련해 호출된 이유들과 거의 다
르지 않은 이유들로 비판된다. 이들의 이데올로기적 차이에도 불구하
고, 두 사람 모두 보편적 본질의 미학적 화신으로서의 정전적 작품의
고전적 신조에 집착한다. 서구 신(新)라틴 전통의 걸작들이 정전인 쿠
르티우스의 정전은, 발자크에서 절정에 달하고 플로베르와 함께 분해
되는 19세기 현실주의가 정전인 루카치의 정전과는 완전히 다르다.
그러나 다양한 정전들 사이의 이견보다 야우스에게 중요한 것은, 작
품이 자신 안에 긴장 전체를 내포하고 있기 때문에 역사를 초월하는
것으로 가정되는, 정전적인 개념 그 자체이다. 루카치와 쿠르티우스
는 둘 다 그러한 개념에 충실한 채로 있다. 하이델베르크 대학에서
야우스의 스승이었던, 또 야우스가 자신을 규정하는 영향으로 계속
인정해 왔던 한스-게오르그 가다머까지도, 독일에서 자주 괴테 시대
의 정전화와 일치하는 경향이 있는, 정전적인 전통 관념에 헌신한 것
으로 비난받는다. 야우스의 작업은 정통에 대항한, 즉 헤겔이 《미학》
에서 진술한 것으로 되어 있듯, 고전주의의 종언이 또한 예술의 종언
이라는 것을 인정하려 들지 않는 정통에 대항한 반작용의 일부분이
다. 이로부터 문학사의 핵심으로서의 현대성에 대한 야우스의 지속적
인 관심이 나온다. 야우스 자신의 역사적 절차가, 그 가정된 적들이
생각하는 것보다, 덜 제어 가능한 이유들로 인해, 아마도 더 강력할
모델의 강제로부터 참으로 자유롭다고 주장할 수 있는가 하는 문제는
고찰되어야 할 것으로 남아 있다.

야우스의 방법의 강점은 문학의 역사적 이해를 위해 확립된 규칙을 세련하는 데서 나온다. 그의 관심은 더 이상 실제 정전의 정의를 향해 있는 게 아니라 정전 형성의 역동적이고 변증법적인 과정을 향해 있는데, 이 정전 형성이라는 관념은 미국에서 T. S. 엘리엇의 또, 보다 최근에 아주 다른 양식으로, 해럴드 블룸[14]의 독자들에게는 친숙한 것이다. 본질주의에 대한 비판과 결부된 역사 실증주의에 대한 그런 비판은 그 자체로는 새로운 것이 아니다. 과거 작품이 기록된 증거에 기초하여, 작품의 정교화(精巧化) 당시에 존재했던 관습, 기대, 신념 일체를 재구성함으로써 이해될 수 있다고 아직도 생각하는 사학자는 거의 없다. 야우스에 의해 제안된 접근에서 다르고 효과적인 것은 이 불가능성에 (암시적으로) 주어진 이유이다. 즉 주어진 시기의 역사 의식은 공개적으로 진술되거나 기록된 명제 일체로 결코 존재할 수 없다. 대신 그것은, 야우스의 용어법으로는, "기대 지평"(horizon of expectation)으로 존재한다. 의식 경험에 적용된 후설의 지각의 현상학으로부터 나온 이 용어는, 지각에서 의식적 주의가 산만한 배경이나 지평 위에서만 가능한 것과 마찬가지로, 의식의 존재 조건이 의식적 양식으로는 이 의식에 접근될 수 없음을 함의한다.[15] 유사하게, 예술 작품에 가져온 "기대 지평"은, 저자에게도 또 동시대인들이나 나중의 수용자들에게도, 객관적이거나 심지어 객관화 가능한 형태로는 결코 접근될 수 없다.

---

14) 야우스는 "Goethe's and Valéry's Faust: On the Hermeneutics of Question and Answer," in *Toward an Aesthetic of Reception*, 114쪽 및 122쪽에서 블룸을 직접적으로 언급한다.

15) 예컨대 Edmund Husserl, *Ideas: General Introduction to Phenomenology*, trans. W. R. Boyce Gibson(New York: Humanities Press, 1969), 단락 27번, 28번, 44번, 47번을 보라.

이는 역사적 서술 과정을 상당한 정도로 복잡하게 하지만 또한 풍부하게 한다. 앎과 모름 사이의 복잡한 상호 작용으로서의 이해의 변증법은 문학사의 바로 그 과정 속에 붙박여 있는 것이다. 이 상황은 정신 분석에서 분석가와 그의 대화자 사이에 전개되는 대화적 관계에 비견할 만한 것이다. 둘 중 누구도 논의되고 있는 경험을 알지 못한다. 이들은 참으로 그러한 경험이 존재하기나 했는지조차 알 수 없을지 모른다. 주체는 억압, 방어, 치환 등등의 기제에 의해 이 경험으로부터 분리되어 있는 반면, 분석가에게 이 경험은 수상하게 회피적인 증후로만 접근될 뿐이다. 그러나 이런 어려움 때문에 적어도 해석적 가치가 있는 대화적 담론이 발생하지 못하는 것은 아니다. 이 두 "지평" 즉 개인적 경험의 지평과 방법적 이해의 지평은, 어느 경험도 결코 완전히 명시적인 것이 되지는 못할지 모르지만, 서로 관여할 수 있으며 이 과정에서 변용을 겪을 것이다.

이 (야우스가 사용하지 않는) 정신 분석과의 유비는 사학자의 과업의 인식론적 복잡성을 강조해 준다. 분석가와 사학자 둘 다, 심리학적, 인식론적 혹은, 하이데거의 경우, 존재론적 등등으로 다양하게 식별되는 이유들로 인해, 실제 현존으로는 접근 불가능한, 따라서 인식이 도대체 도달될 수 있기나 한 것인지를 규정하기에 심지어 앞서 해석이나 읽기의 노동을 필요로 하는 인식을 가리켜 보인다. 우리는 이런 정도의 해석학적 복잡함을 어떤 철학적 혹은 심리학적 분석으로부터도 기대하게 되었지만, 지극히 놀랍게도, 유사한 미묘함이 좀처럼 사학자로부터는 그리고, 사학자 중에서도, 문학 사학자로부터는 특히나 요구되지 않는다――앎보다는 읽기에 대한 강조가 함의된 상황의 논리에 따르면, 정신 분석이나 인식론보다는 문학사가 특권적인 사례, 모범 사례여야 하겠지만 말이다. 이런 놀라움은 사실상 전혀 놀랍지 않은데, 왜냐하면 하기 싫어함 자체가, 실용주의적 사학자가 알기를 바라는 것보다 더 멀리 도달할 수도 있을, 모름의 불안 증후이기 때문이다. 이것이야 어쨌든, 야우스의 역사와 수용 미학 방어에서, 문학의 역사적 이해를 위한 모델은, 말하자면 "기대 지평"이라는 용어에 함유된 부정적인 함의에 의해 마침내 완숙하게 된다. 이전의 문학사에 대한 야우스의 비판적 서술은 이 통찰로부터 에너지를 끌어 쓰고 있으며, 극소수의 예외를 제외하면, 이 서술은 반박되기 어려울 것이다. 정전적인 문학사 밑에 놓여 있는 전의식적이거나 무의식적인[16] 가정에 대한 야우스의 비판은 주요한 기여이며, 같은 문제가 덜 주제화되고, 더 확산되고, 따라서 더욱더 강제적인 방식으로 미국에 존재하기 때문에 우리에게는 더욱더 의미가 있다.

　같은 출발점 즉 역사 의식의 이중적인 인식론으로 야우스는 문학 작품의 사적 차원과 공적 차원 사이의 광범위한 종합을 방어할 수 있게 된다. 이런 종합은 그의 작업의 비판적 측면과는 달리 계획적이고 전향적(前向的)인 측면을 이룬다. 이리하여 작품의 개인적 측면에서 집단적 혹은 사회적 측면으로의 통로가 "지평" 모델에서 암시된다. 지각의 익명적인 배경이, 이것을 배경으로 전경화되고 음영지는[17] 개인적 지각과 관련해 일반적이고 미분화(未分化)되어 있듯, 개별적인 작품은, 그 생산의 순간에, 기성 관념과 이데올로기의 집단적인 회색성(灰色性)으로부터 그 독특성으로 두드러져 나온다. 전의식적이거나 잠재 의식적인 기대들은 항상 집단적이며 따라서, 어느 정도로는 "수

---

16) 영어로는 가능하지 않은, 독일어 "사유되지 않은"(ungedacht)이나 프랑스어 "사유되지 않은"(impensé)이 더 나은 용어일 것이다.
17) 영어 "음영지는"(silhouetted)은 후설의 독일어 용어 "음영"(Abschattung)을 대략 번역한 것이다.

용된다." 이 기대들은 수용의 결과이며, 수용에 의해 개별 작품은 풍경의 일부분이 되고, 그 다음, 풍경을 배경으로 새로운 작품들이 음영질 것이다. 공간 은유에서 인식론적 범주로 옮겨지는 이 과정은 물음과 답변으로 진술될 수 있다. 즉 물음은 공통된 지식이 되어 버린 답변에 대한 개인적인 분열로 일어나지만, 이 새로운 물음의 영향 아래 답변은 이제 그 자체가 이전의 집단적인 물음에 대한 개인적인 응답이었던 것으로 보일 수 있다. 답변은 물음으로 변신하면서, 양식화된 풍경 안에 놓인 개인이나 나무나 초상 같은 것이 되고, 마찬가지로, 그 배경 뒤의 생생한 배경을 물음의 형태로 드러내어, 물음으로부터 이제 스스로를 **두드려져 나오게** 할 수 있다. 이 물음과 답변 구조는, 전경—배경 구조 혹은 의식—전의식 구조처럼, 끝이나 목적 없이 서로를 낳는 심연적(深淵的) 틀이다. 그러나 이 과정에서 그것은 방법론적 지배의 인상을 전하는, 일련의 명백한 종합을 창출한다. 야우스는 "기대 지평"이 작품의 사적인 개시(inception)와 공적인 수용(reception)을 매개한다고 정당하게 주장할 수 있다. 그는 또한 기대 지평이 자기 폐쇄적 구조와 그 외부적 효과나 작용(Wirkung)을 매개한다고 주장할 수 있다. 배경이 집단적이거나 "공통적"인 한에서, 배경은 처음에는 분화되어 있지 않고 구조화되어 있지 않다. 사학자—해석자에 의해 이해되고 확인된, 개인적으로 구조화된 물음의 영향 아래, 배경은 자신을 배경으로 자각하게 되고, 자기 차례에서, 자신의 조직과 잠재적 변형에 필요한 응집성을 획득한다. 야우스는 이런 과정의 분명한 예로 엠마 보바리를 든다.[18] 허구적 구성물 속의 등장 인물 보바리는, 그 마음이 탈선의 무정형적 다발 같으며 이를 배경으로 그 모습의 아름다움이 음영지는데, 독자의 마음속에 사회적 관습에 대해 이 관습을 문제시할 정도로 강력한 비판적 자각을 낳는다. 수용으로서의 역사적 읽기는 형식적 구조와 사회적 변화를 매개한다.

결국에 가서, 이 절차는 구조와 해석의 접합에 대한 모델을 제공한다. 그 개시의 순간에 개인적인 예술 작품은 널리 퍼진 관습과 관련해 이해 불가능한 것으로 두드러져 나온다. 개인적인 작품이 관습에 대해 갖는 유일한 관계는 동시대성이나 공시성의 관계, 즉 시간 속에서 우연히 일치하지만 그렇지 않다면 서로에게 완전히 이질적인 두 요소 사이의 완전히 우연적이고 통합체적인 관계이다. 그렇다면 작품을 작품의 배경으로부터 분리시키는 그 분화는 작품 이해의 역사적이고 통시적인 운동(Horizontswandel 지평 변화) 속에 기입되어 있으며, 이는 작품과 작품이 내던져진 역사에 공통으로 쥐어진 속성을 발견하는 것으로 끝난다. 작품과 그 역사적 현재의 관계와 달리, 작품과 그 미래의 관계는 순수하게 자의적이지는 않다. 그것은 작품의 형식적 독특성과 작품 수용의 역사 사이에서 자유롭게 순환할 수 있는, 진정한 계열체적 유사성의 요소를 함유하고 있다. 좀 더 기술적인 용어로 말하면, 야우스의 역사 모델에서, 공시적 구조 속의 통합체적 치환은, 그 수용에서, 통시성 속의 계열체적 응축이 된다고 할 수 있을 것이다. 차이와 유사성의 속성들은 시간적 범주의 개입 덕분에 교환될 수 있다. 즉 작품이 동일성을 완전히 상실하지 않고 시간 속에 존재할 수 있게 함으로써, 작품의 형식적 구조의 소외는 작품 이해의 역사에 의해 중지되는 것이다. 이런 유형의 교차적 패턴은 전체화의 약속을 실행하는 데 결코 실패하지 않는다.

---

18) [역주] 이에 대해서는 국역본 〈문예학의 도전으로서의 문학사〉, 190-92쪽. 덧붙여, 많이 알려지지 않은 사실인데, 드 만은 플로베르의 《보바리 부인》을 영어로 번역한 일이 있다. Gustave Flaubert, *Madame Bovary*, trans. Paul de Man(New York: Norton, 1965) 참조.

무매개적 이해의 환상을 기꺼이 포기한 데 대한 방법론적 보과(報果)가 상당함을 우리는 본다. 이 보과가 순수하게 이론적이기만 한 것도 아니다. 야우스는 아주 기꺼이 그의 해석학적 모델을 실천적 해석이라는 구체적 시험에 제출하고 이 과정에서 그의 모델을 세련하려고 할 것이다. 도처에서 문학 연구를 괴롭히는, 문학 이론과 실천 사이의 양립 가능성의 결여는 이리하여 현명한 수용 미학에 의해 또한 극복되는 도중에 있는 것으로 보인다. 이 입론의 설득력, 전통적인 정전적 문학사에 대한 비판의 타당성, 개별 텍스트의 해석에 대한 상당한 기여는 결합하여, 문학 연구의 이론과 교무(敎務)에 미치는 영향이 아주 유익해 온 방법의 장점을 입증한다. 그것은 감동적인 기록이다. 이 방법의 진정한 정신 속에서, 이번에는 수용 미학의 기대 지평을 문제 삼고 싶다면, 생산적 맥락 속에 그러한 문제 제기를 가능하게 해준 이론의 장점을 인정하는 것부터 시작해야 한다.

시간과 장소에서 야우스와 그렇게 동떨어져 있지 않은 몇몇 저술가는, 문학 작품의 공적 수용에 기초하는 해석 이론의 유효성을 부인하며, 그것을 그저 해석학적 중요성이 없는 부작용으로 방기한 바 있다. 발터 벤야민이 〈번역가의 과업〉이라 제목 붙여진 시론의 서두에서 독단적으로 공언한 것이 적절한 예이다. "예술 작품이나 예술 형식의 수용에 대한 고려는 어디에서도 그것을 이해하는 데 생산적임을 증명하지 못한다…. 어떤 시도 독자에게, 어떤 그림도 관람자에게, 어떤 교향곡도 청중에게 건네지는 것이 아니다."[19] 이 구절은, 아도르노로부터의 구절과 더불어, 저자 정향적 혹은 생산 정향적 본질주의의 주요한 예로 라이너 바르닝에 의해 인용된다.[20] 그러나 정말 그러한가? 야우스가 쿠르티우스, 루카치, 가다머의 저술들 속에서 정전적 본질의 힘을 확인할 때, 그는 안전한 토대에 있지만, 같은 것이 벤야민, 아도르노, 하이데거――이들을 갈라 놓는 것에도 불구하고, 이 문맥에서 한데 속하는 세 이름――에 대해 말해지고 있을 때, 사정은 그렇게 단순하지 않다. 가령, 방금 인용된 구절이 있는 바로 그 시론에서 벤야민이, 문학 텍스트에 대한 접근으로서의 모사나 재현(Abbild) 관념의 타당성을 거부할 때, 역사 모델로서의 플라톤적 본질을 비판하는 데 이보다 더 명시적일 수는 없을 것이다. 또 누구도 문학 이해의 역사성에 대해, 같은 시론에서, 벤야민보다 더 능변으로 명시적일 수는 없을 것이다――물론 벤야민이 여기서 호출하는 역사 관념은 확실히 야우스의 역사 관념과 상당히 다르지만 말이다. 수용 혹은 심지어 작품 읽기보다도 "번역"을 작품 이해에 적절한 유사물로 호출함으로써, 이 과정에 태생적인 부정성이 인지되고 있다. 즉 번역이 결코 성공할 수 없다는 것을 그리고 번역가의 과업(Aufgabe)이라는 말이 또한, 운동 경기 용어에서처럼, 그가 포기해야 함을, 그의 "부전" 패를 뜻한다는 것을 우리 모두는 알고 있다. 그러나 "번역"은 또한, 번역이라는 말이 함의하듯, 이런 부정적인 순간의 가능한 처소로 그 주의를 지각보다는 언어에 향한다. 왜냐하면 번역은, 정의상, 언어 내적인 것이고, 주체와 대상 관계 혹은 전경과 배경 관계가 아니라, 한 언어 기능과 다른 언어 기능의 관계이기 때문이다. 그 시론 내내 벤

---

19) Walter Benjamin, "Die Aufgabe des Übersetzers," in *Illuminationen*(Frankfurt: Suhrkamp, 1961), 56쪽. 〔역주〕 이 부분은 드 만의 영어 번역으로부터 우리말로 옮겨진 것이다. 보다 매끄러운 번역은 〈번역가의 과제〉, 《발터 벤야민의 문예 이론》, 반성완 편역(서울: 민음사, 1983), 319쪽 및 〈번역자의 과제〉, 《발터 벤야민 선집 6》, 최성만 역(서울: 길, 2008), 121쪽 참조. 이하의 각주에서는 전자를 〈번역가〉, 후자를 〈번역자〉로 약칭한다.

20) Warning, *Rezeptionsästhetik*, 9쪽.

야민의 논점은, 번역이 또 번역 기획에 있는 극복 불가능한 어려움이 언어에 특정하게 관계하는 어떤 긴장——명제(proposition; Satz 문장)와 명명(denomination; Wort 단어) 사이에 혹은 텍스트의 문자적 의미와 그가 부르는바 상징적 의미 사이에 혹은, 상징적 차원 자체 안에서, 상징되고 있는 것과 상징하는 기능 사이에 가능한 양립 불가능성——을 노출시킨다는 것이다. 이 갈등은 가장 일반적인 용어로, 언어가 의미하는 것(das Gemeinte)과 언어가 의미를 생산하는 방식(die Art des Meinens) 사이에 존재하는 것으로 진술된다. 〈번역가의 과업〉과 벤야민의 저술들의 다른 곳에서, 이러한 긴장이, 어느 정도까지는, 그가 순수 언어(die reine Sprache)라 지칭하는 것 속에서 중지되고 있는 것은 확실히 진실이다. 그러나 이 외관상의 초월이 예술의 영역이 아니라 신성한 것의 영역 속에서 일어난다는 것도 역시 분명하다. 벤야민의 순수 언어와 발레리의 순수시(poésie pure) 사이에는 거의 아무 공통점이 없다. 신성한 것에 대한 향수나 예언이기는커녕 시적 언어는 번역 속에서 그 태생적 불충분성이 명시화되며, 신성한 것에 이르는 입구를 찾기 위해서는 잊혀야 하는 것이다. 횔덜린이 소포클레스를 시적으로 번역한 것에서 "의미는 심연에서 심연으로 붕괴되어, 언어의 바닥없는 깊이 속에서 스스로를 잃어버릴 지경이 된다."[21] 이러한 문장에서 "심연"이라는 말은 아마도, 시시한 "액자 기법"(mise en abyme 심연에 놓음)이라고 할 때처럼, 기술적(技術的)으로 또 무감정하게 읽혀야 할 것이다. 이 실존적 비감[22]은, 이러한 언어의 "바닥없

---

21) 〔역주〕 원서에 출처 표시가 없는 이 부분은 드 만의 영어 번역으로부터 우리 말로 옮겨진 것이다. 국역본 번역을 병기한다. "의미는 심연에서 심연으로 굴러 떨어져, 마지막에 가서는 바닥도 없는 말의 심연 속에서 자신을 잃고 있는 것이다"(〈번역가〉, 333쪽); "의미는 이 절벽에서 저 절벽으로 추락해 가다가 마침내 바닥없는 언어의 심연 속으로 사라지려고 한다"(〈번역자〉, 142쪽).

는 깊이"가 또한 언어의 가장 명백하고 일상적인 문법 차원, 즉 벤야민이 정확하게 열거할 수 있는 특정한 언어 범주라는 사실에 의해 상쇄된다. 이 점이 벤야민의 이어지는 초월 주장에(혹은 초월로서 아마도 그릇되게 이해한 것에) 무슨 관계가 있느냐는 우리의 현재 관심사가 아니다. 그러나 그것은, 시와 역사에 관한 한, 본질의 문제는 있을 수 없다는 것을 확증한다. 전언이나 수용으로서의 시 개념을 거부하는 것은 본질주의적 문학 개념의 결과가 아니라, 그러한 개념에 대한 비판의 결과이다. 수많은 유보 조건을 붙여, 비슷한 것을 하이데거의 시론 〈예술 작품의 기원〉에 대해서도 말할 수 있을 것인데, 이 시론을 야우스는 예술 작품의 "무시간적인 현재"나 "자기 충족적인 현존"(63쪽)을 단언한 것으로 요약하지만(그리고 내버리지만), 이는 야우스 자신도, 어쩌면 가다머를 통해, 의존하는 하이데거의 변증법적인 역사 보존(Bewahrung) 개념을 충분히 공정하게 다루지 못한 단순화이다.

중요한 점은, 야우스가 자신의 문제의 편에서 몇몇은 쉽게 징모할 수 있을, 서로의 철학 전통을 대립시키는 것이 아니다. 오히려 벤야민의 시론에 대한 언급은 "기대 지평" 같은 개념이, 그 이상의 정교화 없이는, 언어 예술에 꼭 적용 가능한 게 아니라는 가능성에 주의를 끈다. 왜냐하면 벤야민에 의해 언급된, 이해에 대한 모든 장애물은 현상적 세계보다는 언어에 특정하게 속하기 때문이다. 결과적으로, 이

---

22) 〔역주〕원래 "정념"을 뜻하는 "pathos"를 본서에서는 "비감"으로 번역하였다. 그러나 예컨대 루소에 대한 논의에서는 "정념"이 더 나은 역어일지 모른다. 드 만 이론의 정념에 대한 본격적인 연구로는 Rei Terada, "Pathos(Allegories of Emotion)," in *Feeling in Theory*(Cambridge: Harvard University Press, 2001). 덧붙여, 한 대담에서 데리다는 드 만의 글에 "거의 비감이 없지만 그래도 비감이" 있으며, 그것은 "아주 제한된, 아주 신중한 비감"이라고 말한다(Jacques Derrida, *Negotiations: Interventions and Interviews, 1971-2001*, trans. Elizabeth Rottenberg[Stanford: Stanford University Press, 2002], 38쪽).

장애물이 지각 심리학으로부터 나온 과정과의 유비에 의해 지배될 수 있다는 기대는 결코 확실하지 않은 것이다. 누구보다도 후설 자신이 호출되어 그러한 잘못된 옮김에 대해 경고할 수 있을 것이다.[23] 경험의 해석학과 읽기의 해석학은 꼭 양립 가능한 것은 아니다. 이는 야우스에 의해 제안된 해결책이 불충분하다는 것을 혹은 지각에 의지하는 것이 아예 회피될 수 있거나 회피되어야 한다는 것을 함의하지는 않는다. 사정은 정반대이다. 그러나 그것은, 야우스의 방법론의 지평이 모든 방법론들처럼, 자기 자신의 분석 도구에는 접근 불가능한 한계를 갖고 있다는 것을 참으로 의미한다. 그 한계는, 이 경우, 역사 모델의 종합하는 힘을 방해하려는 언어 요인과 관계가 있다. 그리고 그것은 또한, 이 똑같은 요인이 다소간의 밀교적 힘을 야우스 자신의 담론에 대해, 특히 그의 텍스트적 해석의 세부에 대해 행사할 것이라는 것을 의미한다.

첫 눈에는, 사정이 거의 이런 것 같아 보이지 않는다. 야우스는 결코 텍스트의 언어적 측면을 고려하는 데 적대적인 것도 아니고, 언어학자의 작업을 다루는 데 어떤 식으로든 방어적으로 임하는 것도 아니다. 그러나 야우스는 언어의 소통적 기능과 미학적 기능을 매개하려고 하는 언어학자, 이른바 소통 이론의 문체학자를 선호한다. 시초부터 야우스는 텍스트의 형식적이고 미학적인 측면의 인식이, 텍스트 수용과 관련된 역사적 조사로부터 분리되어서는 안 된다는 것을 주장

---

23) Husserl, *Logical Investigations*, trans. J. N. Findlay(London: Routledge & Kegan Paul, 1970), II권을 보라. 또한 J. P. Schobinger, *Variationen zu Walter Benjamins Sprachmeditationen*(Basel/Stuttgart: Schwabe, 1979), 102쪽, 그리고 Jacques Derrida, *La voix et le phénomène*(Paris: Presses Universitaires de France, 1967), 특히 7장 "Le supplément d'origine," 98–117쪽을 보라.

했다. 즉 훌륭한 형식주의자는, 자기 자신의 수행의 강점에 의해, 사학자가 되어야 한다. 그 작업이 야우스와 여타 콘스탄츠 이론가들에 의해 찬동을 얻어 자주 인용되는, 체코의 언어학자 펠릭스 보디츠카는 언어 구조의 역사적 "구체화"로서의 수용 개념에서 이 점을 명시한 바 있다. 야우스의 기대 지평에서, 배경을 모른다는 데 위치되어 있는 부정성의 요소는, 보디츠카 그리고 일반적으로 프라하 언어학자들에서, 문학 언어를 **기호** 언어로 특징짓는 것에 존재한다. 모름의 요소가 지평 모델에 붙박여 있는 것과 마찬가지로, 문학 기호 개념은 비규정성과 자의성의 요소를 함의한다. 보디츠카가 인용하는 프라하 언어 학파의 지도적 인물 얀 무카르조프스키의 말에 의하면, "문학 작품은 그 효과를 기호에 의한 소통에 밀접하게 의존하고 있긴 하지만, 실제 소통의 변증법적 부정 같은 방식으로 그것에 의존하는 것이다."[24] 뒤따르는 다의성은 개별적 수용이나 "구체화"의 역사적이고 사회적인 연속체 속에 다의성을 기입함으로써 지배된다. 그러므로 프라하 학파에 의해 실천된 구조 미학은 야우스에게 전혀 위협적인 것이 아니다. 야우스의 역사 개념은 프라하 학파의 언어학적 용어법과 완벽하게 이음이 맞는 것처럼 보인다. 이런 이론적 연합은 해석학과 시학의 진정한 종합을 달성한다. 이는 시적 언어의 의미론이 언어학자와 사학자 모두의 합동 조사에 의해 설득력 있게 잠들게 된다는 벤야민의 근심을 말하는 것인가?

이에 대한 답변은 이제까지 우리가 정지시켜 둘 수 있었던 용어에 달려 있을 것이다. 보니츠카가 구체화에 대해 말할 때, 그는 이 구체화가 **미학적** 과정이라는 것을 강하게 역설하는데, 이는 야우스의 수

---

24) Warning, *Rezeptionsästhetik*, 89쪽.

용이 **미학적** 과정에서 **미학적** 수용인 것과 마찬가지이다. 여기서 "미학적"이라는 말이 어떻게 이해되어야 하는가는 자명하지 않다. 무카르조프스키에게 문학 작품의 미학적 성질은, 문학 작품의 역사적 성질처럼 기호 구조의 기능이다. 시적 어법의 분석에서 "언어 기호의 구조는 주의의 핵심을 차지하는 반면, (비시적) 기능은 언어 기호를 초과하는 언어 외적 심급과 목표에 정향되어 있다."[25] 시적 텍스트에서 의의보다 기호화 과정에 초점을 두는 것이 구체적으로 미학적이라고 하는 것이다. 기호의 자의적이고 관습적인 측면은 이리하여 미학적 특징으로서 가치를 획득하고, 바로 이 똑같은 관습성에 의해 작품의 집단적 · 사회적 · 역사적 차원도 재통합될 수 있다. 여기가 바로 야우스 같은 사학자와 보디츠카나 무카르조프스키 같은 시학자의 절차가 수렴하는 지점이다. 수용과 기호학 사이의 연결 고리를 지각하고 실증한 것은 야우스의 상당한 장점이다. 문학사와 구조 분석의 응축은 미학적인 것의 범주에 의해 일어나며, 그 가능성을 이 범주의 안정성에 의존한다.

　그러나 이 안정성은 많은 철학자들에게 문제적인 것으로 남아 있다. 미학적인 것과 언어의 의미 생산력을 연결시키는 일은 마음에 강력한 유혹이지만, 바로 그런 이유로, 그 일은 또한 뜻밖의 성가신 문제를 초래한다. 미학적인 것은 정의상, 쾌락 원칙──즉 쾌락과 고통의 가치보다 욕망에 더 탄력적일 진리와 허위의 가치를 치환하고 은폐할 수 있는 행복주의적 판단──에 호소하는 유혹적인 관념이다. 의지의 도구로서의 미학적 힘을 예리하게 알고 있는 니체는, 쾌락이

---

25) Jan Mukarovsky, *The Word and Verbal Art*, trans. John Burbank and Peter Steiner, with a forward by René Wellek(New Haven: Yale University Press, 1977), 68쪽.

나 고통에 기초한 판단이 "상상할 수 있는 가장 어리석은 판단의 **표현**"이라고 경고하는데, "이 말에 의해, 물론, 나는[니체는] 이런 방식으로 들릴 수 있는 판단이 어리석어야 함을 뜻하려는 것은 아니다."[26] 미학적 반응들은 결코 핵심적 원인(Ursachen)이 아니라, 사소한 부작용(Nebensachen)으로만 고려될 수 있다. 즉 "그것들은 중심적으로 지배적인 가치로부터 파생되는 **부차적인** 가치 판단이다. 그것들은 순수하게 감응적인 양식으로 유용함과 해로움을 고려하며 따라서 절대적으로 변덕스럽고 의존적이다."[27] 미학적 반응들이 사학자에게 혹은 비판 철학자에게 지니는 상당한 관심은 체계적(systematic)이기보다는 증후학적(symptomatological)이다. 즉 미학적 반응은 그 오도하는 힘이 다른 원인을 가리켜 주는 한에서 철학적으로 중요한 것이다. 미학적인 것이 인식의 잠정적인(vorläufig, 이 단어는 벤야민에서도 나타나는데[28]) 형태라는 헤겔의 막대하게 오해된 취급은 헤겔의 후계자인 키에르케고르와 니체의 정신 속에 완전히 있는 것이다. 이는 무엇보다도,

---

26) Friedrich Nietzsche, "Nachlass," in *Werke in drei Bänden*, ed. Karl Schlechta (Munich: Carl Hauser, 1956), III, 683쪽. 〔역주〕 니체 인용 부분은 모두 드 만의 영어 번역으로부터 우리말로 옮겨진 것이다. 국역본 번역을 병기한다. "'불쾌'와 '쾌'는 생각할 수 있는 가장 어리석은 판단의 표현 수단이다. 이것은 물론 여기서 이러한 방식으로 표명되는 판단이 어리석음에 틀림없다는 것을 말하는 것은 아니다"(프리드리히 니체, 《권력에의 의지》, 강수남 역[서울: 청하, 1988], 단락 669번, 397쪽).

27) 같은 책, 685쪽. 〔역주〕 국역본 번역을 병기한다. "그들은[쾌와 불쾌는] 어떤 지배적 가치로부터 이끌어 내어지는 것에 불과한 제2급의 가치 판단이다——감정의 형식을 빌어 말하고 있는 '유용,' '유해'라는 것이며, 따라서 절대로 일시적이고 의존적인 것이다"(단락 701번, 418쪽).

28) Benjamin, *Illuminationen*, 62쪽. "이로써 모든 번역은 언어들의 이질성과 논쟁하는 하나의 어떻게든 **잠정적인** 방식에 불과하다는 것이 물론 인정된 셈이다"(Damit ist allerdings zugestanden, dass alle Übersetzung nur eine irgendwie *vorläufig* Art ist, sich mit der Fremdheit der Sprachen auseinanderzusetzen). 〔역주〕 이 원주(原註)에서 드 만은, 영어 번역 없이 독일어 원문만 인용하고 있다. 국역본은 〈번역가〉, 325쪽 및 〈번역자〉, 130-31쪽 참조.

미학적인 것이 명료성과 제어에 호소하는 것으로서 호출될 때면, 바꿔 말해, 증후가 신호해 주는 무질서에 증후가 치료책이 될 때면, 상당한 조심이 있어야 함을 의미한다. 야우스가 발레리와 괴테에 관한 시론에서와 같이, 혹은 뒤이은 저서 《미학적 경험과 문학 해석학》[29]에서 암시된 바와 같이, 미학적인 것을 쾌락 원칙과 그대로 동등시한 것은 그 자체로 증후적이다. 그리고 나서 이 똑같은 원칙이 언어적 분석에 의해 드러난 언어의 보다 객관적인 속성과 연결될 때, 미학적 판단이 그 정당한 인식론적 영역을 넘어가 버렸다는 의혹이 일어난다. 그러한 경우에 예상되듯, 이 위반의 흔적은 언어의 어떤 특징을 완전하는 것보다는 생략하는 것에 의해 눈에 띈다.

그러한 생략에 특징적인 것은, 좀 오도하게도, 기표의 "유희"(play)로 알려지게 된 것으로부터 파생된 고찰들——즉 단어나 문장의 수준에서가 아니라 문자의 수준에서 생산된 그리고, 따라서 해석학적 물음과 답변의 그물망으로부터 빠져나간 의미론적 효과들——에 대한, 철저한 무시에 가까운, 야우스의 관심의 결여이다. 그러한 "문자의 심급"[30]에 대한 관심은 특히, 잘 알려져 있듯, 야우스 자신의 비평 관련 전문 문헌(Fachliteratur) 정전 안에는 일반적으로 포함되지 않는, 어떤 프랑스 저술가들 사이에서 눈에 띈다. 야우스는 항상 그러한 파리 사람들의 방종을 일정한 의심을 갖고 대해 왔으며, 심지어 이들의 집요함이 압박하고 또 이들의 기획과 그의 기획 사이에 진정한 친화

---

29) H. R. Jauss, *Aesthetic Experience and Literary Hermeneutics*, trans. Michael Shaw(Minneapolis: University of Minnesota Press, 1982).

30) 〔역주〕 원문은 "the instances of the letter"인데, 아마도 드 만은 라캉의 유명한 시론 "L'instance de la lettre dans l'inconscient ou la raison depuis Freud"를 염두에 두고 있는 것으로 보인다. 복합적 의미를 지닌 "instance"를 여기서는 일단, 일어판(135쪽)과 같이 "심급"으로 옮겼다.

성이 압박하는 가운데 그가 이들의 몇몇 발견을 인정했을 때도, 그것은 항상 조심스런 부분적 인정이었다. 이런 유보에는 일반적 흥미보다는 국지적 흥미가 있는, 교무적이고 이데올로기적인 충분한 이유들이 있다. 다른 한편, 배제의 전술은 문학 학술 공동체 안에 대량의 반작용을 구성할 정도로 익숙한 것이다. 즉 문학 이론의 세계보다 고급 맞춤복(haute couture)의 세계에서 훨씬 더 익숙한 오랜 전통에서, 파리에서 만들어진 것은 착실하기보다는 유행하는 것으로 자주 여겨진다. 파리에서 유행하고 있는 것은, 일상에서 입기 위한 목적이 아니라, 진열창에 전시되는 것으로만 관용될 수 있다. 그럼에도, 우리가 보들레르로부터 알듯, 유행(la mode)은 그 자체가 아주 중대한 그리고, 바로, 사학자들이 과소 평가하지 말아야 할 미학적 역사적 범주이다. 유행을 무시하는 것이 유행하게 될 때는, 분명 흥미로운 뭔가가 진행 중인 것이며, 그저 유행이라고 방기되고 있는 것은 또한 보다 고집스럽고, 그 경박함과 일시성이 보여 주는 듯싶은 것보다 더 위협적인 것임에 틀림없다. 우리 물음의 문맥에서 무시되고 있는 것은 기표의 유희로, 이는 독자들이 불쾌해한 일로 인해, 경박함을 비난한 일로 인해 프리드리히 슐레겔이 1800년에 《아테네움 *Athenäum*》의 발간을 중지할 수밖에 없었을 때 골라낸 것과 똑같은 논제(이렇게 그것이 불릴 수 있다면)이다.[31]

   야우스는 자신의 텍스트적 해석의 실천에서 기표의 의미론적 유희에 거의 주목하지 않으며, 드문 경우, 그가 주목할 때, 그 효과는 불쾌한 어떤 것이 일어날지 모르기 전에 재빨리 다시 미학화되어 버린

---

31) Friedrich Schlegel, "Über die Unverständlichkeit," in *Kritische Schriften*, ed. Wolfdietrich Rasch(Munich: Carl Hauser, 1970), 530–42쪽.

다──어떤 단어 유희(word-play)도 그것을 그저 동음이의어 말장난 (pun; calembour)의 무해함으로 동화시켜 버림으로써 그토록 쉽게 무장 해제되는 것과 마찬가지로 말이다. 그리하여 보들레르의 〈우울 II〉를 텍스트적 사례로 이용하는 최근의 한 논문에서[32] 야우스는, 18세기 화가 부셰의 이름이 "데부셰"(débouché 마개 뽑힌)라는 단어와 사이비 각운을 이루는 행들에 대해 현명하게 논평한다.

···오래된 규방
탄식하는 파스텔 그림들과 창백한 부셰 그림들
홀로, 마개 뽑힌 향수병 냄새를 맡고 있는.

···un vieux boudoir
Où les pastels plaintifs et les pâles Boucher,
Seuls, respirent l'odeur d'un flacon débouché.[33]

드문 라캉적 순간에 야우스는, 그가 언어 유희의 "기괴한" 효과라 부른 것──부셰/데부셰 각운 쌍──이 또한 보다 뭔가 섬뜩한 것임을 시사한다. "마개 뽑힌 병으로부터 빠져나간 마지막 향수에 대한 여전히 조화로운 재현은 '목 잘린' 로코코 화가 부셰의 불협화음의

---

32) H. R. Jauss, "The Poetic Text within the Change of Horizons of Reading: The Example of Baudelaire's 'Spleen II,'" in *Toward an Aesthetic of Reception*, 139-85쪽.

33) 〔역주〕 여기서 그리고 이하의 〈우울 II〉 인용에서 드 만은, 영어 번역 없이 프랑스어 원문만 인용하고 있다. 국역본 번역을 병기한다. "오래된 규방 / 탄식하는 파스텔 그림들과 빛바랜 부셰의 그림들만 / 마개 빠진 향수병 냄새를 맡고 있다"(보들레르, 〈우울〉, 《악의 꽃》, 윤영애 역[서울: 문학과지성사, 2003], 160쪽).

함축 속으로 뒤집혀(kippt um) 버린다"(157쪽). 이렇게 멀리 간 다음에는 멈추기가 아주 힘들어진다. 이 피투성이 장면이, 보통 명사로는 도살자(butcher)를 의미하는, 따라서 "창백한 부세"를 자기 자신의 사형 집행인이 되게 하는, 고유명(부세)[34]의 현존에 의해 훨씬 더 피비린내 나게 되는 것을 우리는 또한 눈치 채지 말아야 할까? 이 회상의 창백한 하얀 텍스트(이 시의 첫 행은 "나는 천 년을 산 것보다 더 많은 추억이 있다")는 잔혹함으로 붉게 변하여, 우리를 기억의 내면성으로부터, 이 시의 외관상의 **주제**로부터, "불협화음" 같은 순진한 예술 용어가 거의 공정하게 다루지 못하는 아주 위협적인 문자성으로 데려간다. 훨씬 더 적절한 것은 야우스의 아주 구체적이고 무례한, 거의 구어체적인 단어 "뒤집다"(umkippen)로, 이 단어는 저 참수된 부세를 마치 부세 자신이 피 흘리는 마개 뽑힌 "향수병"인 양 "뒤집어 놓는다." 이런 일이 화가의 고유명에, 더구나 그저 "기괴한" 경박한 단어 유희로 인해 발생할 수 있다는 것은, 우리에게 유희하는 인간(homo ludens)의 미학과 단어 유희(Wortwitz)의 문자적 예리함 사이의 제어하기 어려운 경계선(혹은 경계선의 결여)에 대해 상당한 것을 말해 준다. 적격(decorum)의 이유들로 인해, 야우스가 언어의 미학적 짜임새에서 자신의 관찰에 의해 열어 놓은 간극은, 논평자가 자신이 다루고 있는 텍스트의 통합성을 배반할지 모른다고 느끼기라도 한 듯, 곧장 다시 닫힌다.

기표의 조악함과 잠재적 폭력에 굴복하기 전의 이런 주저함, 이런 삼감(restraint)은 결코 대담성의 결여로 비난되어서는 안 된다. 결국 보

---

34) 〔역주〕 "도살자"를 뜻하는 프랑스어 보통 명사 "부세"(boucher)는 화가 "부세"(Boucher)의 이름과 철자 및 발음이 같다.

들레르 자신은 우리를, 혹은 그 자신을, 직접적으로 위협하지는 않으며, 이 위협을, 말하자면, 언어 유희 안에 감싸 버림으로써, 실제로 피를 뽑아내지는 않는다. 보들레르는 연습용 검[35]으로 검술을 하려고,[36] 시간 속에 멈춘 것처럼 보인다――왜냐하면 누가 그저 각운에 상처 입을 수 있겠는가? 그럼에도, 보들레르에 의해 연습된 시적인 삼감은 야우스에 의해 연습된 미학적 삼감과 완전히 다르다. 왜냐하면 단어 유희는, 우리 모두가 외설적인 농담에서 잘 알듯, 적격을 지키기는커녕, 보들레르가 풍기 단속 경찰의 주의를 끄는 지점까지 적격 없이 지냈던 것과 마찬가지로, 아주 쉽게 적격을 없애 버리기 때문이다. 단어 유희가 없애지 못하는 것은, 적격(고전적이고 미학적인 개념)과 달리, 단어 유희는 언어적 찌름[37]이지 실제 타격이 아니기 때문에, 그것

---

35) [역주] 일어판(138쪽)에 "금속박"으로 오역되어 있는 "foil"은 여기서 "연습용 검" 혹은 "플뢰레"를 뜻한다.

36) "Über einige Motive bei Baudelaire," in *Illuminationen*, 210쪽에서 벤야민은 보들레르의 《악의 꽃》 중 또 다른 시(《태양》)의 행을 인용한다.

나는 홀로 간다, 환영적 검술을 연습하러,
거리 구석구석에서 각운의 위험을 냄새 맡으며…

Je vais m'exercer seul à ma fantasque escrime,
Flairant dans tous les coins les hasards de la rime…

[역주] 이 원주에서 드 만은, 영어 번역 없이 프랑스어 원문만 인용하고 있다. 국역본 번역을 병기한다. "나는 홀로 간다, 환상의 펜싱술 연마하러, / 거리의 구석구석에서 우연의 운율을 냄새 맡으며"(《보들레르의 몇 가지 모티브에 관해서》, 《발터 벤야민의 문예 이론》, 129쪽); "나는 홀로 간다, 환상의 검술을 닦으러, / 거리 구석구석에서 우연의 운율을 맡아내며"(《태양》, 《악의 꽃》, 213쪽).

37) [역주] 다른 곳에서 드 만은 언어를 검술 시합에 비유한 바 있다. "언어는 항상 찌르기는 하지만 결코 득점하지는 못한다. 언어는 항상 지시하기는 하지만 결코 올바른 지시물을 지시하지는 못한다"("Aesthetic Formalization: Kleist's *Über das Marionettentheater*," in *The Rhetoric of Romanticism*, 285쪽). 또 본서에 수록된 〈대화와 대화주의〉에서 저자와 독자의 관계를 검술 시합에 비유하고 있는 대목을 보라.

자신을 비유적으로 여겨질 수 있게 하지만, 그러는 가운데, 그것이 시늉만 하거나 예시(豫示)만 하려는 듯싶은 것을 수행하게 길을 열어 놓는 진술의 애매성이다. 부셰/데부셰 허위 각운은 하나의 비유, 즉 하나의 유음이의(paronomasis)이다. 그러나 우리가 H. R. 야우스의 도움으로, 그것이 그렇다는 것을 알아차리고 인식하게 된 후에야, 화가(또한 도살자인 화가)의 실제 손에 의해 생산된 허구에 태생적인 실제 위협이 드러난다. 이는 더 이상 미학적인 구조가 아니라 시적인 구조를 서술하는 것으로, 이 시적인 구조는 벤야민이 "의미"와 "의미를 생산하는 장치"의 불합치로 확인했던 것 혹은 니체가 행복주의적 판단은 인식의 불충분한 "표현 수단"이라고 역설할 때 염두에 두었던 것과 관계있는 구조이다. 이 시적인 구조(미학적인 구조와 구별되는 시적인 구조)는 텍스트 속의 진술이 비유로 여겨져야 하는지 아니면 문자 속에서(à la lettre) 여겨져야 하는지를 결정할 필요성과 관계있기 때문에, 수사학에 관계한다. 이 특정한 사례에서 야우스는 언어의 수사적 차원을 마주치게 된 것이다. 그런데 야우스가 그 자신의 발견의 면전에서 물러선 것은 의미심장하다.

그러나 야우스가 그렇게 많이 지각 있고 적실한 것들을 말할 수 있는——또 내가 그의 보들레르 해석에 관해 칭찬하고 있기도 하고 비난하고 있기도 하는 저 삼감의 흔적 없이 그가 그렇게 말하는——수사학 차원의 고찰로부터 어떻게 그가 벗어나 있다고 할 수 있겠는가? 야우스의 저술에 대한 확장된 연구는, 서문의 품격 있는 한계를 훨씬 넘어, 〈우울 II〉에 관한 논문에서 발생한 것에 유사한 무엇이 수사적 범주가 걸려 있을 때면 언제든 일어남을 보여 줄 것이다. 한 가지 단서만으로 충분할 것이다. 고전주의의 수사학에 관한 가다머와의 논쟁적 교류에서(30쪽), 고전 예술은 모방(전형적으로 아리스토텔레스적인 수사적 범주)의 수사학에 동화되어, 비모방적이고 비재현적이라고 하는 중세 및 현대 예술에 대립된다. 수사적 전의는, 의미의 맞는 이해를 가능하게 해주는 역사적인 시대 구분 체계의 토대로 봉사한다. 다시 한 번 시학적 범주와 해석학적 범주는 솔기 없이 접합되었다. 그러나 이런 단언이 그렇게 합당해 보인다면, 그건 이 단언이 엄격한 언어학적 분석의 결과이기보다는 문학사의 기성 관념에 일치하기 때문 아닌가? 모방에 대한 대안은, 가정컨대, 우의(allegory)일 것으로, 우리 모두는 우의를 중세 그리고, 적어도 벤야민 이후로, 현대 예술과 연관 짓는다. 그렇다면 우리가 야우스 자신의 읽기 모델 즉 기대 지평이 고전적인지 아니면 현대적인지 물어본다면, 그것이 전자에 속한다고 말해야 할 것이다. 왜냐하면 그것은 확실히, 모든 해석학적 체계처럼 압도적으로 모방적이기 때문이다. 만약 문학 이해가 기대 지평을 포함한다면, 문학 이해는 감각 지각을 닮아, 그러한 지각을 "모방"하는 바로 그 정도까지 맞을 것이다. 후설적 모델에 태생적인 부정성은 감각적인 것 자체 안의 부정성이지, 감각적인 것의 부정이 아니며, 감각적인 것의 "타자"는 더더욱 아니다. 모방적이지 않을 현상적 경험을 생각하기란 불가능하며, 마찬가지로 구성적 범주로서의 모방에 의존하지 않을 미학적 판단을 생각하기란——또 특히 판단이, 칸트의 경우 그렇듯, 주체의 의식으로 내면화되어 있을 때——불가능하다. 비재현적 예술이라는 개념은 그림으로부터 또 예술의 현상주의에 굳게 헌신되어 있는 그림 미학으로부터 나온 것이다. 야우스가 모방(mimesis)에 대립시키는 우의나 우의적 해석 행위(allegoresis)는 재현 미학의 고전적 현상주의에 굳게 뿌리박힌 채로 있다.

　　그러나 "우의"는 다른 함의를 가질 수 있는 버거운 용어이다. 발터 벤야민을 참조하는 것은 다시 한 번 유익할 수 있는데, 내가 인용해 오고 있는 저 보들레르에 관한 같은 논문에서 야우스가 벤야민을 언급하고 있기 때문에 더더욱 유익할 것이다. 우의를 취급하며 벤야민은, 예기해 본다면, 야우스가 헤르더 역을 맡을 논쟁에서 하만[38] 역을 맡을 것이다. 벤야민에게 우의는 상품에 가장 잘 비교된다. 우의는, 벤야민이 마르크스로부터 취한 용어로 말하듯 상품성(Warencharakter)을, 즉 "이중적 의미에서 죽음인 또 비유기적인 물질"을 지닌다. 그러나 우의의 "비유기적" 성질은, 야우스의 논평이 암시하는 것으로 보이듯(179쪽), 자연 세계의 부정 같은 것이 아니다. 벤야민에서 유기적 (organic)과 비유기적(anorganic) 사이의 대립은, 셸링의 또 횔덜린의 관념론 철학의 용어법으로부터 친숙한 유기적(organisch)과 무기적 (aorgisch) 사이의 대립 같은 것이 아니다.[39] 상품이 비유기적인 까닭은, 상품이 그저 종이 한 장으로, 증명서상의 기입이나 표기로만 존재하기 때문이다. 이 대립은 자연과 의식(혹은 주체) 사이가 아니라 언어로 존재하는 것과 언어로 존재하지 않는 것 사이에 있다. 우의가, 벤야민적 의미에서 물질적이거나 유물론적인 까닭은, 우의가 문자에, 문자의 문자주의에 의존하는 것이 우의를 상징적이고 미학적인 종합으로부터 날카롭게 잘라내기 때문이다. "우의의 주체는 문법적 주체라고만 불릴 수 있다." 이것은 벤야민으로부터가 아니라, 여전히 하이데거에게 예술 현상주의의 정전적 성경이었던, 헤겔의 《미학 강의》에서 가장 저평가된 단락 중 하나로부터 인용된 것이다.[40] 우의는

---

38) 〔역주〕 Johann Georg Hamann(1730-1788).

39) 〔역주〕 문맥상 일단 유기적·비유기적·무기적 등으로 구분하여 옮겼으나, 이 역어들이 불충분하다는 점을 밝힌다. 이 용어들이 마르크스, 벤야민, 셸링, 횔덜린 각각에서 갖는 독특한 의미는 더 섬세하게 구별되어야 한다.

40) *Vorlesungen Über die Ästhetik*(Frankfurt am Main: Suhrkamp, Theorie Werkausgabe, 1970), 13권, 512쪽.

문학 텍스트가 현상적이고 세계 정향적인 방향에서 문법적이고 언어 정향적인 방향으로 이동하는 수사적 과정을 일컫는다. 그러므로 우의는 또한 미학적 가치와 시적인 가치가 갈라서는 순간을 일컫는다. 우의가 상품처럼 그리고 미학적인 낙(樂)과 달리, 헤겔이 말한 대로 "얼음 같은 불모의"[41] 것임은 누구나 항상 알았다. 만약 그렇다면, "사후 강직의 극한까지 추구된 우의적 의도가 이 극도의 소외를 미의 현현으로 여전히 전복(umschlagen)할 수 있다"(205쪽)[42]는 야우스의 확신을 우리는 여전히 공유할 수 있는가? 미학으로의 회귀가 우의와 수사학의 언어로부터 얼굴을 돌리는 것이라면, 그것은 또한 문학으로부터 얼굴을 돌리는 일, 즉 시학과 역사의 연결 고리를 부수는 일이다.

우의에 관한 야우스와 벤야민 사이의 논쟁은, 여기서 야우스에 의해 대변되는 고전적 입장과 그것을 파멸하는──칸트의 여파 속에, 누구보다도 하만, 프리드리히 슐레겔, 키에르케고르, 니체를 포함하는──전통[43] 사이의 논쟁이다. 이 논쟁은 보들레르의 시 〈우울 II〉를 해석하는 과정에서 일어난다. 이 시는 회상(recollection; souvenir; 헤겔의 Erinnerung)으로서의 역사를 다루고 있다. 야우스의 정확하고 시사

---

41) 같은 책, 512쪽.

42) "미의 현현"(Erscheinung des Schönen)은 물론, 미학적 경험에 대한 전통적인 헤겔식 어휘이다. 보들레르의 부세/데부셰 유희에 대해 야우스가 이전에 신랄하게 관찰한 그 "뒤집다"(umkippen)라는 말은, 마치 미학적 우상이 방돔 기념비 혹은 어떤 전제 군주를 기리는 기념비이기라도 한 듯 미학적 우상의 파괴를 암시하다가, 이제 보다 더 품위 있는 "전복하다"(umschlagen)라는 말로 대체된다. 그러나 문자적으로 취하면, 상투어 umschlagen의 때리다(schlagen)가 기울다(kippen)보다 오히려 더 위협적이다.

43) 이 문맥에서 "전통"이라는 말을 사용한 것은, 반어(irony)를 나타내기 위해 우리 마음대로 쓸 수 있는 발음 구별 부호가 없다고 루소가 순진하게 한탄한 일을 우리가 공유할 수 있는 수많은 경우들 중 하나이다. 그것은 또한, 내가 야우스를 고전적 속박으로부터 자유롭지 못하다고 비난하는 듯 보일 때, 내가 애써 봤자, 내가 야우스보다 더 해방되어 있는 것은 아님을 나타낸다.

적인 읽기는, 마음의 내적 상태(우울)가 처음 외부 대상에 비교되어(2
행과 5행), 그러한 대상이라고 단언되고(6행), 자신을 대상이라 선언
하는 말하는 주체의 목소리가 된 뒤(8행), 마침내 자신이 의식을 획득
한 물질적 대상에 대해 이 주체가 돈호법으로 대화하는 관계에서 절
정에 달하는(19-20행) 방식을 조심스럽게 추적해 간다.

— 이제부터 너는 다만, 오 살아 있는 물질이여!
막연한 공포에 둘러싸인 화강암에 불과할 뿐…

— Désormais tu n'es plus, ô matière vivante!
Qu'un granit entouré d'une vague épouvante…

이 시의 결론(22-24행)에서는, "늙은 스핑크스"라는 수수께끼 같은
인물이 나타나서, 아무리 제한적이고 부정적일지언정, 노래하고 있는
것으로 말하여진다.

늙은 스핑크스…
석양의 빛에서만 노래하는.

Un vieux sphinx…
Ne chante qu'aux rayons du soleil qui se couche.

야우스는 설득력 있게 이 스핑크스가 시적 목소리의 인물과 같다
고, 또 스핑크스의 노래가 〈우울 II〉 텍스트의 생산과 같다고 확인한
다(169쪽, 170쪽). 우리는 "시의 시"⁴⁴⁾라는 낯설지 않은, 거울 같은(다

시 말해 태양적인 또 현상적인) 개념을 재발견하는데, 이 자기 지시적 텍스트는 자신의 발명을 주제화하고, 자신의 수용을 예시(豫示)하며, 미학적 인식과 쾌락으로서, 극도의 소외로부터의, 암호화된 죽음의 공포로부터의 회복을 달성한다. "진술의 불협화음은 다양한 텍스트적 층들 사이의 유음(類音)과 균형에 의해 미학적으로 조화된다"(182쪽). "성공적으로 정교화된 형식에서, 공포와 불안의 문학적 재현은 항상 이미, 미학적 승화 덕분에 극복된다"(167쪽). 미학적 승화의 약속은 더 이상의 물음을 위한 여지를 거의 남기지 않는 방식으로, 강력하게 주장된다.

그럼에도 불구하고 그 이상의 물음이 발생해야 한다는 확신은, 자신의 우울이나 비관주의나 허무주의와는, 혹은 소외를 극복할 역사적 필요성과는 거의 관계가 없다. 그것은 누구의 힘도 피할 수 없는 시적 분석의 힘에 따르는 것이다. 〈우울 II〉의 텍스트 내내 계속 남아 있는 주제적인 텍스트적 "층들" 중 하나는, 텅 빈 용기(容器)나 상자나 무덤으로서의 마음 그리고 이 용기가 혹은 이 용기에 담긴 시체가 목소리로 변형되는 것이다.

…내 슬픈 뇌.
그것은 피라미드, 거대한 지하 매장실,
공동 묘지보다 더 많은 시체가 있는 곳.
— 나는 달에게도 혐오되는 묘지,

---

44) "시의 시"(Poesie der Poesie)는 빈번히 폴 발레리와 관련하여 전개된 개념인데, 시학자로서의 발레리의 권위는 다양하고 복잡한 이유들로 독일에서 과대 평가되어 있다. 말라르메와 보들레르의 "발레리화(化)"는 해럴드 블룸의 뒤늦음(belatedness)이라는 관념이 유익한 결과가 있을 일례이다.

(…)

— 이제부터 너는 다만, 오 살아 있는 물질이여!

막연한 공포에 둘러싸인 화강암에 불과할 뿐,

흐릿한 사하라 사막 한가운데서 조는.

무관심한 세상에 버림받은 늙은 스핑크스일 뿐,

지도상에서 잊혀진, 사나운 기질로

석양의 빛에서만 노래하는.

…mon triste cerveau.

C'est une pyramide, un immense caveau,

Qui contient plus de morts que la fosse commune.

— Je suis un cimetière abhorré de la lune,

(…)

— Désormais tu n'es plus, ô matière vivante!

Qu'un granit entouré d'une vague épouvante,

Assoupi dans le fond d'un Sahara brumeux;

Un vieux sphinx ignoré du monde insoucieux,

Oublié sur la carte, et dont l'humeur farouche

Ne chante qu'aux rayons du soleil qui se couche.[45]

---

45) 〔역주〕 국역본 번역을 병기한다. "…내 서글픈 두뇌 / 그것은 피라미드, 거대
한 지하 매장소, / 공동 묘지보다 더 많은 시체를 간직하고 있는 곳. / — 나는 달빛
마저 싫어하는 공동 묘지. / (…) / — 이제부터 너는, 오, 살아 있는 물질이여! / 안
개 낀 사하라 복판에 졸며 / 막연한 공포에 싸인 화강암에 지나지 않으리; / 무심한
세상 사람들에게 잊혀지고 지도에도 버림받아, / 그 사나운 울분을 석양빛에서만 /
노래하는 늙은 스핑크스에 지나지 않으리"(〈우울〉, 《악의 꽃》, 160-61쪽).

그 변형은 마음(회상으로서의 마음)에서 피라미드 그리고 스핑크스로 이동해 가면서 일어난다. 바꿔 말하면, 그것은 이집트를 거쳐 여행하는 여정에 의해 일어난다. 헤겔의 《미학》에서 이집트는 진실로 상징적인 예술의 탄생지로, 문학적이 아니라 기념비적이고 건축적이다. 그것은 죽음을 회상하는 기억의 예술, 즉 회상(Erinnerung)으로서의 역사의 예술이다. 헤겔에서 내면화된 기억의 표징(emblem)은 파묻힌 재보나 광갱(Schacht) 혹은, 아마도 우물의 표징이다.[46] 그러나 보들레르는, 우물 은유를 좋아하면서도 "피라미드"를 쓰는데, 피라미드는 물론 이집트, 기념비, 납골당을 함축하지만, 또한 헤겔의 독자에게는, 상징에 대립되는 것으로서의 기호의 표징을 함축한다.[47] 언어와 수사학에 특정하게 관계하는 기호는, 헤겔에서, 순전한 내면적 회상 및 상상에서 사유(Denken)로의 통로를 표시하며, 실체적이고 미학적이고 그림적인 상징을 고의로 잊어버림으로써 일어난다.[48] 헤겔에 관해 들어 본 적이 없을 보들레르는 매우 유사한 것을 말하는 데 우연히도 같은 표징적 순서를 생각해 낸다.[49] 저 목 잘린 화가는 시체로서, 회상의 납골당에 누워 있고, 스핑크스에 의해, 머리와 얼굴이 있기 때문에 수사적 비유 활용의 시적 화법에서 돈호법으로 호칭될 수 있는 스핑크스에 의해 대체된다. 그러나 스핑크스는 회상의 표징이 아니라, 헤겔의 기호처럼 잊음의 표징이다. 보들레르의 시에서 그는

---

46) *Enzyklopädie der philosophischen Wissenschaften*(Frankfurt am Main: Suhrkamp, Theorie Werkausgabe, 1970), 10권, 단락 453번, 260쪽.

47) 같은 책, 단락 458번, 270쪽.

48) 같은 책, 단락 464번, 282쪽.

49) 이 우연의 일치가 헤겔과 보들레르에게 공통적인 밀교적 자료들 때문일지 모른다는 것은 이 구절을 설명해 주기보다는 모호하게 한다. 그것은 왜 이런 특정한 표징적 암호가 철학 논문에서뿐 아니라 서정시에서 "맞을" 수 있는지 독자가 생각하는 것을 흐트러뜨린다.

단지 "잊혀진" 것만이 아니라 "지도상에서 잊혀진" 것, 즉 종이 위에 인쇄되어 있기 때문에, 그 자신이 기호의 기입이기 때문에 기억에 접근 불가능한 것이다. "누가 스핑크스보다 더 맞게 말할 수 있겠는가, 나는 천 년을 산 것보다 더 많은 추억이 있다고" 야우스의 이 단언과는 반대로, 스핑크스는 결코 그런 종류의 것을 말할 수 있는 자가 아니다. 그는 의식으로부터 잘려 나간 문법적 주체, 해석학적 기능으로부터 잘려 나간 시적 분석, 우의로서의 시의 출현으로 인한 미학적이고 그림적인 "석양" 세계의 철거이다. 그가 "노래하는" 것은 결코 〈우울〉이라 제목 붙여진 시일 수 없다. 그의 노래는 승화하는 것이 아니라 잊는 것, 즉 기입에 의해, 미학적 총체가 문학적 문자의 예측 불가능한 유희로 절단되는 공포를 잊는 것이다. 우리는 야우스의 읽기의 도움 없이는 이런 이해에 도달할 수 없었을 것이다. 그의 작업은 우리로 하여금 미학적인 것과 시적인 것 사이의 관계의 수수께끼를 직면하게 하며, 그렇게 함으로써 그 이론적 물음의 엄밀성을 보여 준다.

결론: 발터 벤야민의 〈번역가의 과업〉

여기 나온 것은 1983년 2월과 3월 코넬 대학에서 행한 여섯 번의 메신저 강연 중 마지막 강연을 편집한 녹취록이다. 앞선 강연들에 대한 언급은 출간된 〈헤겔의 숭고〉 및 〈칸트에서의 현상성과 물질성〉, 또 출간 예정인 〈칸트와 쉴러〉 등의 시론들에 대한 참조로 명료해질 것이다.[1] 이 텍스트는 테이프 녹음에 기초하며 8쪽 분량의 개략적인 원고로 보충된 것이다. 파격 구문과 장황한 말은, 구두 수행과 인쇄된 텍스트 사이의 간극을 눈에 띄게 하는 것이 독자에게 끼칠 불편함보다 이득이 있다고 보이는 경우 그대로 두었다. 구두점의 경우 나는

---

1) 〔역주〕"수사학과 미학"이라는 제목으로 진행된 메신저 강연(Messenger Lectures)이 끝나고, 같은 해 12월에 드 만은 암으로 사망한다. 이 벤야민 강연에서도 언급되는 하트먼에 따르면, 당시에 드 만은 이미 "상당한 육체적 고통"을 겪고 있었으나, 이런 "개인적 역사를 포함한, '역사의 비감'을 거부"하였다(Geoffrey Hartman, "Looking Back on Paul de Man," in Lindsay Waters and Wlad Godzich, eds., *Reading de Man Reading*[Minneapolis: University of Minnesota Press, 1989], 22쪽). 말년의 드 만의 관심이 집약된 이 여섯 강연의 목차는 다음과 같다.

1. 보들레르에서의 의인주의(anthropomorphism)와 전의
2. 클라이스트의 《인형극에 대하여》
3. 헤겔의 숭고
4. 칸트에서의 현상성과 물질성
5. 칸트와 쉴러
6. 결론: 발터 벤야민의 〈번역가의 과업〉

이 중 1-2번 강연은 《낭만주의의 수사학》에, 3-5번 강연은 《미학 이데올로기》에 수록되어 있다. 이상에 대해서는 Andrzej Warminski, "Introduction," in de Man, *Aesthetic Ideology*, 23쪽, 각주 24번 참조.

구두 전달의 속도를 재생하려 애썼으며, 애매함을 열어 두는 것이 드 만의 의도보다는 내가 "확정적인" 텍스트를 내기 싫어하는 것에 더 맞았을 수 있는 때에도, 가능하면 읽기가 최소화되도록 끊었다. 드 만이 해리 존의 번역을 차용한 몇 구절을 제외하고, 인용문들은 드 만 자신이 즉석에서 번역한 것들이다. 주석은 내가 단 것이다. 테이프를 제공해 준 코넬 대학의 유리스 도서관과 크리스토퍼 핀스크에게 또 녹취록 작성을 도와 준 로저 블러드에게 감사한다.──윌리엄 주잇

　저는 처음에 이 마지막 회합을 결론과 토론에 열어 둘까 생각했었습니다. 저는 여전히 토론은 바랍니다만, 결론에 대해서는 포기했습니다. 결론을 내려고 애쓰는 것보다(이러는 건 항상 끔찍한 용두사미이지요), 우리가 이 연속 강연을 통해 관심을 가졌던 문제들에 대해 여전히 또 다른 버전, 또 다른 정식화를 갖도록 또 다른 텍스트를 이용해서, 처음부터 제가 말해 오고 있는 것을 한 번 더 반복하는 편이 가장 나아 보였습니다. 저에게 벤야민의 이 텍스트 〈번역가의 과업〉은, 아주 널리 유포되었다는 의미에서 또 이 직업에서 이 텍스트에 대해 뭔가 말한 게 없다면 사람 취급 못 받는다는 의미에서, 매우 잘 알려진 텍스트로 보였습니다. 아마 우리 대부분이 이 텍스트에 대해 뭔가 말하려고 애썼기 때문에, 제가 무엇을 할 수 있는지 보도록 하겠고요, 여러분 중 일부는 저보다 앞서 가고 있을 것이기 때문에, 저는 여러분이 갖고 있을 물음이나 제안을 기대합니다. 그래서 결론을 내리거나 매우 일반적인 진술을 하지 않고, 저는 이 특정한 텍스트에 아주 밀착해서 무엇이 나오는지를 보고 싶습니다. 제가 이 텍스트에 밀착한다고 한다면, 이 텍스트가 번역에 관한 텍스트이기 때문에, 이 텍스트의 번역서들이 필요할 것인데요──그래서 제가 이 모든 책들을 갖고 왔

는데요——왜냐하면 번역이 불가능하다고 말하는 텍스트가 있다면, 그렇게 말하는 텍스트가 번역될 때 무슨 일이 생기는지 보는 게 아주 좋기 때문입니다. 그리고 이 번역서들은 제가 가졌을 기대를 넘어, 여러분이 잠시 후에 보시겠지만, 번역이 불가능하다는 것을 훌륭하게 확인시켜 주고 있습니다.

그럼에도 불구하고 저는 이 텍스트를 일종의 얼개 안에, 역사적인 얼개 안에 놓았습니다. 역사의 문제는 빈번히 제기되기 때문에, 저는 이 텍스트를 역사적인 혹은 사이비 역사적인 얼개 안에 위치시키고 나서 거기서부터 움직이는 게 좋으리라 생각했습니다. 따라서 저는 역사와 역사학에 재발되는 문제 즉 현대성의 문제로부터 출발합니다. 이 문제에 대한 서론으로 저는 독일 철학자 가다머의 작은 논문을 이용하겠는데, 가다머는 《현대성의 양상》이라는 논문집에, 여러 해 전에 〈20세기의 철학적 토대〉라는 흥미로운 논문을 기고했습니다. 가다머는 20세기 철학에서 행해지고 있는 것이 전에 행해지고 있었던 것과 본질적으로 다른가, 만약 그렇다면 20세기의 철학적 사변에서 현대성에 대해 말한다는 것이 말이 되는가 하는 좀 순진하지만 확실히 적실한 물음을 던집니다. 그는 주체 개념에 대한 비판적 관심을 일반적 주제로, 근래 철학의 일반적 기획으로 발견합니다. 아마 요즘은 이런 말을 하지 않겠고, 그래서 아마 이 논문은 약간 낡아 보이겠지만, 그래도 그것은 여전히 적실합니다. 그런 뒤 가다머는, 주체 개념 비판이 현재 철학에 의해 다루어지고 있는 방식이 근래 철학의 선행자들에 의해——그러니까 칸트, 헤겔 등등 우리 상연이 관계해 온 저자들에서, 즉 독일 관념론 철학에서——다루어졌던 방식과 본질적으로 다른지를 묻습니다. 가다머는 다음의 문장을 쓰고 있는데, 이것이 우리의 출발점입니다.

20세기에 시도되고 있는 주체 개념 비판은 뭔가 다른 것, 독일 관념론 철학의 성취를 그저 반복하는 일과는 다른 것인가——그리고 우리의 경우, 비할 바 없이 덜한 추상의 힘으로 또 이전의 움직임을 특징지었던 개념적 힘이 없이 비판하고 있음을 인정해야 하지 않는가?[2]

우리가 하고 있는 것이 반복에 불과한 것인가? 그리고 그는 놀라운 답변을 합니다. "그렇지 않다." 우리가 정말로 하고 있는 것은 뭔가 새로운 것, 뭔가 다른 것이고, 우리는 현대 철학자들이라는 주장을 할 수 있다는 겁니다. 그는 우리가——현대 철학자들이——그가, 가다머가——그의 선행자들보다 앞서 있는 세 가지 항목을 발견하고, 이 세 가지 진보를 감소된 순진성이라 특징짓습니다. 우리가 헤겔이나 칸트를 돌아본다면, 우리가 지금은 넘어선 순진성이 확실히 이들에게 있는 것처럼 보입니다. 가다머는 순진성의 세 유형을 구분하며, 이를 정립(Setzen; positing)의 순진성, 반성의 순진성, 개념의 순진성이라 부릅니다.

아주 간단히, 첫 번째 것, 즉 어떤 "정립의 순진성"이 뜻하는 바는, 주체 문제와 관련하여, 우리가 순수한 지각과 순수한 선언적 담론에 대해 발전시킬 수 있었던 비판입니다. 주체가 자신의 발화를 지배하지 못함을 우리가 더 잘 안다는 점에서, 주체가 자신의 담론을 정말로 제어한다고 가정하는 게 순진함을 우리가 더 잘 알고 있다는 점에

---

2) *Aspekte der Modernität*(Göttingen: Vanderhoeck & Ruprecht, 1965), 77-100쪽에 실렸던 이 독일어 텍스트는 가다머의 *Kleine Schriften*(Tübingen: J. C. B. Mohr, 1967), 1권, 131-48쪽에서 가장 쉽게 찾아볼 수 있다. 이 텍스트의 영어 번역은 가다머의 논문을 모은 *Philosophical Hermeneutics*, trans. David E. Linge(Berkeley: University of California Press, 1976), 107-29쪽에서 볼 수 있다. *Kleine Schriften*, 1권, 141쪽 및 *Philosophical Hermeneutics*, 119쪽 참조.

서, 그렇지 않음을 우리가 안다는 점에서 지금 우리는 헤겔보다 앞서 있다는 것입니다. 그렇지만 가다머는 이 점을 약간 한정합니다. 즉 그럼에도, 이해는 어느 정도로는 해석학적 과정에 의해 우리에게 가능한 것으로, 여기서 이해는 역사적 과정에 의해, 이해가 이해 자신에 관해 해놓았던 전제를 따라잡을 수 있다고 말입니다. 우리는 하이데거의 제자 가다머가 해석학적 순환 관념을 발전시킨 것을 보는데요, 여기서 주체는 자신의 발화에 맹목이지만, 그럼에도 이 맹목의 역사성을 알고 있는 독자는 이 특정한 해석학적 패턴에 의해 그 의미를 회복할 수 있고, 텍스트에 대한 어느 정도의 제어를 회복할 수 있습니다. 이런 이해 모델은, 가다머의 의미에서 하이데거 해석학이 헤겔 해석학에 앞서 있다고 말할 수 있을 바로 그 정도까지, 헤겔 모델에 앞서 있습니다.

그 다음 가다머는 "반성의 순진성"에 대해 말하며, 첫 번째 것에서 이미 정립된 것을 더 발전시킵니다. 즉 그는 이제, 개인적 자기 반성에는 접근 가능하지 않은 방식으로, 이해의 역사성의 가능성을 단언합니다. 어떤 의미에서 헤겔은 충분히 역사적이지 않았다고, 즉 헤겔에서는 바로 주체 자체가 너무 자신의 이해의 기원인 반면 이제 우리는 자기와 자기의 담론 사이의 관계의 어려움을 더 잘 알고 있다고 합니다. 첫 번째 진보에서 가다머가 하이데거의 공헌을 언급한 데 비해, 여기서 가다머는 가다머 자신의 공헌을 많이 언급하는데요 이해를(상당한 정도로 가다머로부터 나온, 나중의 수용 미학이 발전시키듯), 독자가 텍스트와 독자 자신 사이에 일어나는 움직임의 역사성을 알게됨으로써 텍스트에 대한 이해를 획득하는, 저자와 독자 사이의 과정으로 보아, 이해 관념을 역사화한 것 말입니다. 여기서 가다머는 또한 뭔가 새로운 것이 요즘 진행 중이고, 참으로, 수용에 대한 강조, 읽기에 대한 강조가 근래 이론에 특징적이며 새로운 것이라 주장될 수 있다고 주장합니다.

마지막으로, 가다머는 "개념의 순진성"에 대해 말하는데, 여기서 철학적 담론과, 일상 담론이나 공통 언어의 영역에 더 관계하는 수사적 및 여타 장치 사이의 관계는, 칸트와 헤겔에서 비판적으로 검토되고 있지 않았다는 것입니다. 우리는 이런 예를 어제, 칸트가 박진법 문제를 제기하여 우리 자신의 철학 담론에 있는 은유 사용을 알게 되도록 할 때 언급했습니다.[3] 적어도 칸트에 의해 언급되었던 그리고 헤겔에 의해 훨씬 덜 언급되었던, 이런 물음의 유형이 이제 훨씬 더 발전했다는 것입니다. 가다머는 비트겐슈타인을, 또 간접적으로 니체를 언급합니다. 가다머의 말에 의하면, 우리는 더 이상 개념 언어와 일상 언어가 분리 가능하다고 생각하지 않는다는 것입니다. 우리는 이제 언어의 문제틀에 대한 개념이 있으며, 이 개념은 어느 정도까지 철학 언어가 일상 언어에 여전히 의존하는지 또 철학 언어가 일상 언어에 얼마나 가까운지 본다는 점에서 덜 순진하다는 것입니다. 이것이 가다머가 시사하며 이상 세 가지 지적으로 상술한 현대성입니다.

자, 이것은 그 비판적 조망에서 어느 정도까지는 칸트적이지만, 여전히 아주 헤겔적인 모델입니다. 비판적 부정에 의해——어떤 긍정적 관계의 부정과 새로운 의식의 획득을 함의하는 비판적 검토에 의

---

3) 〔역주〕 다섯 번째 메신저 강연 〈칸트와 쉴러〉를 가리킨다. 수사학에서 "박진법"으로 번역되는 "hypotyposis"는 그리스어로 "사생(寫生)"이나 "윤곽"을 뜻하며, 칸트의 《판단력 비판》의 단락 59번에서 거론된다. 드 만에 따르면, "칸트가 박진법이라 부르는 것"은 "순수하게 지적인 개념을 감각적 요소로 나타내는 일의 어려움"으로, "칸트에게는 확실히 이해에 문제이고, 철학 담론을 다시 위협하는 아주 어려운 문제"이다("Kant and Schiller," in *Aesthetic Ideology*, 153쪽). 이에 대한 상론으로는 Rei Terada, "Seeing Is Reading," in Marc Redfield, ed., *Legacies of Paul de Man*(New York: Fordham University Press, 2007), 169쪽 이하 참조.

해——어떤 모름이나 순진성을 극복하는 것으로서의 현대성이라는 도식 혹은 개념은, 어떤 문제틀을 극복하거나 갱신한다고 주장하는 새로운 담론의 확립을 가능하게 합니다. 이 패턴은, 의식의 발전이 항상 어떤 순진성의 일종의 극복으로서, 그리고 또 다른 수준으로의 의식의 상승으로서 보여진다는 의미에서 아주 전통적으로 헤겔적입니다. 이것이 전통적으로 헤겔적이라는 것은, 이것이 헤겔에 있다는 뜻이 아니라, 헤겔이 학교에서 가르쳐지고 있는 방식으로의 헤겔에 있다는 뜻입니다. 참으로 가다머는 자신의 논문을 헤겔에 대한 언급으로 마칩니다.

헤겔이 기독교 정신 전통으로부터 빌려 온 정신 개념은 여전히 주체 및 주체적 정신을 비판하는 토대이며, 이 비판은 후기 헤겔적인 시대, 다시 말해 현대의 주요 과업으로 나타난다. 자아의 주체성을 초월하는 이 정신(Geist) 개념은, 점점 더 근래 철학의 중심으로 서 있는, 언어 현상에서 그 진정한 거처를 발견한다.[4]

근래 철학은 헤겔적 방법(démarche)을, 헤겔적 변증법을, 보다 세부적으로는, 언어 문제에 집중시킴으로써, 헤겔 차원에서 헤겔을 넘어가는 문제라는 것입니다. 이런 방식으로 현대성은 여기서 언어적 차원에 보다 집중한 헤겔주의로 정의됩니다.

가다머가 여기서 주창한 비판적이고 변증법적이고 비본질주의적인

---

4) *Kleine Schriften*, 1권, 148쪽 및 *Philosophical Hermeneutics*, 128쪽 참조. 앞의 책으로부터의 인용은 "148쪽"인데, 《이론에 대한 저항》 원서(104쪽) 및 일어판(211쪽) 모두에서 "141쪽"으로 오기되어 있다. 드 만의 이 논문이 처음 발표된 *Yale French Studies* 69호(1985), 29쪽 참조.

(공통 언어가 감안되고 있으므로 어느 정도까지는 실용적이기 때문에) 현대성 개념을, 벤야민의 언어에 관한 텍스트 〈번역가의 과업〉과 비교해 보면, 첫 눈에는, 벤야민이 아주 퇴행적으로 보일 것입니다. 벤야민은, 가다머에 의해 비난된 순진성으로 퇴보하는 것처럼 보일 방식으로, 메시아적이고, 예언자적이고, 종교적으로 메시아적으로 보일 것입니다. 참으로 벤야민은 바로 이런 이유로 비판된 바 있습니다. 그러한 퇴보는 실제로 칸트, 헤겔, 관념론 철학의 단계보다도 훨씬 더 이전 단계로 돌아가는 것일 겁니다. 여러분이 벤야민의 텍스트에서 받는 첫인상은 메시아적이고 예언자적인 선언의 인상이며, 이는 헤겔에서 가다머에 이르기까지 현대성의 정신으로 추켜세워지는 차가운 비판 정신과 아주 동떨어져 보일 것입니다. 참으로 이 텍스트를 읽을 때 여러분은 메시아적 어조에, 즉 신성한 언어를 반향하는 인물로서의, 거의 신성한 인물로서의 시인의 형상에 놀랄 것입니다. 이 텍스트 안의 개별 시인들에 대한 모든 언급이 이를 잘 증명해 줍니다. 언급되고 있는 시인들은, 시의 성직적(聖職的)인, 거의 사제 같은, 영적 기능과 연관되는 시인들입니다. 이는 횔덜린, 게오르게, 말라르메 등등에 해당되며, 이들은 모두 이 시론에 아주 많이 존재합니다.

　(제가 게오르게를 언급하고 있기 때문에 말씀드리는데요, 우리는 게오르게의 존재를 알고 있지요——지금은 그 의의를 많이 상실한 이름입니다만, 당시에 독일에서는 여전히 가장 중요하고 중심적인 시인으로 여겨졌는데요, 물론 벤야민의 텍스트가 씌어졌던 1923년인가 1924년에는 이런 평가가 이미 끝을 향해 가고 있었지만요. 예컨대 벤야민은 이 텍스트의 말미에서 게오르게의 제자 판비츠[5]를 인용합니다. 또 벤야민은 게오르게를 적실한 방식으로 언급합니다. 즉 게오르게에서는, 다시, 일종의 예언자로서의, 일종의 메시아적 형상으로서의 시인에 대한 주장이 있다

고 말입니다——게오르게는 이런 주장으로 장난을 치는 것이 아니고, 적어도 자기 자신을 베르길리우스와 단테가 하나로 합쳐진 인물로, 필요하다면 그 이상의 인물로 봅니다——그러므로 게오르게는 시인의 역할에 대해, 부수적으로 자기 자신에 대해, 또 이에 부속되는 이득에 대해 매우 고상한 관념을 갖고 있습니다. 그러나 이런 풍조는 당시 유행하던 독일 학계의 담론에 또 시에 관한 어떤 개념에 드리워져 있습니다. 벤야민이 이 문제에 접근하는 방식에는, 적어도 피상적으로 볼 때는, 이런 풍조의 많은 반향이 있습니다. 똑같은 것이 횔덜린에 대한 언급에도 해당되는데, 당시에 횔덜린은 게오르게와 그의 집단이 발견한 시인이었고, 여기서 여러분은 횔덜린에 대한 어떤 메시아적이고 영적인 개념을 볼 수 있습니다. 많은 이런 반향을 하이데거에서도 여전히 볼 수 있는데, 하이데거는 횔덜린에 관한 자신의 논평을 결국 게오르게의 제자이며 게오르게 집단의 회원이었던, 그리고 여러분이 아는 대로, 횔덜린의 최초 편집자였던 노르베르트 폰 헬링그라트에게 헌정했습니다. 제가 이 작은 배경을 개략하는 것은——여러분에게 익숙한 것일지도 모르고, 아주 장황한 것일지도 모르겠는데——벤야민의 이 시론이 씌어진 분위기나 정황이, 신성한 것으로서의, 신성한 것의 언어로서의 시적인 것이라는 관념이, 하여간 신성한 인물로서의 시인의 형상이 보통이고 흔한 때라는 점을 보이기 위해서입니다.)

이런 것이 벤야민에 존재하는 것은 단지 반향의 형태 속에서만이 아니고, 그것은 거의 진술 자체의 일부분인 것처럼 보입니다. 신성한, 말할 수 없는 언어로서의 시라는 이 관념은 아마도 이 시론의 서

---

5) 〔역주〕 Rudolf Pannwitz(1881–1969). 《이론에 대한 저항》 원서(135쪽)의 색인에서는 "Rudolf"가 "Erwin"으로 오기되어 있다.

두에서부터 이미 그 극단적 형태를 발견하는데, 단정적인 방식으로 벤야민은, 시가 어떤 의미에서든 청중이나 독자를 향해 있는 것이라는 관념을 내버립니다. 이 구절은, 시적 해석의 문제를 독자의 관점으로부터 분석하는 수용 미학의 수호자들을 화나게 했습니다——미국에서는 스탠리 피쉬 혹은 리파테르가 어느 정도 이 노선을 따르고 있지만, 이를 가장 많이 실행하는 사람들은 물론 야우스와 야우스의 제자들입니다. 이들에게 이 시론을 시작하는 이와 같은 문장은 그야말로 욕설이나 다름없는 것입니다. 벤야민은 다음과 같은 말로 이 시론을 시작합니다.

> 예술 작품이나 예술 형식의 감상에서, 수용자에 대한 고려는 결코 생산적임을 증명하지 못한다. 어떤 공중이나 그 대표자에 대한 관계도 오도하는 것일 뿐 아니라, 심지어 "이상적" 수용자라는 개념 또한 예술의 고려에서 해로운 것인데, 왜냐하면 그것은 인간 자체의 존재와 성질만을 정립하기 때문이다. 똑같은 방식으로 예술은 인간의 신체적이고 정신적인 존재를 정립하지만, 예술 작품들 중 어느 것에서도 예술은 인간의 반응에 관심을 두지 않는다. 어떤 시도 독자에게, 어떤 그림도 관람자에게, 어떤 교향곡도 청중에게 의도된 것이 아니다.[6)]

이 시론의 서두에서 벤야민은 이런 단언에서보다 더 단정적일 수는 없을 것입니다. 여러분은 어떻게 이 구절이 콘스탄츠에서 야우스와 그 제자들을 약간의 공황 상태로 몰아넣었을지 볼 수 있는데, 이들은 이 구절이 본질주의적 예술 이론이라고 말함으로써, 이처럼 독자를 희생시키고 저자를 강조하는 것은, 이미 칸트가 독자(수용자, 관람자)에게 중요한 역할을, 저자보다 중요한 역할을 부여했기 때문에, 칸트

이전적인 것이라고 말함으로써 이 공황을 처리합니다. 그러고 나서 이 구절은 잘못된 의미에서 종교적일, 메시아적 시 개념으로 퇴행하는 사례로 제시되며, 그런 이유로 아주 많이 공격받습니다.

그러나 다른 한편, 벤야민은 또한 문학 언어에 신성한 것의 차원을 돌려 준 인물로, 그래서 현대성의 관념이 의존하는 문학의 세속적 역사성을 극복한, 혹은 적어도 상당히 세련한, 인물로 빈번히 칭송되기도 합니다. 가다머에 의해 서술된 바대로의 현대성을 신성한 것의 상실이라고, 어떤 유형의 시적 경험의 상실이라고, 그것이 원래 본질적이었던 것과의 접촉을 상실한 세속적 역사주의에 의해 대체된 것이라고 생각할 수 있다면, 우리는 잊혔던 것과의 접촉을 재확립시켜 준 데 대해 벤야민을 칭송할 수 있습니다. 심지어 하버마스에서도 이런 방향의 진술이 있습니다. 그러나 미국에 더 가까운 사람으로, 상당히 치밀하게 벤야민을 읽으며, 그 복잡함을 알고 있는, 또 복잡한 역사적 패턴을 신성한 것의 의미와 결합시킨 바로 그 방식에 대해 벤야민을 칭송하는 인물의 사례는 제프리 하트먼으로, 가장 최근의 책에서 하트먼은 다음과 같이 쓰고 있습니다.

---

6) Walter Benjamin, "The Task of the Translator," in *Illuminations*, trans. Harry Zohn(New York: Schocken Books, 1969), 69쪽. 모리스 드 강디약의 프랑스어 번역으로부터의 인용은 Walter Benjamin, *Œuvres*(Paris: Editions Denoël, 1971). 본문 괄호 안의 쪽수는 이 두 버전을 가리킨다. 쪽수가 명시되지 않은 번역은 드 만의 번역이다. 독일어 인용에 딸린 쪽수는 종이 표지 *Illuminationen*, 2판(Frankfurt: Suhrkamp, 1980)을 가리킨다. [역주] 이 부분은 드 만이 인용한 해리 존의 영어 번역으로부터 우리말로 옮겨진 것으로, 〈읽기와 역사〉에 나오는 드 만 자신의 영어 번역과 다르다. 참고로 국역본은 〈번역가의 과제〉, 《발터 벤야민의 문예 이론》, 반성완 편역(서울: 민음사, 1983), 319쪽 및 〈번역자의 과제〉, 《발터 벤야민 선집 6》, 최성만 역(서울: 길, 2008), 121쪽. 이하의 각주에서는 전자를 〈번역가〉, 후자를 〈번역자〉로 약칭한다.

희망과 파국의 이 교차대구야말로, 희망이 오직 파국으로서만——모든 것을 난파시키는 환상 혹은 욕망의 충족되지 아니한 움직임으로서만——드러나는 사태로부터 희망을 구원해 주는 것이다. 희망의 토대는 회상이 되며, 회상은 사학자와 비평가의 기능, 심지어 의무를 확인시켜 준다. 과거를 상기하는 것은 정치적 행위, 즉 우리를 특정한 힘의 이미지들에——우리를 이미지들과 동일시하도록 강제할지 모르며, 우리 안의 **"약한 메시아적 힘"**(역사 철학 테제 2번)을 주장하는 이미지들에——관여시키는 "찾기"(recherche)이다. 역사의 고정된 장소로부터 찢겨 나온 이 이미지들은 동질적 시간 개념을 파멸시키며, 현재 속으로 타오르거나 현재를 재구성한다. 《브뤼메르 18일》에서의 마르크스의 반성을 계속하며 벤야민이 쓴 바에 따르면, "로베스피에르에게 고대 로마는, 그가 역사의 연속체로부터 폭파시킨, 현재 시간(Jetztzeit)으로 충전된 과거였다. 프랑스 혁명은 스스로를 로마의 화신으로 보았다"(테제 14번).[7)]

여기서의 언급은 역사적 회상에 대한, 또 동시에 이음이 맞는, 즉 스스로를 묵시록적이고 종교적이고 영적인 개념으로 밀어넣어, 매우 유혹적이고 매우 매혹적인 방식으로 역사를 신성한 것과 합체시키는 역사적 개념에 대한 것입니다. 그것은 확실히 하트먼에게 매우 매혹적이고, 우리는 왜 그런지 이해할 수 있는데, 왜냐하면 그것이 절망의 언어, 허무주의의 언어를, 이에 동행하는 특유의 엄밀성과 함께, 그러나 동시에 희망을 제공하기 때문입니다! 그래서 여러분은 모든

---

7) Geoffrey H. Hartman, *Criticism in the Wilderness: The Study of Literature Today*(New Haven: Yale University Press, 1980), 78쪽. 〔역주〕언급된 테제 2번과 14번에 대해서는 〈역사 철학 테제〉, 《발터 벤야민의 문예 이론》, 344쪽 및 353쪽 참조.

걸 갖습니다. 비판적 지각을 갖고, 묵시록적 어조로 실행할 수 있는 가능성을 갖고, 이에 동행하는 특유의 능변을 갖습니다(왜냐하면 묵시록적 양식으로 글을 쓸 때만 정말로 흥분할 수 있기 때문입니다). 그러나 여러분은 여전히 희망으로 말할 수 있으며, 벤야민은 이런 허무주의적 엄밀성과 신성한 계시의 결합의 한 사례일 것입니다. 하트먼처럼 그러한 일에 현명하고 균형 잡힌 관점을 좋아하는 사람이 벤야민의 이 가능성을 인용하고 칭송하는 데는 이유가 있습니다. 벤야민 수용의 문제는 이 메시아적인 것의 문제에 집중되어 있고, 아주 빈번히 이런 방향에서 가장 특징적인 지표 중 하나로 인용되는 것이 바로 이 텍스트 〈번역가의 과업〉입니다.

그렇다면 우리는 이제 벤야민의 텍스트와 관련하여 가장 간단하고, 가장 순진하고, 가장 문자적일 다음의 물음을 던지고, 이 이상은 넘어가지 않을 것입니다. 벤야민은 무엇을 말하는가? 가능한 가장 즉각적인 의미에서 그는 무엇을 말하는가? 이렇게 단순한, 이렇게 불필요해 보이는 물음을 던지는 것은 부조리해 보일 수 있는데, 왜냐하면 학문하는 사람들 사이에서 적어도 무엇이 여기서 말하여지고 있는지에 관해 최소한의 동의가 있을 것이고, 그리하여 우리가 이런 진술 위에 수놓고, 입장을 취하고, 토론하고, 해석하고 등등을 할 수 있게 될 것이라고 확실히 인정할 수 있기 때문입니다. 그러나 이 텍스트의 경우, 이는 확증하기가 매우 어려운 것으로 보입니다. 확실히 이 텍스트에 가까운, 어느 정도까지 이 텍스트를 꼼꼼하게 읽어야 했던 번역가들마저도 벤야민이 무슨 소리를 하고 있는지 조금도 감을 못 잡은 것처럼 보입니다. 그런 정도가 되다 보니 벤야민이 어떤 것을 다소 일방적으로 단순히 말할 때——예컨대 무엇이 **아니**라고 말할 때——무엇**이다**와 무엇이 **아니다** 사이의 차이를 충분히 알 만큼은 적어도 독일어를 잘 아는 번역가들이 그것을 알지 못합니다! 그러고는 벤야민이 말한 것과 절대적으로 또 문자적으로 정반대의 말을 합니다. 이는 놀랄 만한데, 왜냐하면 제가 갖고 있는 두 번역가들――이 텍스트를 영어로 번역한 해리 존 그리고 이 텍스트를 프랑스어로 번역한 모리스 드 강디약――은 아주 좋은 번역가들이고, 독일어를 잘 알기 때문입니다. 해리 존을 여러분은 알 겁니다. 모리스 드 강디약은 파리 대학의 저명한 철학 교수이며, 독일어를 아주 잘 아는 아주 학식 있는 분이고, 그래서 예컨대 "나는 파리로 간다"(Ich gehe nach Paris)와 "나는 파리로 가지 않는다"(Ich gehe nicht nach Paris) 사이의 차이를 구별할 수 있어야 하는 분입니다. 이보다 더 어렵지는 않은데, 하여간 그는 이해하지 못합니다.

유명해진, 일화가 있는 한 가지 사례는 벤야민의 시론의 거의 끝부분 구절인데, 여기서 벤야민은 다음과 같이 말합니다. "텍스트가, 매개의 의미 없이, 직접 (…) 진리와 교리에 속하는 곳에서, 텍스트는 즉시 번역될 수 있다"(Wo der Text unmittelbar, ohne vermittelnden Sinn (…) der Wahrheit oder der Lehre angehört, ist er übersetzbar schlechthin)(62쪽).[8] "텍스트가, 매개 없이, 진리와 교리의 영역에 직접 관계하는 곳에서, 텍스트는, 더 이상의 곤란 없이, 번역될 수 있다"(Where the text pertains directly, without mediation, to the realm of the truth and of dogma, it is, without further ado, translatable)――텍스

---

8) 〔역주〕 이 구절은 독일어 원문으로부터, 그 다음 구절은 드 만의 영어 번역으로부터, 또 이어지는 구절은 강디약의 프랑스어 번역으로부터 각각 우리말로 옮겨진 것이다. 국역본 번역을 병기한다. "하나의 텍스트가 의미의 중계 없이 (…) 진리나 교의(教義)와 하나가 된다면 텍스트는 곧바로 번역될 수가 있을 것이다"(《번역가》, 333쪽); "그 성스러운 텍스트는 그것이 직접, 의미에 의한 매개 없이 (…) 진리 또는 가르침에 속하는 곳에서 완전히 번역할 수 있다"(《번역자》, 142쪽).

트는 즉시(schlechthin) 번역 가능하다, 그래서 텍스트를 번역하는 데 아무 문제가 없다는 말입니다. 강디약은——저는 이를 논평하지는 않겠는데요——이 비교적 단순 명쾌한 문장을 다음과 같이 번역합니다. "텍스트가, 의미의 중개 없이, 직접 (…) 진리나 교리에 속하는 곳에서, 텍스트는 순수하고 단순하게 번역될 수 **없다**"(Là où le texte, immédiatement, sans l'entremise d'un sens (…) relève de la vérité ou de la doctrine, il est purement et simplement *in*traduisible)(275쪽). 이 특정한 사례에 희극적 요소를 덧붙이는 것은, 자크 데리다가 파리에서 이 특정한 텍스트로, 이 프랑스어 번역본을 이용해 세미나를 하고 있었던 일입니다——데리다는 독일어를 꽤 잘합니다만 이 프랑스어 번역본 이용을 선호하는데, 프랑스에서 철학자라면 강디약을 다소간 진지하게 취하지요. 그래서 데리다는 읽기의 일부분을 "번역될 수 없는"(intraduisible) 것에, 번역 불가능성에 두고 있었는데, 세미나에서 누군가가(저는 그렇게 들었습니다) 데리다에게 "번역될 수 있는"이 맞는 말이라고 지적해 주었다고 합니다. 제가 확신하건대 데리다는 그게 같은 말이라고 설명해 줄 수 있었을 것입니다…. 궁극적 의미에서는 그게 같은 말**이다**라는 뜻입니다만, 그래도 추가적 설명 없이는 같지 않습니다. 이것은 한 사례이고, 우리는 곧 이 텍스트에 대해 제기할 문제들에 보다 밀접한 다른 사례들을 보게 될 것입니다.

　왜, 이 텍스트에서, 우선, 번역가가 전범적인 인물입니까? 왜 번역가가, 이 텍스트가 던지는 시적 언어의 성질에 대한 아주 일반적인 물음과 관련하여 예시됩니까? 이 텍스트는 시학인데, 시적 언어의 이론인데, 왜 벤야민은 시인들에게 가지 않습니까? 혹은 어쩌면 독자에게, 혹은 수용 모델에서처럼 시인—독자 쌍에게 가지 않습니까? 그리고 벤야민이 어쨌든 수용이라는 관념에 아주 부정적이니까, 저자—독자 쌍과 저자-번역가 쌍 사이에 어떤 본질적 차이가 있습니까? 어느 정도까지는, 명백한 경험적 답변을 할 수는 있습니다. 알다시피 이 시론은 벤야민 자신이 보들레르의 《파리 풍경》을 번역한 책의 서문으로 씌어진 것입니다. 벤야민이 번역가라는 인물을 선택한 것은 단지 과대망상증에서 나온 일인지 모릅니다. 그러나 그렇지 않습니다. 그가 시인보다 번역가를 취한 이유들 중 하나는, 번역가가 정의상 실패하기 때문입니다. 번역가는 원문이 한 것을 결코 할 수 없습니다. 어떠한 번역도 원문과의 관계에서 항상 부차적이고, 번역가 자체도 처음부터 패배합니다. 번역가는 정의상 박봉을 받는, 정의상 과다 노동을 하는, 정의상 역사가 동급으로 정말로 간직하지 않을 사람입니다——우연히 시인이기도 하지 않다면 그런데요, 항상 그렇지는 않습니다. 이 텍스트가 〈번역가의 과업 Die Aufgabe des Übersetzers〉이라 불린다면, 우리는 이 제목을 다소간 유의어 반복으로 읽어야 합니다. 즉 과업(Aufgabe)은 또한 포기해야 하는 사람을 뜻할 수 있습니다. 여러분이 투르 드 프랑스 대회에 참가하다가 포기한다면, 그게 포기(Aufgabe)입니다——"그는 포기했다"(er hat aufgegeben), 그는 더 이상 경주를 계속하지 않는다는 말입니다. 이 제목은 그런 의미에서 또한 번역가의 패배, 포기입니다. 번역가는 거기 원문에 있던 것을 재발견하는 과업과 관련하여 포기해야만 합니다.

그렇다면 물음은 왜 원문과, 원작 시인과 관련된 이 실패가 벤야민에게 전범적인가 하는 것이 됩니다. 물음은 또한 어떻게 번역가가 시인과 다른가 하는 것이 되는데, 여기서 벤야민은 번역가가 시인 및 예술가와 같지 않다, 본질적으로 다르다라고 단정적으로 단언합니다. 이것은 이상한 이야기, 상식에 반하는 이야기인데, 왜냐하면 우리는 좋은 번역가에 필요한 일부 자질이 좋은 시인에 필요한 자질에 유사하다고 가정하기 때문입니다(명백히 그렇습니다). 이는 그렇다고 그들이 똑같은 일을 한다는 뜻은 아닙니다. 이런 단언은 아주 주목할 만하고, 어떤 면에서 아주 충격적이어서, 여기서 다시 저 번역가는(모리스 드 강디약은) 이것을 알지 못합니다. 벤야민은 말합니다(존의 영어 번역으로). "비록 번역이, 예술과 **달리**, 그 생산물에 대한 영속성을 주장할 수는 없지만…"(Although translation, *unlike* art, cannot claim permanence for its products…)(75쪽). 같은 구절을 강디약은 이렇게 번역합니다. "그래서 번역은, 그 생산물의 지속에 대한 요구를 할 수 없으며, 이 점에서 예술을 **닮지 않은 건 아닌** 것이지만…"(Ainsi la traduction, encore qu'elle ne puisse élever une prétention à la durée de ses ouvrages, et en cela elle *n'est pas sans ressemblance* avec l'art…)(267쪽). 원문은 전혀 애매하지 않습니다. "번역은 또한, 그 형상물의 영속성에 대한 요구를 할 수 없으며 이 점에서 예술을 **닮지 않은 것**이지만"(Übersetzung also, wiewohl sie auf Dauer ihrer Gebilde nicht Anspruch erheben kann und hierin *unähnlich* der Kunst)(55쪽).[9] 여러분이 이런 진술을 텍스트에서 마주칠 때, 이것은 아주 놀랍고, 상식에 아주 반하는 것이라서, 지적이고 학식 있고 신중한 비평가도 이것을 알 수 없으며, 벤야민이 무슨 말을 하는지 알 수 없습니다. 존은 이것을 알았습니다——하지만 존은 다 맞게 이해했고, 강디약은 다 틀리게 이해했다는 인상을 갖지는 마세요——기본적으로는, 결국은 강디

---

9) 〔역주〕 이 구절은 독일어 원문으로부터 우리말로 옮겨진 것이다. 참고로 《이론에 대한 저항》 원서(81쪽) 및 일어판(166쪽) 모두에서 "und"가 "and"로 오기되어 있다. 이 구절의 국역본 번역을 병기한다. "그러니까 번역은 예술과는 달리 언어적 형상체의 지속성에 대한 요구를 할 수는 없지만"(《번역가》, 325쪽); "따라서 번역은 그것이 자신의 형상물의 지속성에 대해 요구를 제기할 수 없고, 이 점에서 예술과는 다르다고 할지라도"(《번역자》, 131쪽).

약이 존보다 좀 앞서 있다고 저는 생각합니다.

하여간 벤야민에게는 번역가와 시인 사이의 날카로운 구별이 있습니다. 좋은 번역가가 좋은 시인일 필요는 없습니다. 최고의 번역가들 중 몇몇은——벤야민은 포스(호메로스의 번역가), 루터, 슐레겔[10]을 언급하는데——아주 빈약한 시인입니다. 번역가이기도 한 시인들도 좀 있는데, 벤야민은 횔덜린, 또 보들레르를 번역한 게오르게 등을 언급합니다——게오르게는 단테도 번역했지만 주로 보들레르를 번역했고, 그래서 벤야민은 게오르게에게 가깝습니다. 그러나 이어서 벤야민은, 그들이 위대한 번역가인 것은 그들이 위대한 시인이기 때문이 아니라고, 즉 그들은 위대한 시인이고 **그리고** 그들은 위대한 번역가라고 말합니다. 그들은 순수하게, 하이데거가 횔덜린에 대해 말할 것이듯, 시인 중의 시인(Dichter der Dichter)이 아니라 시인 중의 번역가(Übersetzer der Dichter)이며, 그들이 또한 번역가이기 때문에 시인을 넘어 있습니다.

루터, 포스, 슐레겔 같은 몇몇 가장 뛰어난 인물들은 창작가로서보다는 번역가로서 비할 바 없이 더 중요하다. 횔덜린과 슈테판 게오르게 같은, 이들 중 위대한 인물들은 단순히 시인으로 포함될 수 없으며, 우리가 이들을 번역가로 생각한다면 아주 특히나 아니다.[11] 번역이 고유

---

10) 〔역주〕 여기서 슐레겔은 아우구스트 슐레겔이다(〈번역자〉, 133쪽 참조).

11) 〔역주〕 "우리가 이들을 번역가로 생각한다면 아주 특히나 아니다"(and quite particularly not if we consider them as translators)라고 해리 존이 번잡하게 번역한 이 부분의 원문은, 간단히, "특히나 번역가로서도 아니다"(Zumal nicht als Übersetzer)이다. 보다 쉽게 옮긴 국역본 번역을 병기한다. "그렇다고 그들을 번역가로 규정하기는 더욱더 힘든 노릇이다"(〈번역가〉, 327쪽); "그렇다고 번역가로 취급할 수는 없다"(〈번역자〉, 133쪽).

한 양식이듯, 번역가의 과업 또한 시인의 과업과 구별되고 분명히 차별화된 것으로 여겨질 수 있다. (존의 영어 번역, 76쪽)

번역가의 상황과 시인의 상황의 차이에 관해 우선 떠오르는 것은, 시인은 의미에, 즉 순수하게 언어의 영역 안에 있는 것은 아닌 진술에 관계가 있다는 점입니다. 시인이 뭔가 말해야 한다는 것은, 꼭 언어에 관계된 것은 아닌 의미를 전해야 한다는 것은 시인의 순진성입니다. 원문에 대한 번역가의 관계는 언어와 언어 사이의 관계이며, 여기서 의미의 문제 혹은 뭔가를 말하고자 하는 욕망은, 진술을 해야 할 필요는 완전히 부재합니다. 번역은 언어에서 언어로의 관계이지, 모사되고 환언되거나 모방될 수 있을 언어 외적 의미로의 관계가 아닙니다. 시인은 그렇지 않습니다. 하지만 시는 확실히 환언, 설명, 해석, 또 그런 의미에서 모사가 아닙니다. 그게 이미 첫 번째 차이입니다.

번역이 어떤 근본적인 방식에서 시와 같지 않다면, 벤야민의 텍스트에서 번역은 무엇을 닮아 있습니까? 번역이 닮은 것들 중 하나는 철학일 터인데, 이는 모방이라는 단순한 관념에 대해, 즉 현실 상황의 모사(Abbild 모방, 환언, 복제)로서의 철학 담론에 대해 철학이 비판적인 것과 같은 방식으로 번역이 비판적이라는 점에서 그렇습니다. 철학은 우리가 아는 대로의 세계의 모방이 아니라, 이 세계에 대해 또 다른 관계를 가집니다. 비판 철학은――이는 세부적으로는 다시 칸트에 대한 언급일 것인데요――모방적인 세계 개념이라는 관념에 대해 같은 방식으로 비판적일 것입니다.

원문과 번역의 진정한 관계를 파악하기 위해서는, 비판적 인식론이 [칸트의 인식 비판(Erkenntniskritik)이 있습니다] 단순한 모방 이론의 불가

능성을 논증해 보인 사유의 양식에 그 의도가 일반적으로 유사한 반성을 우리는 시작해야 한다.[12]

칸트는 참으로 모방으로서의 예술 관념에 대해 비판적일 것입니다. 이는 어느 정도까지는 또 헤겔에게도 해당될 것인데, 왜냐하면, 바로, 여기에 개입하는 그리고 이 이미지, 이 모델을 제거해 버리는, 이 모방 개념을 파괴하고 파멸시키는 비판적인 요소가 있기 때문입니다.

번역은 또한 시 자체보다는 더 비평 같은 혹은 문학 이론 같은 것이라고 벤야민은 말합니다. 벤야민은 프리드리히 슐레겔과 또 독일 낭만주의 일반과 관련해 자신을 정의함으로써 문학 비평(문학 이론이라는 의미에서의 문학 비평)과 번역 사이의 이 유사성을 확립합니다. 여기서 예나(Jena) 낭만주의에 대한 이 역사적 언급은 비평 및 문학 이론 관념에, 이 관념이 꼭 통상 갖고 있는 것은 아닌 위엄을 부여합니다. 비평과 번역 둘 다 벤야민이 반어적이라 부르는 몸짓에 사로잡혀 있는데, 이 반어적 몸짓은 번역이나 이론화 속에서 원문에 확정적이고 정전적(正典的)인 형태를 부여함으로써 원문의 안정성을 파멸시킵니다. 이상한 방식으로 번역은, 원문이 정전적인 것보다 더, 번역 자신의 버전을 정전화합니다. 원문이 순수하게 정전적이지 않다는 것은, 원문이 번역을 요구한다는 사실에서 분명합니다. 원문은 번역될

---

12) 〔역주〕 이 부분은 드 만의 영어 번역으로부터 우리말로 옮겨진 것이며, 드 만은 자신의 번역 앞에 독일어 원문(53쪽)을 병기해 놓고 있다. 국역본 번역은 이렇다. "원문과 번역의 진정한 관계를 파악하기 위해서는, 모사론의 불가능성을 증명하고 있는 인식론 비판의 논지 비슷한 것을 한 번 생각해 볼 수 있을 것이다"(〈번역가〉, 323쪽); "원작과 번역 사이의 진정한 관계를 파악하기 위해서는 인식 비판이 모사론 (Abbildtheorie)의 불가능성을 증명하기 위해 전개하는 사고 과정과 전적으로 유사한 의도를 갖는 어떤 숙고를 해볼 수 있다"(〈번역자〉, 127쪽).

수 있기 때문에, 확정적일 수 없는 것입니다. 그러나 번역을 번역할 수는 없다고 벤야민은 말합니다. 일단 번역이 하나 있으면, 그 번역을 더 이상 번역할 수는 없습니다. 여러분은 오직 원문만 번역할 수 있습니다. 번역은 원문을 정전화하고, 동결하며, 원문 속의 처음엔 눈치 채지 못한 유동성과 불안정성을 보여 줍니다. 프리드리히 슐레겔 같은 비평가가 수행한 그리고 문학 이론 일반이 수행한 비판적 이론적 읽기 행위는――이에 의해 원작은 모방되거나 복제되는 게 아니라 어느 정도까지는 그 정전적 권위에 대한 주장을 파멸시키는 방식으로 유동화되고, 탈정전화되고, 문제화되는데――번역가가 수행하는 것에 유사합니다.

마지막으로 번역은 역사 같은데, 이건 가장 이해하기 어려운 것일 것입니다. 이 텍스트의 가장 어려운 구절에서 벤야민은, 역사가 어떠한 종류의 자연적 과정과의 유비에 의해서도 이해되어서는 안 되는 정도까지, 번역은 역사 같다고 말합니다. 우리는 역사를, 성장과 운동의 자연적 과정을 닮은 어떤 것처럼, 성숙이나 유기적 성장이나 심지어 변증법으로 생각해서는 안 된다는 것입니다. 우리는 역사를 오히려 역방향으로 생각해야 합니다. 즉 우리는 역사를 자연적 변화의 관점에서 이해하기보다는 자연적 변화를 역사의 관점에서 이해해야 합니다. 성숙이 무엇인지 이해하고 싶다면, 우리는 성숙을 역사적 변화의 관점에서 이해해야 합니다. 같은 방식으로, 번역과 원문의 관계는 형식적 유비에 의해 닮음이나 파생 같은 자연적 과정과의 유비로 이해되어서는 안 됩니다. 오히려 우리는 원문을 번역의 관점에서 이해해야 합니다. 이 역사적 패턴을 이해하는 것은 이 특정한 텍스트를 읽는 데 부담일 것입니다.

이제까지 언급된 이 모든 활동들――비판적 인식론으로서의 철학,

(슐레겔이 하는 방식으로의) 비평과 문학 이론, 비유기적 과정으로 이해된 역사 등등——은 이것들 자체가 원래적 활동들로부터 파생된 것입니다. 철학은 지각으로부터 파생되지만, 지각의 진리 주장을 비판적으로 검토하기 때문에 지각과 다릅니다. 비평에 선행하는 시 없이는 비평이 생각될 수 없기 때문에 비평은 시로부터 파생됩니다. 역사는 이미 발생한 행위에 반드시 뒤이어 일어나기 때문에 역사는 순수한 행동으로부터 파생됩니다. 원래적 활동들로부터 파생된 것이기 때문에 이 모든 활동들은 따라서 독특하게 비결론적이고, 실패하고, 어떤 의미에서는 시작부터 유산되는데, 왜냐하면 이 활동들이 파생적이고 부차적이기 때문입니다. 그럼에도 벤야민은 이 활동들의 파생 모델이 닮음이나 모방 모델이 아니라고 역설합니다. 이 파생 모델은 자연적 과정이 아닙니다. 번역은 아이가 부모를 닮는 식으로 원문을 닮지 않으며, 번역은 원문의 모방도 모사도 환언도 아닙니다. 이런 의미에서 번역은 닮음이 아니기 때문에, 모방이 아니기 때문에, 번역은 은유가 아니라고 말하고 싶은 유혹이 들 것입니다. 번역은 원문의 은유가 아니라고 말입니다. 그럼에도 불구하고 번역을 뜻하는 독일어 "번역하다"(übersetzen)는 은유(metaphor)를 뜻합니다. 독일어 "번역하다"는 "옮겨 두다"(to move over; übersetzen; 날라 놓다 to put across)를 뜻하는 그리스어 "은유"(metaphorein)를 그대로 번역한 것입니다. "번역하다"는 은유를 **번역**한 것이라고 말해야 하는데——이는 전혀 같지 않다고 벤야민은 단언합니다. 번역은 은유가 아니지만, 번역이라는 단어는 은유를 뜻합니다. 은유는 은유가 아니다라고 벤야민은 말하고 있습니다. 이러니 번역가가 어려움을 겪는 것도 놀랄 일이 아니지요. "번역하다"가 은유적이 아니라고, "번역하다"가 닮음에 기초하지 않는다고, 번역과 원문 사이에는 닮음이 없다고 말하는 것은 이상한 가정

입니다. 놀랍게 역설적인 진술로, 은유는 은유가 아닙니다.

이 모든 활동들——비판 철학, 문학 이론, 역사 등등——은, 이것들을 파생시킨 것을 닮지 않는다는 사실에서, 이것들 서로서로 닮아 있습니다. 그러나 이것들은 모두 언어 내적입니다. 즉 이것들은 원문[원래적인 것]에서 언어에 속하는 것에 관계하지, 환언과 모방이 가능한 언어 외적 상관자로서의 의미에 관계하지 않습니다. 이것들은 원문을 탈구시키고 파멸시키며, 원문이 항상 이미 탈구된 것임을 드러냅니다. 이것들은 원문과 관련하여 부차적이라는 사실로 인해서인 듯한, 이것들의 실패가 본질적 실패——즉 원문에 이미 거기 있던 본질적 탈구——를 드러낸다는 것을 드러냅니다. 이것들은 원문이 이미 죽은 것임을 발견함으로써 원문을 죽입니다. 이것들은 원문을 순수 언어(reine Sprache)의 관점에서 읽는데, 이 순수 언어는 의미의 환상이 전혀 없는, 그렇게 말하고 싶다면 순수 형식입니다. 그렇게 함으로써 이것들은 처음부터 원문에 이미 거기 있던 절단을, 탈정전화를 드러냅니다. 벤야민이 이해한 대로의 번역 과정에서는——이는 우리 모두가 일상적 기반에서 실천하는 경험적인 번역 행위와는 거의 관계가 없는데——태생적이고 특히 위협적인 위험이 있습니다. 이런 위험의 표징은 횔덜린의 소포클레스 번역입니다.

이런 측면과 여타 중요한 측면을 확인시켜 주는 것이 횔덜린의 번역, 특히 소포클레스의 두 비극 번역이다. 이 번역에서 언어의 조화는 아주 심오하여 의미는, 아이올리스 하프가 바람에 건드려지는 식으로, 언어에 의해서만 건드려진다…. 횔덜린의 번역은 특히 모든 번역에 태생적인 막대한 위험에 처하기 쉽다. 이처럼 확대되고 변용된 언어의 관문은 세차게 닫혀 번역가를 침묵으로 가둬 놓을 수 있다. 횔덜린의 소포클레스 번역은 그의 마지막 작업이었고, 여기서 의미는 심연에서 심연으로 떨어져 언어의 바닥없는 깊이에서 잃어버릴 지경이 된다. (존의 영어 번역, 81-82쪽)

번역은 원문을 탈구하는 한에서, 순수 언어인 한에서, 오직 언어에 관계하는 한에서, 벤야민이 바닥없는 깊이라 부른 것 속에, 본질적으로 파괴적인 어떤 것에 끌려 들어가는데, 이는 언어 자체에 있는 것입니다.

의미의 부담이 없는 순수 언어라는 허구나 가설을 참조하여, 번역이 하는 일은――벤야민이 "고유의 고통"(die Wehen des eigenen)이라 부른 것을, 즉 자기 고유의 것으로 생각하는 것의 고통을 드러내는 가운데――원어의 고통을 함의하는 일입니다. 우리는 우리 고유의 언어 속에서 편안하다고 생각하고, 우리 고유의 것이라 부르는 언어 속에서 아늑함과 친숙함과 안식처를 느껴, 우리가 소외되어 있지 않다고 생각합니다. 번역이 드러내는 것은 이런 소외가 우리 고유의 원어에 대한 관계에서 가장 심하다는 점, 우리가 관여되어 있는 원어가 우리에게 특정한 소외와 특정한 고통을 부과하는 방식으로 탈구되어 있다는 점입니다. 여기서 저 두 번역가 또한, 상당히 일치하여 이런 진술을 알지 못합니다. 벤야민의 텍스트는 이렇습니다. "바로 모든 형식 중에서 외국어 단어의 후숙(後熟)과 고유의 고통에 주의함이 번역에 가장 고유한 것이 된다"(dass gerade unter allen Formen ihr als Eigenstes es zufällt, auf jene Nachreife des fremden Wortes, auf die Wehen des eigenen zu merken)(54쪽).[13] 저 두 번역가는――저는 이 분들이 서신 왕래를 했을 리 없고, 우연의 일치로 이렇게 했을 것이라 생각하는데요――"고통"(Wehen)을 "산고"로, 특히 아이를 낳을 때의 고통으로 번역합니다. 강디약은 이에 아주 명시적이어서, 이를 가장 문자적이고 임상적인 방식으로 "산통"(le douleurs obstétricales)이라고 부릅니다(266쪽). 존은 "산고"(birth pangs)라고 말합니다(73쪽). 왜 이 분들이 이렇게 번역하는지는 불가사의입니다. "고통"(Wehen)은 산고를 뜻할 수 있지만, 어떤 종류의 고통이라도 정말 뜻할 수 있으며, 이는 꼭 탄생과 재탄생, 부활의 함축 없이도 그러한데, 뭔가를 생산할 때 고통을 겪기 때문에──그리고 이는 장엄한 순간으로, 고통을 기꺼이 겪으려고 할 것이기 때문에(우리가 말하는 건 특히 쉽지요) 산고라는 관념과 연관될 수는 있을 것입니다. 벤야민은 방금 "외국어 단어의 **후숙**"(*Nachreife des fremden Wortes*)에 대해 말했는데, 존은 "성숙 과정"(maturing process)이라고 다시 틀리게 번역합니다. "후숙"은 독일어로 "늦은 수확"(Spätlese 늦게 딴 흐물흐물한 포도로 만든 특히 좋은 포도주) 같은 것이며, 슈티프터의 소설 《늦여름 *Nachsommer; Indian Summer*》 같은 것입니다──그것에는 우울함이, 조금의 피로, 얻지 못한 삶, 얻지 못한 행복, 지나 버린 시간 등등의 느낌이 있습니다. "후숙"은 벤야민이 계속 사용하는 또 다른 단어, 즉 어떤 의미에서 자신의 죽음을 넘어 사는 것을 뜻하는, "살아남다"(überleben)라는 단어와 연관되어 있습니다. 번역은 원문의 생(生)에 속하는 것이 아니

---

13) [역주] 이 부분은 독일어 원문으로부터 우리말로 옮겨진 것이다. 참고로 《이론에 대한 저항》 원서(85쪽) 및 일어판(172쪽) 모두에서 "als"가 "also"로 오기되어 있다. 이 부분을 해리 존은 "that of all literary forms it is the one charged with the special mission of watching over the maturing process of the original language and the birth pangs of its own"이라고 번역한다(73쪽). 참고로 국역본 번역을 병기한다. "모든 문학 형식 중에서 원문의 언어의 성숙 과정과 그 산고를 지켜보는 하나의 문학 형식이라는 점에서"(〈번역가〉, 324쪽); "바로 모든 형식들 가운데 번역에는 [원작의] 낯선 말이 사후에 성숙하는 과정과 번역자의 언어가 겪는 출산의 고통을 감지하는 것이 가장 고유한 과제로 주어져 있다"(〈번역자〉, 129쪽).

라 원문은 이미 죽은 것이며, 번역은 원문의 후생(後生 afterlife)에 속하여, 원문의 죽음을 가정하고 확인하는 것입니다. "후숙"도 같은 순서에 속하거나 같은 것과 관계가 있습니다. 그것은 성숙 과정이 아니라, 끝나 버린 그래서 더 이상 발생하고 있지 않는 성숙 과정을 되돌아보는 것입니다. 그러니 "고통"을 "산고"로 번역한다면, "산고"만큼이나 "사고"(死苦 death pangs)로 번역해야 할 것이며, 아마도 강조점은 생보다는 죽음에 있을 것입니다.

번역 과정은, 우리가 그것을 과정이라고 부른다면, 생의 외양을 가진 변화와 운동의 과정이지만, 후생으로서의 생의 과정인데, 왜냐하면 번역은 또한 원문의 죽음을 드러내기 때문입니다. 왜 이렇습니까? 원문의 저 사고, 어쩌면 산고는 무엇입니까? 이 고통이 무엇이 아닌지를 어느 정도 말하는 것은 쉽습니다. 그것은 확실히 주체적인 고통, 어떤 종류의 자기 비감, 시인이 자신의 고통으로 표현했을 일종의 자기 비감의 표출 등등은 아닙니다. 확실히 이런 게 아닌데, 왜냐하면 벤야민은, 여기서 언급되고 있는 고통이 어떤 의미에서도 인간적인 것이 아니라고 말하기 때문입니다. 이 고통은 확실히 개인의 고통이나 주체의 고통은 아닐 것입니다. 이 또한 저 번역가들에게, 알기가 아주 힘든 것입니다. 이 구절과 직면한 존은(저는 번역가들을 내보이는 이 놀이를 그만둘 것이지만, 이 놀이는 항상 좀 재미있는데요), "그것들이 **오로지** 인간에게 속한다면"(If they are referred *exclusively* to man)이라고 번역합니다(70쪽).[14] 벤야민은 아주 분명하게 "그것들이 인간

---

14) 〔역주〕 여기서 "그것들"이란 "어떤 상관된 개념들"(certain correlative concepts)을 가리킨다(70쪽). 국역본 번역은 이렇다. "어떤 상대적 개념들은 (…) 인간들에게만 관련되지 않는 경우에만"(《번역가》, 320쪽); "특정한 상관 개념들은 (…) 오로지 인간에게만 관련되지 않는다면"(《번역자》, 123쪽).

에게 관련되지 않는다면"(Wenn sie nicht (…) auf den Menschen bezogen werden)이라고(51쪽), 즉 그것들을 인간에게 관련짓지 않는다면(if you *do not* relate them to man)이라고 말합니다. 강조점은 바로, 언급되는 고통이, 이 실패가 인간적 실패가 아니라는 데 있습니다. 그것은 따라서 어떤 주체적 경험을 지칭하지 않습니다. 원문은 이 점에서는 애매하지 않습니다. 이 고통은 또한 일종의 역사적 비감——하트먼이 역사의 비감을 발견했던 인물로 벤야민을 언급할 때 들리는 비감——이 아닙니다. 이 고통은 이런 회상의 비감——혹은 하트먼이 포착한 희망과 파국과 묵시록의 비감어린 혼합——이 아닌데, 이런 비감 같은 게 벤야민의 어조에 확실히 있기는 합니다만, 벤야민이 말하는 것에 그렇게 많이 있지는 않습니다. 이 고통은 역사의 비감이 아니며, 횔덜린에서 신의 사라짐과 신의 가능한 회귀 사이에 있는 "궁핍한 시대"(dürftiger Zeit)라 불리는 것의 비감이 아닙니다. 이 고통은 상실된 시대로서의 과거를 되돌아보고, 일어날 수도 있는 또 다른 미래의 희망을 가져 보는, 이런 종류의 희생적이고 변증법적이고 애가적인 몸짓이 아닙니다.

이 비감, 이 고통의 이유는 구체적으로 언어적인 것입니다. 이 이유를 벤야민은 상당히 언어 구조적으로 정확하게 진술합니다. 그러한 정도여서 여러분이 횔덜린에 관한 구절에서 "심연"(abyss) 같은 단어를 보게 되면, 이 "심연"이라는 단어를 우리가 액자 기법(mise en abyme 심연에 놓음) 구조에 대해 말할 때의 그 무감정하고 기술적(技術的)인 의미로 이해해야 하는데, 이 일종의 액자 기법 구조에 의해 분명 이 텍스트는 자신이 이 텍스트가 예시하는 것의 한 사례가 됩니다. 번역에 관한 이 텍스트는 자신이 번역이고, 이 텍스트가 자신에 대해 언급하는 번역 불가능성은 자신의 고유한 짜임새에 거주하고 있으며, 제가 지금 시도하고 있고 실패하고 있는 것처럼, 다음으로 이 텍스트의 번역을 시도할 어떤 사람에게도 거주할 것입니다. 이 텍스트는 번역 불가능합니다. 이 텍스트는, 시도했던 번역가들에게 번역 불가능했고, 이 텍스트에 대해 말하는 논평자들에게 번역 불가능하고, 이 텍스트가 진술하는 것의 한 사례이고, 기술적인 의미에서 액자 기법, 즉 자신의 고유한 진술인 것의 이야기 속의 이야기입니다.

벤야민이 원작의 혹은, 작품이 언어 작품인 한에서, 작품의 고통과 탈구와 와해에 대해 말하게 해주는 언어적 이유는 무엇입니까? 이에 대해 벤야민은 아주 정확히, 단 몇 줄로 우리에게 포괄적인 언어 이론에 달하는 것을 제시합니다. 괴리(disjunction)는 무엇보다 먼저 벤야민이 "의미된 것"(das Gemeinte)이라 부르는 것과 언어가 "의미하는 방식"(die Art des Meinens) 사이에, 그렇게 말하고 싶다면, 말씀(logos)과 말법(lexis)[15]——어떤 진술이 의미하는 것과 그 진술이 의미하게 의도된 방식 사이에 있습니다. 여기서 저 번역가들의 어려움은 중요한 철학적 개념을 포함하기 때문에 조금 더 흥미롭습니다. 현상학을 알고 또 현상학이 프랑스에서 우선적인 철학적 압박인 시절에 글을 쓰는 강디약은 "지향"(visée intentionelle)이라고 번역합니다(272쪽). 우리가 지금 프랑스어로 "의미된 것"과 "의미하는 방식"을 번역할 방법은, "뜻하는 것"(vouloir dire; to mean)과 "말하는 것"(dire; to say)의 구별에 의해서일 것입니다. 존은 "지향된 대상"(the intended object)과 "지향 양식"(mode of intention)으로 번역합니다(74쪽). 여기

---

15) 〔역주〕 여기서 드 만은 "lexis"를, "어휘"라는 일반적 의미가 아니라 "의미하는 방식"을 뜻하기 위해 사용하고 있다. 즉 logos가 word의 의미라면, 이 경우 lexis는 diction의 의미로 대조를 이룬다. 역자는 "로고스"와 "렉시스"의 어원 및 두운을 고려해, 다소의 어색함을 무릅쓰고 "말씀"과 "말법"으로 옮겨 보았다.

에는 현상학적 가정이 있고, 강디약은 후설을 참조하는 각주가 있습니다. 강디약과 존 모두 의미와 의미가 생산되는 방식이 지향적 행위라고 가정합니다. 그러나 문제는 바로 거기 있는데, 의미 기능이 확실히 지향적이긴 하지만 의미 양식, 즉 내가 의미하는 방식이 어떤 방식으로든 지향적인지는 선험적으로 확실하지 않습니다. 내가 의미하고자 애쓸 수 있는 방식은, 나에 의해 만들어진 것이 아닌 언어적 속성에 의존하는데, 왜냐하면 내가 사용하고 있을 장치를 위해 존재하는 대로의 언어에 나는 의존하고, 언어는 그 자체로는 역사적 존재자로서의 우리에 의해 만들어진 것이 아니며, 아마 심지어 인간에 의해 만들어진 것이 전혀 아닐 터이기 때문입니다. 처음부터 벤야민은 언어가 어떤 의미에서든 인간적인 것인지는 전혀 확실하지 않다고 말합니다. 언어를 인간과 동등시하는 것은——쉴러가 그랬듯——문제적입니다. 언어가 꼭 인간적인 것이 아니라면——우리가 법을 준수한다면, 우리가 언어 안에 기능한다면, 또 순수하게 언어적 차원에서——지향이란 있을 수 없습니다. 의미 지향이 있을지 모르겠지만, 우리가 어의나 의미와 별도로 언어를 사용할 순수하게 형식적인 방식에서 지향이란 없습니다. 양편에, 의미 행위와 의미하는 방식 둘 모두에 지향성을 두는 번역은 철학적으로 흥미로운 논점을 놓칩니다——왜냐하면 걸려 있는 것이 언어의 혹은 시적 언어의 현상학의 가능성, 즉 어떤 의미에서든 언어의 현상학일 시학을 확립할 가능성이기 때문입니다.

"의미된 것"과 "의미하는 방식"의, "뜻하는 것"과 "말하는 것"의 불일치를 어떻게 이해해야 합니까? 벤야민이 드는 예는 독일어 빵(Brot)과 프랑스어 빵(pain)입니다. 내가 빵을 명명할 필요가 있을 때, "빵"을 뜻하기 위해, 나는 Brot라는 단어가 있고, 그래서 내가 뜻하는 방식은 Brot라는 단어를 사용함에 의한 것입니다. 번역은 Brot를 명명할

지향과 Brot라는 단어의 의미 장치로서의 물질성 자체 사이에 근본적 불일치를 드러낼 것입니다. 이 텍스트에서 매우 자주 언급되는 횔덜린의 문맥에서 Brot를 듣는다면, 저는 "Brot und Wein"(〈빵과 포도주〉)[16]을 반드시 듣는데, 이 시는 이 텍스트에 아주 많이 존재하는 위대한 횔덜린 텍스트입니다――그런데 프랑스어로는 "Pain et vin"(빵과 포도주)이 됩니다. "Pain et vin"은 음식점에서, 빵과 포도주가 여전히 포함된 값싼 음식점에서 공짜로 얻는 것이고, 그래서 "Brot und Wein"과는 아주 다른 함축이 있습니다. 그것은 프랑스 빵, 바게트, 피셀, 바타르(bâtard) 등속을 떠오르게 합니다――이제 저는 Brot에서 "bastard"(사생아)를 듣습니다.[17] 이는 평범함의 안정성을 뒤집어 놓습니다. 제 모국어 플랑드르어에서는 독일어처럼 brood(브로트)라고 말하기 때문에 저는 토박이로 들은 Brot(브로트)라는 단어에 행복했었는데, Brot[brood]와 pain이 같은 것이라고 생각하면 속이 아주 뒤집어집니다. 영어에서는 bread(브레드)가 Brot[brood]에 지극히 가깝기 때문에 괜찮은데, 다만 "bread"가 돈의 속어로 쓰이는 게 문제이긴 합니다. 그러나 저의 평범하고 일상적인 bread의 안정성, "bread"라는 단어의 안심시켜 주는 평범한 측면, 일상적인 bread는 프랑스어 pain에 의해 뒤집어집니다. 제가 뜻하는 것은 제가 뜻하는 방식――pain인 방식, 음소, 전혀 다른 방향으로 데려가는 함축 일체를 지닌 pain이라는 용어――에 의해 뒤집어집니다.

이 괴리는 (보다 더 익숙한 이론적 문제로 말하면) 문학 해석학과 시

---

16) 〔역주〕 횔덜린, 〈빵과 포도주〉, 《궁핍한 시대의 노래》, 장영태 역(서울: 혜원 출판사, 1990) 참조.
17) 〔역주〕 프랑스어 "바타르"는 바타르 빵을 뜻하기도 하고 "사생아"를 뜻하기도 한다.

학 사이의 어려운 관계 차원에서 가장 잘 이해됩니다. 해석학을 할 때는, 작품의 의미에 관계합니다. 시학을 할 때는, 문체학이나 작품이 뜻하는 방식의 서술에 관계합니다. 문제는 이 둘이 상보적일 수 있는가, 해석학과 시학을 동시에 함으로써 작품을 충분히 망라할 수 있는가 하는 점입니다. 이를 시도해 본 경험으로는 그렇지 않습니다. 이 상보성을 달성하려고 애쓸 때, 시학은 항상 떨어져 나가고, 항상 하고 있는 것은 해석학입니다. 의미 문제는 너무 매혹적이어서, 해석학과 시학을 동시에 한다는 것은 불가능합니다. 의미 문제에 휘감기기 시작하는 순간부터, 저도 불행히 그런 경향이 있습니다만, 시학을 잊어버리게 됩니다. 이 둘은 상보적이 아니고, 어떤 의미에서 상호 배제적일 수 있으며, 이는 벤야민이 순수하게 언어적인 문제라고 진술하는 문제의 일부분입니다.

벤야민은 단어(Wort)와 문장(Satz) 사이의 괴리에 대해 말할 때 이 문제의 더 나아간 버전을 진술합니다. 독일어로 "문장"(Satz)은 단지 문법적 의미에서 문장만 뜻하지 않고 진술을 뜻합니다——하이데거라면 "근거의 원리"(Der Satz des Grundes)[18]라고 말할 것입니다. "문장"은 진술, 가장 근본적인 진술, 의미——가장 의미 있는 단어——인 데 반해, 단어는 벤야민에 의해 언명(Aussage), 즉 진술의 명백한 작인(作因)으로서, 진술하는 방식에 연관됩니다. "단어"(Wort)는 어휘적 단위로서뿐 아니라 구문과 문법으로서 진술의 작인입니다. 즉 문장을

---

18) 〔역주〕 이것은 하이데거의 저서 《근거율 Der Satz vom Grund》에 나오는 어구이다. 이때 "Satz"는 근거율(principle of reason)이라고 할 때의 "원리"(principle)를 뜻하며, 드 만은 그것을 앞의 〈읽기와 역사〉에서는 "명제"(proposition), 여기서는 "진술"(statement) 등과 같은 의미로 쓰고 있다. 참고로 《이론에 대한 저항》 원서(88쪽)에는 원래 따옴표 없이 Der Satz des Grundes라고 표기되어 있는데, Yale French Studies 69호(41쪽)에는 따옴표 없이 Der Satz vom Grund라고 표기되어 있다.

단어들 차원에서 보면, 단지 개별 단어들 차원에서뿐 아니라 이 단어들 사이의 문법적 관계 차원에서 문장을 보는 것입니다. 그래서 단어와 문장 사이의 관계에 대한 물음은 벤야민에게, 문법과 의미 사이의 양립 가능성에 대한 물음이 됩니다. 문제가 되고 있는 것은, 우리가 일련의 언어적 탐구 전체에서 당연시하는, 바로 이 양립 가능성입니다. 한편에 문법(단어 및 구문), 다른 한편에 의미(문장에서 절정에 달하는 의미)――이 둘은 서로 양립 가능합니까? 전자가 후자에 이르고, 전자가 후자를 뒷받침합니까? 벤야민은 번역이 이런 확신을 문제시한다고 말하는데, 왜냐하면 그는 번역이 정말로 문자적(literal; 축어적 wörtlich; 단어 단위 word by word)인 순간부터 의미는 완전히 사라진다고 말하기 때문입니다. 그 예는 다시 휠덜린의 소포클레스 번역으로, 이 번역은 아주 문자적이고 단어 단위여서, 아예 이해 불가능합니다. 결과로 나온 것은 완전히 불가해하고, 완전히 소포클레스의 "문장"을 파멸시켜, 소포클레스의 "문장"은 전부 사라집니다. 단어의 의미는 미끄러져 나가는데(우리가 본 대로, 과업을 뜻하는 Aufgabe 같은 단어는 또한 완전히 다른 것을 뜻해 우리에게서 달아나는데), 이런 미끄러짐을 제어할 문법적 방식은 없습니다. 번역가가 구문을 따를 때, 문자적으로, 축어적으로 쓸 때 또한 의미의 완전한 미끄러짐이 있습니다. 그리고 어느 정도까지는, 번역가는 축어적이어야, 문자적이어야 합니다. 이 문제는 문자(letter)와 단어 사이의 관계에 가장 잘 비교됩니다. 단어와 문장 사이의 관계는 문자와 단어 사이의 관계 같은데, 다시 말해 문자는 단어와의 관계에서 의미가 없습니다, 문자는 무의미(a-sēmos)한 것입니다, 문자는 의미가 없습니다. 단어를 철자할 때 여러분은 몇 개의 의미 없는 문자들을 말하여, 문자들이 단어에 한데 모이지만, 문자 하나하나에는 단어가 현존하지 않습니다. 문자와 단어는 서로 절대적으로 독립적입니다. 여기서 문법과 의미 사이의, 단어와 문장 사이의 괴리라 명명된 것은 문자의 물질성, 독립성, 혹은 문자가 문장의 표면상의 안정된 의미를 분열시켜 거기에 미끄러짐을 도입할 수 있는 방식으로, 이에 의해 의미는 사라지고 증발하며, 또 의미에 대한 모든 제어는 상실됩니다.

그래서 우리는 첫째, 해석학과 시학 사이에 언어의 괴리가 있고, 문법과 의미 사이에 두 번째 괴리가 있으며, 끝으로, 벤야민이 말하는 바로는, 상징과 상징되는 것 사이에 괴리가, 즉 전의 수준에서 전의 자체와 전의적 대치의 전체화하는 힘으로서의 의미 사이에 괴리가 있을 것입니다. 전의(항상 전체화를 함의하는 전의)가 전체화로 전달하는 것과 전의가 홀로 취해져 성취하는 것 사이에는 유사하게 마찬가지로 근본적인 괴리가 있습니다. 이는 이 특정한 텍스트의 주요한 어려움인데, 왜냐하면 이 텍스트는 전의로 가득하고, 전체성의 환상을 전달하는 전의를 택하고 있기 때문입니다. 이 텍스트는 자신이 비난하는 전의적 오류로 퇴보하는 것처럼 보입니다. 이 텍스트는 씨앗, 성숙, 화합 등의 이미지를 계속 사용하고, 씨앗과 껍질(l'écorce et le noyau 껍질과 핵) 이미지를 사용합니다――이는 자연과 언어 사이의 유비로부터 파생된 것처럼 보이는 반면, 그러한 유비란 없다는 것이 계속 주장되고 있습니다. 같은 식으로 역사는 자연과의 유비에 의해 이해되어서는 안 되고, 전의는 자연과의 닮음에 기초해서는 안 됩니다. 그러나 이 점이 바로 이 특정한 텍스트의 어려움이며 도전입니다. 전체적 의미 이미지, 비유와 의미의 완전한 정합 이미지를 전달하는 듯 보이는 전의――즉 부분적 전의가 의미의 전체성을 표현하는 완벽한 제유 비유――를 사용할 때마다 벤야민은 자신의 작업 안에 인유적 문맥을 조작하여, 전통적 상징은 상징과 의미의 일치보다는 불일치를 연출하는 방식으로 치환됩니다.

이런 이미지의 놀라운 예는 그릇 이미지입니다.

한데 접착될 그릇의 파편들은, 서로 같을 필요는 없지만, 가장 작은 세부에서도 서로 들어맞아야 한다. 같은 식으로 번역은, 원문의 의미를 닮는 대신, 원문의 기호화 양식을 사랑스럽게 세세하게 합체해야 하며, 그리하여 원문과 번역 모두를, 파편들이 한 그릇의 부분이듯, 보다 위대한 한 언어의 파편들로 인식될 수 있게 해야 한다. 바로 이런 이유 때문에 번역은 소통하고 싶어 함을 상당히 삼가야 하며… (존의 영어 번역, 78쪽)

이 이미지에 따르면, 근원적인 순수 언어가 있으며, 어떤 개별적인 작품도 이것의 파편일 뿐입니다. 우리가 이 파편을 통해 다시 원작에 이르는 입구를 찾을 수 있다면, 이건 좋을 수 있습니다. 이 이미지는 그릇 이미지이고, 문학 작품은 그릇의 한 조각이고, 그렇다면 번역은 그 조각의 한 조각입니다. 번역이 한 파편이라는 것이 인정되어 있습니다. 그러나 한 파편이 관계하듯 번역이 원문에 관계한다면, 번역이 그 자체로 원문을 재구성한다면, 그렇다면——비록 번역이 원문을 닮지는 않지만 원문에 완벽하게 들어맞고(두 조각 혹은 두 파편의 들어맞음을 진술하는, 심볼론[symbolon 증표, 상징]이라는 단어에서처럼)——그렇다면 우리는 어느 개별 작품도 순수 언어의 한 파편인 것으로 생각할 수 있고, 그렇다면 참으로 벤야민의 진술은 언어의 근본적 통일성에 대한 종교적 진술일 것입니다.

그러나 벤야민은 상징과 상징이 상징하는 것이, 즉 전의와 전의가 재현하는 것처럼 보이는 것이 일치하지 않는다고 우리에게 말한 바 있습니다. 이런 진술이 여기서의 진술과 어떻게 양립 가능하겠습니까? 학술지 《현대 언어 노트》에 게재된 캐럴 제이콥스의 〈번역의 괴물성〉이라는 논문은 이 구절을 극도로 정확하고 올바른 방식으로 인상 깊게 다루고 있습니다. 우선, 제이콥스는 게르숌 숄렘을 언급함으로써 이 텍스트의 카발라적 의미를 의식하고 있는데, 이 텍스트에 관해 쓰면서 숄렘은 천사의 형상을 루리아 카발라의 티쿤의 역사에 관련시킵니다.

   그렇지만 동시에 벤야민은 카발라적 티쿤 개념——즉 "그릇들의 깨짐"에서 산산조각 나고 타락된, 사물들의 근원적 존재를, 또 역사[의 근원적 존재]를 한데 기워 맞추고 복구하는 메시아적 복구와 수선——을 염두에 두고 있다.

캐럴 제이콥스는 다음과 같이 논평합니다.

   숄렘은 깨진 그릇 이미지가 보다 직접적인 역할을 하는 〈번역가의 과업〉에 의존했을지 모른다…. 그렇지만 파편들의 전체성이 합쳐진다고 존이 시사하는 데 반해, 벤야민은 최종적 결과는 여전히 "깨진 부분"이라고 역설한다.[19]

보시다시피 여러분은, 존처럼 번역하지 말고, 정확히 번역하기만 하

---

19) Carol Jacobs, "The Monstrosity of Translation," *Modern Language Notes* 90권(1975), 763쪽, 주석 9번. 〔역주〕 참고로 일어판(182쪽)은 이 논문의 제목을 "괴물성"이 아니라 "근대성"으로 옮겼는데, 아마 "monstrosity"를 "modernity"로 착각한 듯하다.

면 되는데, 존은 이 어려운 구절을 아주 분명하게 해주었지만, 그러는 과정에서, 이 구절이 완전히 다른 것을 말하게 하였습니다. 존은 "한데 접착될 그릇의 파편들은, 서로 같을 필요는 없지만, 가장 작은 세부에서도 서로 들어맞아야 한다"라고 말했습니다. 캐럴 제이콥스가 단어 단위로 번역한 벤야민은 "그릇의 파편들은, 한데 **접합**(*articulated*)되기 위하여"라고 말했는데——이는 전혀 무관한 구체성을 갖는, 한데 **접착**(*glued*)된다는 말보다 훨씬 더 낫고요——"가장 작은 세부에서도 서로 **따라야**(*follow*) 한다"라고 말했는데——이는 서로 **들어맞아야**(*match*) 한다는 말과는 전혀 같지 않지요——라고 말했습니다. 이런 차이에 이미 존재하는 것은, 우리는 닮다(gleichen), 들어맞다(match)가 아니라 따르다(folgen)가 있다는 점입니다. 우리는 사물들이 닮음에 의해 하나가 되는 은유적인 통일 패턴보다는, 사물들이 따르는 환유적인 연속 패턴이 있습니다. 파편들은 서로 들어맞는 게 아니라 서로 따릅니다. 파편들은 이미 환유이지, 은유가 아닙니다. 그 자체로 파편들은 확실히, 우리가 "들어맞다"라는 용어를 사용할 때보다는, 설득력 있는 전의적 전체화를 덜 향해 갑니다.

그러나 사정은 다음 구절에서처럼 더 착잡하거나 혹은 더 곡해되어 있습니다.

그래서 자신을 원문의 의미(Sinn)에 유사해지게 하는 대신, 번역은 차라리, 사랑스럽게 세세하게, 자신의 언어로, 원문의 의미 방식(Art des Meinens)에 따라 자신을 형성하여, 파편들이 한 그릇의 깨진 부분들이듯, 원문과 번역 모두 저 보다 위대한 언어의 깨진 부분들로 인식될 수 있게 해야 한다.[20]

이는 존이 말하는 것과는 전혀 다릅니다.

　같은 식으로 번역은, 원문의 의미를 닮는 대신, 원문의 기호화 양식
을 사랑스럽게 세세하게 합체해야 하며, 그리하여 원문과 번역 모두
를, 파편들이 한 그릇의 부분이듯, 보다 위대한 한 언어의 파편들로 인
식될 수 있게 해야 한다. (존의 영어 번역)

"파편들이 한 그릇의 부분이듯"은 제유입니다. 벤야민은 "파편들이
한 그릇의 **깨진** 부분들이듯"이라고 말합니다. 그러한 것으로 벤야민
은 파편들이 전체성을 구성한다고 말하지 않고, 파편들은 파편들이라
고, 파편들은 본질적으로 파편적인 채로 있다고 말합니다. 파편들은
환유적으로 서로 잇따르지만, 결코 전체성을 구성하지는 않을 것입니
다. 저는 프랑스 철학자 미셸 세르가 든 예를 들은 일이──설거지를
함으로써 파편들에 대해 알게 된다는 말이 떠오릅니다. 즉 접시를 깨
면, 접시는 파편들로 깨지지만, 파편들을 더 이상 깰 수는 없다는 것
입니다. 그건 파편 문제에 대한 낙관주의적인, 긍정적인 제유적 견해

---

20) 〔역주〕 원서에 출처 표시가 없는 이 부분은, 드 만 자신의 번역이 아니라, 드
만이 인용한 제이콥스의 영어 번역으로부터 우리말로 옮겨진 것이다(그런데 드 만은
제이콥스의 원문에 "a greater language"라고 번역된 어구를 "the greater language"로 인
용하고 있다). 국역본 번역은 이렇다. "번역도 이와 마찬가지로 원문의 의미를 비슷
하게 하는 대신에 애정을 가지고 또 그 세부에 이르기까지 원문의 표현 방식과 온축
을 자기 고유의 언어 속에 동화시켜서, 원문과 번역의 양자가 마치 사기그릇의 파편
이 사기그릇의 일부를 이루듯 보다 큰 언어의 파편으로 인식될 수 있도록 하지 않으
면 안 된다"(《번역가》, 329쪽); "이와 마찬가지로 번역도 원작의 의미에 스스로를 비
슷하게 만드는 대신 애정을 가지고 또 그 세부에 이르기까지 원작이 의도하는 방식
에 자신의 언어로 스스로를 동화시켜 원작과 번역 양자가 마치 사기그릇의 파편이
사기그릇의 일부를 이루듯이 보다 큰 언어의 파편으로 인식되도록 하지 않으면 안
된다"(《번역자》, 136-37쪽).

인데, 왜냐하면 거기서 파편들은 전체를 이룰 수 있으며 파편들을 깰 수는 없기 때문입니다. 반면, 여기서 우리에게 있는 것은 시초의 파편화입니다. 어떠한 작품도, 자신과 아무 공통점이 없는, 이 순수 언어와 관련하여 완전히 파편화되어 있고, 모든 번역은 원문과 관련하여 완전히 파편화되어 있는 것입니다. 번역은 파편의 파편이고, 파편을 깨는 일이며──그래서 그릇은 일관되게, 계속 깨지며──결코 그것을 재구성하지 않습니다. 처음부터 그릇이란 없거나, 혹은 우리는 이 그릇에 대해 지식도 없고 의식도 못하고 그것에 접근하지도 못하며, 그래서 지향과 목적에도 불구하고 그릇이란 있었던 적이 없는 것입니다.

그러므로 상징과 상징된 것의 구별은, 상징과 산산조각 난 상징된 것의 부정합(不整合)은, 이런 정합의 비상징적 성격은 다른 괴리들의 한 버전이며, 의미를 생산할 전의 체계로서의 수사학을 신뢰할 수 없음을 보여 줍니다. 의미는 의미가 이상적으로 지향하는 의미와 관련하여 항상 치환되어 있습니다──의미는 결코 도달될 수 없습니다. 벤야민은 이 문제를, 번역 문제에 출몰하는 문제, 즉 충실(faithfulness 직역)과 자유(freedom 의역) 사이의 난관[21] 차원에서 접근합니다. 번역은 충실해야 합니까, 아니면 자유로워야 합니까? 표적 언어의 관용적 적합성을 위해서는 번역은 자유로워야 합니다. 다른 한편 번역은, 어느 정도까지는 원문에 충실해야 합니다. 항상 문자적인 충실한 번역은 어떻게 또한 자유로울 수 있습니까? 그것은 원문의 불안정성을 드

---

21) [역주] "난관"(aporia)은 드 만의 주요 어휘들 중 하나이다. 드 만의 "난관"은 막다른 길이 아니라, 데리다의 말을 빌려 "아직 사유할 수 없거나 사유되지 않은, 참으로 불가능한 채 남아 있는 것의 바로 그 가능성을 사유"하게 해준다(Jacques Derrida, *Memoires for Paul de Man*, trans. Cecile Lindsay, et al. [New York: Columbia University Press, 1989], 132쪽).

러낼 때만, 이 불안정성을 전의와 의미 사이의 언어적 긴장으로서 드러낼 때만 자유로울 수 있습니다. 순수 언어는 아마도 원문보다 번역에 더 존재하겠지만, 전의의 양식으로 존재합니다. 전의가 의미에 정합하지 못하는 것에 대해 말하고 있는 벤야민은, 의미와 전의의 정합을 전제하는 것처럼 보이는 바로 그 전의들을 계속 사용합니다. 그러나 벤야민은 어떤 면으로 그 전의들을 방해하며, 원문을 유동시키고 탈정전화하여 원문에 붕괴와 파편화의 운동을 부여하는 방식으로 그 전의들을 치환합니다. 원문의 이런 운동은 방랑(errance), 그렇게 말하고 싶다면, 일종의 영구 추방이지만, 정말로 추방은 아닌데, 왜냐하면 고국(故國)이, 추방한 곳이 없기 때문입니다. 가장 있을 법하지 않은 것은 순수 언어 같은 것으로, 특히 우리가 우리 고유의 언어라 부르는 언어를 포함하여 모든 언어 그 자체에 거주하는 영구적인 괴리로서 이외에 순수 언어란 존재하지 않습니다. 우리 고유의 언어인 것은 가장 치환되고 가장 소외된 언어입니다.

　이제 이 운동이, 표적에 결코 도달하지 못하며 또 도달하고자 하는 곳과 관련하여 항상 치환되어 있는 언어의 이 방랑이, 후생일 뿐인 생의 이 환상이 바로 벤야민이 역사라 부르는 것입니다. 그러한 것으로서 역사는 인간적인 것이 아닌데, 왜냐하면 역사는 언어의 질서에 엄격히 관계하기 때문입니다. 같은 이유로 역사는 자연적인 것이 아닙니다. 역사는 현상적인 것도 아닌데, 이는 어떤 인식도, 인간에 관한 어떤 지식도 역사——그 자체로 순수한 언어적 복잡화인 역사——로부터 파생될 수 없다는 의미에서입니다. 그리고 역사는 정말로 시간적인 것 또한 아닌데, 왜냐하면 역사를 생기 있게 하는 구조가 시간적 구조가 아니기 때문입니다. 언어의 저 괴리들은 시간적 은유들에 의해 표현되는 게 아니라, 다만 은유들일 뿐입니다. 가령, 역사에 존재하는 미래성의 차원은 시간적인 것이 아니라, 비유적 패턴의 상관물이며 또 벤야민이 언어 구조에 위치시키는 괴리적(乖離的) 힘입니다. 벤야민이 생각하는 대로의 역사는 확실히 메시아적인 것이 아닌데, 왜냐하면 역사는 세속적인 것과 시적인 것의 엄밀한 분리 및 이 분리로부터의 실행에, 또 순수 언어와 시적 언어의 분리에 있기 때문입니다. 순수 언어, 이 신성한 언어는 시적 언어와 아무 공통점이 없습니다. 시적 언어는 순수 언어를 닮지 않고, 시적 언어는 순수 언어에 의존하지 않으며, 시적 언어는 순수 언어와 아무 관계가 없습니다. 시적 언어는, 시적 언어가 개시하는 신성한 것의 언어와의 관계에 대한 이 부정적 지식 속에 있습니다. 시적 언어는, 그렇게 말하고 싶다면, 필연적으로 허무주의적인 순간으로, 어떤 역사 이해에서도 필수적입니다.

벤야민은 이 시론이 아니라, 〈신학적·정치적 단편〉[22]라 불리는 또 다른 텍스트에서 이 점을 가장 분명한 언어로 말했으며, 결론으로 저는 이 텍스트로부터 짧은 구절을 인용하겠습니다. 벤야민은 최대한 명료하게 그것을 말했던 것으로 저에게는 보였는데, 제가 그 특정한 구절을 번역하려고 애썼을 때, 우연히도 영어가 그것을 번역 불가능하게 하는 속성이 있음을 알게 되었습니다. 여기 그 구절이 있습니다.

메시아 자신만이, 메시아적인 것에 대한 역사의 관계를 해방하고 완전히 실현한다는 의미에서, 역사를 종언시킨다. 따라서 진실로 역사적인 어떤 것도 자의(自意)에 의해 메시아적인 것에 관련되기를 원할 수

---

22) *Illuminationen*, 262쪽 참조. 영어 번역은 "Theologico-Political Fragment," in *Reflections*, trans. Edmund Jephcott(New York: Harcourt Brace Jovanovich, 1978), 312-13쪽.

없다. 따라서 신의 왕국은 역사의 역학(力學)의 목적(telos)이 아니며, 역사의 목표로 정립될 수 없다. 역사적으로 본다면 신의 왕국은 역사의 목표(aim)가 아니라 역사의 종언(end)이다.[23]

그게 제가 영어에 상당히 곤란을 겪은 곳인데, 왜냐하면 영어 단어 "종언"(end)은 "목표"(aim)를 뜻할 수도 있기 때문입니다. 영어로는 "목표와 수단"(the end and the means)이라고, 목표와 목표를 달성하는 수단이라고 말합니다. 영어 단어 "엔드"(end)는 종언(Ende)을 뜻할 수 있는 것과 꼭 마찬가지로 목표(Ziel)를 뜻할 수 있습니다. 내 목표(end), 내 의향이라고 말입니다. 그래서 우리가 이 관용어를 사용하고 싶다면, 그 번역은 이렇게 됩니다. "역사적으로 본다면 신의 왕국은 역사의 엔드가 아니라 역사의 엔드이다"(seen historically it is not its end but its end), 역사의 종료이다——이것은 완벽한 영어일 것입니다. 그러나 이것은 여기서 벤야민이 기도한 그 분리가, 단어 "종언"(end)으로 "목표"(aim)를 대치하는, 이 영어 단어 "엔드"(end)에 숨어 있음을 보여 줄 것인데, 벤야민은 우리에게 저 두 가지를 엄밀히 분리해 놓기를 요청합니다.

신의 왕국은 역사의 목표로 정립될 수 없다. 역사적으로 본다면 신의 왕국은 역사의 목표가 아니라 역사의 종언, 역사의 종료이다. 따라서 세속적인 것의 질서는 신성한 것의 이념으로 구성될 수 없다. 따라서

---

23) 〈신학적·정치적 단편〉 인용은 모두 드 만의 영어 번역으로부터 우리말로 옮겨진 것이다. 영어 번역의 곤란함을 드 만이 이하에서 말하고 있으므로, 비교를 위해 두 영어 번역의 뒷부분만 병기하면, "it cannot be posited as its aim; seen historically it is not its aim but its end"(드 만); "it cannot be set as a goal. From the standpoint of history it is not the goal, but the end"(*Reflections*, 312쪽).

신정(神政)은 정치적 의미가 아니라 종교적 의미만 지닌다.

그리고 벤야민은 덧붙입니다.

　신정의 정치적 의의를 부인한 것, 종교적 메시아적 관점의 정치적 의의를 부인한 것, 이를 최대한의 강도로 부인한 것은 블로흐의 책 《유토피아의 정신》의 대단한 장점이다.

우리는 여기서 정치적이고 역사적이라 불리는 것이 순수하게 언어적인 이유에 기인한다는 것을 보았기 때문에, 이 구절에서 "정치적"(political)이라는 말을 시학이라는 의미에서 "시학적"(poetical)이라는 말로 대체할 수 있습니다. 우리는 이제 비메시아적이고 비신성한 것, 역사의 **정치적** 측면이 언어의 **시학적** 구조의 결과라는 것을 알기에, 신성한 것의 관념에 대립해, 여기서 "정치적"과 "시학적"은 대치됩니다. 그러한 시학, 그러한 역사가 비메시아적인 한에서, 신정이 아니라 수사학인 한에서, 그것은 현대성 관념——항상 변증법적인, 다시 말해 본질적으로 신학적인 관념——같은 어떤 역사적 관념을 위한 여지가 없습니다. 여러분은 "정신"이라는 단어와——헤겔 텍스트의 정신성과——명시적으로 연관된 변증법 차원에서 가다머가 현대성을 주장한 것으로부터 우리가 출발했음을 기억할 것입니다. 헤겔 자신이——《미학》의 숭고에 관한 단락에서 숭고를 신성과 세속의 분리에 뿌리박을 때——실제로 가다머가 아니라 〈번역가의 과업〉의 벤야민에 훨씬 더 가까움을 우리는 보았고, 이를 발견한 것이 저에게는 만족스럽습니다.

대화와 대화주의

이번 호[1]의 일반적 논제, 즉 소설 속의 허구와 현실의 관계를 둘러싸고 있는 문제 일체는, 서사에 대한 또 서사적·담론적·시적 언어 사이의 관계에 대한 근래 이론을 조직하는 많은 형태에서 재발하고 있다. 이 논의에는 문체학적으로, 철학적으로, 역사적으로 많은 것이 걸려 있으며, 이론 분야에서뿐 아니라 윤리학 및 정치학의 실천적 영역에서 그 중요성은 그 어려움에 의해서만 지양된다. 걸린 돈이 많을수록 경기는 더 힘든 법이다. 강박과 피로를 조성하는 그러한 상황은, 이런 어려움의 시련을 견뎌내고 이 과정에서 얻은 수완과 전략을 우리에게 물려 준 선행자에 대해 정당한 찬탄을 낳기 쉽다. 문학 이론, 특히 서사 이론은, 문제의 광대함과 기술의 단조로움에 계속 위협받는 좀 불모의 구역으로, 그것이 좀 절박하게 필요로 하는 영웅과 영웅 숭배를 위해서는 빈약한 토양을 제공한다. 그래서 그러한 지위에 가능한 후보가 나타날 때, 특히 그가 안전하게 사후에 출간되어 손길이 닿을 수 없는 곳에 있다면, 아주 잘 받아들여지기 쉽다. 그러한 뒤늦은 "수용"은 드물기 때문에, 문학 이론 분야에서 더욱 강렬하다. 꽤 최근의 예는, 물론, 발터 벤야민의 경우이다. 더 최근의 그리고 훨씬 더 강렬한 것은 미하일 바흐친의 경우로, 그는 최근 매우 유능하고 총명한

---

　1) 이 시론은 원래, 1981년 현대 언어 협회(MLA) 토론회 "허구와 그 지시물: 재평가"의 기고문들을 수록한, "지시와 허구성"이라 제목 붙여진 *Poetics Today* 4권 1호 (1983)에 나왔다.

소개자들에 의해 "인문 과학 분야에서 가장 중요한 소련의 사상가이며 20세기의 가장 위대한 문학 이론가"(토도로프) 또 "20세기의 지도적인 사상가 중 하나"(마이클 홀퀴스트)라고 예고되었다. 두 경우 모두 이 완전히 정당한 찬탄은, 라블레와 도스토예프스키에 관한 비교적 잘 알려진 저술들에서뿐만 아니라 1934–1935년경으로 거슬러 올라가는 〈소설 속의 담론〉이라는 제목의 시론 같은 보다 이론적인 연구에서 바흐친이 소설 이론에 기여한 것에 집중되어 있다. 토도로프와 홀퀴스트 모두 이 시론을 주요 이론적 진술로 골라낸다. 그리고 소설 이론 안에서 주요한 주목을 받는 것은 시공간(時空間 chronotope), 굴절(refraction), 이어성(異語性 heteroglossia), 카니발적인 것 등등의 관련되긴 하지만 다른 바흐친의 용어들보다는, 바로 대화주의(dialogism) 개념으로, 이는 두 책의 제목——《대화적 원칙 Le principe dialogique》 및 《대화적 상상력 The Dialogic Imagination》[2]——에서도 명백하다.

　여기서 내가 이런 열광을 논박하거나 몰아내려는 것은 아니다. 어떠한 헌신에도 또 그 헌신이 고무한 찬탄에도 부분적으로 있는 맹점을 노출시킴으로써 범용함을 지키려는, 손쉽고 항상 값싸게 이용 가능한 몸짓에는 아무런 장점도 없다. 바흐친의 작업에 대한 주의 깊고 비판적인 읽기는, 적어도 서구에서는, 겨우 시작되었으며, 내가 러시아어를 상대로 하는 게 아니기 때문에, 그것은 내가 책임지고 참여할 수 있는 기획이 아니다. 그러므로 나의 논점은 이론가나 사상가로서

---

2) Tzvetan Todorov, *Mikhail Bakhtin: The Dialogical Principle*, trans. Wlad Godzich(Minnesota: University of Minnesota Press, 1984); M. M. Bakhtin, *The Dialogic Imagination*, ed. Michael Holquist, trans. Caryl Emerson and Michael Holquist(Austin: University of Texas Press, 1981). 후자로부터의 인용은 본문에 책의 쪽수만 표시한다. 〔역주〕《이론에 대한 저항》 원서(114쪽) 및 일어판(226쪽) 모두에서 토도로프 책의 역자 Godzich가 "Godsich"로 오기되어 있다.

의 바흐친이나 볼로쉬노프-바흐친이나 메드베데프-바흐친의 의의를 검토하는 게 아니라, 왜 대화주의 관념이 다양한 유파의 이론가들에 의해 그토록 열광적으로 수용될 수 있는지 또 우리를 그토록 오래 괴롭혀 온 많은 궁지로부터 빠져나오는 정당한 방식으로 보이게 될 수 있는지 등등의 훨씬 더 좁은 물음을 검토하는 것이다. 혹은 이번 호의 차원에서 말하면 다음과 같다. 바흐친과 그의 집단에서 전개된 대화주의는, 허구 작품에서 지시물의 지위라고 하는 언제나 재발적인 문제를 어떻게 대처하고 또 참으로 극복하는 것처럼 보이는가?

대화주의는, 때로는 바흐친에 대한 언급 없이도, 많은 비평가에게 많은 것을 의미할 수 있고 또 참으로 의미해 왔다. 대화주의가 다소간 수면 아래 있는 것은, 힐러리 퍼트넘이 비평을 "승자와 패자가 있는 시합이 아니라, 많은 목소리와의 대화"로 보도록 우리에게 권할 때와 같이, 이번 호에 발표된 논문들에서 눈에 띤다. 대화주의는 무엇보다 먼저, 애매한 말(double-talk), 즉 말하고자 뜻하는 것을, 생존의 위험을 무릅쓰고, 공개적으로 말할 수 없는 박해받은 말의 필연적 모호함을 단지 뜻할 수 있다. 바흐친 전기에 관해 알려진 것에는, 이런 의미가 바흐친의 경우 아주 적실하다는 충분한 증거가 있다. 탄압받는 사상가의 독자는, 박해 담론에 관한 주요 이론가의 말을 빌려, "그 사상가에 대한 통속적인 견해로부터 한 걸음 한 걸음씩 (…) 그저 순수하게 이론적인 진리에 이르게 되며, 통속적인 교육에서 소개된 어떤 도드라지게 수수께끼 같은 특징들——구상의 모호성, 모순, 필명, 전에 했던 진술의 부정확한 반복, 이상한 표현 등등——에 의해 인도된다."[3] 이 레오 스트라우스의 《박해와 글쓰기의 기예》로부터의 인용은 바흐친의 경우에 아주 잘 들어맞는다. 스트라우스는 또 다른 두드러진 특징을 추가할 수 있었을 것이다. 즉 지도 제자들의 다소간

내밀한 수업 혹은 세미나 공책의 유포 혹은, 훨씬 더 증후적인 것으로, 소문에 떠도는(또 자주 확인되는) 미출간 원고의 존재가 그것인데, 이런 원고는 진취적이고 특권적인 연구자에게만 입수 가능하며 그래서 다른 대항적인 양식을 희생시키고 한 가지 해석의 양식을 결정적으로 봉인할 것이다——적어도 대항자들 중 하나가 자기 차례에서 반대 주장의 근거를 삼을 현실의 혹은 상상의 반대 원고를 발견하기 전까지는 말이다. 주로 이런 상황에서 우리를 우리 논제의 문맥에서 흥미롭게 하는 것은, 그것이 공적 발화에 숨겨진 억압된 전언을 해독하는 공통 과업에 의해 함께 묶인 공동체를 낳을 수밖에 없다는 점이다. 밀교적 지식의 유일한 점유자로서 이 공동체는 작고, 자기 선별적이고, 스스로를 선택된 엘리트로 여기기 쉬울 수밖에 없다. 그러나 이해의 과정이 사회의 정교화와 삶에 구성적으로 연결되어 있는 한, 사실과 허구는 공유된 공동 노동의 매개에 의해 합쳐지게 된다. 기호와 지시물 사이의 매개 가능성은 그 텍스트 생산 자체 안에 있다.[4] 그 텍스트는 자신이 실제로 말하는 것을 뜻하지 않기 때문에 허구이지만, 올바른 독자 공동체의 손에서 허구는 사실이 될 것이다.

레오 스트라우스에게 박해 모델은 문학 텍스트보다는 철학 텍스트에 주로 적용된다. 소설에 대한 바흐친의 강조는 잠재적으로 자유주의적이고 혁명적인 차원을 추가한다. "노예에서 산문은 시작한다"(Im

---

3) Leo Strauss, *Persecution and the Art of Writing*(Westport: "Greenwood" Press, 1973[1952]), 36쪽.

4) [역주] 원문은 "The possibility of a mediation between sign and referent within the production of the text itself"인데, 이것은 동사가 없는 비문(非文)이다. 이 시론이 먼저 실렸던 *Poetics Today*에는 "The possibility of this mediation is built within the production of the text itself"라고 되어 있다. 즉 "is built"가 누락된 것이다(아마 "this mediation"을 "a mediation between sign and referent"로 바꿔 쓰면서 실수가 생긴 듯하다).

Sklaven fängt die Prosa an)——헤겔은 산문이 시작하는 것은 바로 노예에서라고 말하는데, 《미학》에서 그는 바로 소설의 선조로서의 우화를 다루는 단락에서 이를 말한다. 스트라우스의 철학자처럼, 바흐친의 소설가는 정의상 박해받으며 자신 안에 해방의 이미지를 지닌다. 그러나 이 이미지는, 여전히 루카치에서 그런 것처럼, 서사시의 추정컨대 통일된 세계를 향한 향수(鄕愁)의 형태로 존재하지는 않는다. 소설가는 그의 주인 즉 서사시 시인의 자리를 차지하기 위해서가 아니라, 그의 외곬의 독백적(獨白的 monological) 시각이 제한하는 강제로부터 자신을 해방시키기 위해 나선다. 바흐친의 소설은 단연 노스럽 프라이가 낮은 모방 양식[5]이라 부른 것에 속한다. 즉 그것은 이데올로기적으로 산문적이고, 반-로망스적이고, 반-서사시적이고, 반-신화적이다. 그것의 다성성 혹은 이어성은 구별되고 적대적인 계급 구조를 또 사회적 장벽의 축하할 횡단을 전제한다. 혁명적 공동체의 대화주의는 사실과 허구를, 시간적 차원의 도입을 제외하면, 박해 모델과 본질적으로 구별되지 않는 방식으로 화해시킨다. 즉 축하되고 있는 자유는 유토피아적이지 않지만, 텍스트적 발명의 직접성 속에 실제화되지는 않는다. 그것은 상위 텍스트적 미래 속에 더 이상 허구적인 자유가 아닌 예변법(豫辨法 prolepsis)으로 투사된다. 이 도식은 제도적 종교 같은 초월적이고 독백적인 체계의 속박에 대한 반항으로부터 나온 문학 비평 유형에 강력한 매력을 행사할 수밖에 없다. 레오 스트라우스의 텍스트 모델(박해)도 또 질 들뢰즈의 몇몇 사도들의 텍

---

5) 〔역주〕 "낮은 모방 양식"(low mimetic mode)이란 "대부분의 희극과 현실주의적 허구물에서처럼, 인물들이 대략 우리 자신의 수준에서 행동의 힘을 나타내는 문학 양식"을 뜻한다(Northrop Frye, *Anatomy of Criticism*[Princeton: Princeton University Press, 1957], 366쪽).

스트 모델(축하)도 수용하게 될 수 있는 저자와 개념은――대화주의
는――줄잡아 말해도, 놀랄 만한 영역을 보여 준다.

바흐친의 저술에서 대화주의 관념은 또한 〈소설 속의 담론〉이나 라
블레에 관한 책에서처럼, 일원론적 담론의 박해하는 힘과의 변증법적
교환에서뿐 아니라, 형식주의에 관한 길어지고 복잡한 논의에서 체계
적으로 전개된다. 잘 알려진 대로, 이 논제는 《마르크스주의와 언어 철
학》(볼로쉬노프), 《문예학의 형식적 방법》(메드베데프) 등 필명으로 쓴
책들에서 현저하게 나타난다. 아주 약식으로 말하면, 형식주의 자체
를 정복하거나 지양하는 여전히 형식적인 방법이라고 대화주의를 생
각하는 것이 가능하다. 여기서 대화주의는 세계에 대해서보다는 언어
에 대해서 무엇인가를 말하는, 여전히 서술적이고 상위 언어적인 용
어이다. 바흐친은 대화적 관계가 언어 내적(intra-linguistic)이라고, 즉
음악 악보에서처럼, 그가 이질적 "목소리들"이라 부르는 것들 사이에
있다고 일관되게 단언한다. 그것은 그의 용어로, **언어**의 이미지(354
쪽)이지――언어의 **이미지**라기보다――사회의 이미지나 대인 관계의
이미지가 아니다. 그러므로 디킨스와 투르게네프로부터 취한 예들에
서 명백해지듯, 미국식 꼼꼼한 읽기의 "형식주의적" 실천자들에게 결
코 이례적이지 않은 방식으로, 실제 텍스트에서 대화적 구조를 서술
적으로 분석하는 것이 가능하다. 다른 한편, 대화주의는 그의 작업
내내 그리고 특히 도스토예프스키에 관한 책에서 근본적 타자성의 원
칙으로 혹은, 다시 바흐친 자신의 용어법을 쓰면, 외재(外在 exotopy)[6]
의 원칙으로 또한 기능한다. 변증법 체계가 그렇다고 할 수 있는 것처

---

6) 〔역주〕 여기서 "exotopy"는 물론 러시아어가 아니라, 토도로프의 역어 "exotopie"
를 영어로 따른 것이다. 본서에서는 그것을 "외재"로 옮겨 보았다.

럼, 종합이나 해소의 목적을 열망하기는커녕, 대화주의의 기능은 소설가 자신의 목소리를 포함하는 다른 목소리와 관련해 한 목소리의 근본적 외부성이나 이질성을 견디고 곰곰이 생각하는 것이다. 이런 면에서 소설가는 자신의 인물들에 대해 특권적인 상황에 있지 않다. 특정한 경계선 안에 둘러싸인 정의적(定義的) 서술로서 자기 반성적이고, 자기 목적적이고 혹은, 그렇게 말하고 싶다면, 나르시스적인 형식 구조는 이리하여 타자의 타자성의 **인지** 가능성보다도 앞서는, 타자의 타자성의 **단언**에 의해 대체된다. 〈소설 속의 담론〉의 사회 모델에서처럼 계급 구조와 관련이 있기보다는, 외재는 구별되는 문화적이고 이데올로기적인 단위들 사이의 관계와 관련이 있다. 외재는 계급들 사이의 갈등보다는 국가들 사이나 종교들 사이의 갈등에 적용될 것이다. 이런 관점에서 대화주의는 더 이상 형식적이고 서술적인 원칙도 아니며, 언어에 특히 관계하는 것도 아니다. 이어성(담론들 사이의 다변[多變])은 외재(타자성 자체)의 특별한 경우이며, 문학 텍스트의 형식적 연구는 언어 내적 관계에서 문화 내적(intracultural) 관계에 이르기 때문에 중요하다. 이런 지점에서 허구와 사실의 이항 대립은 더 이상 적절하지 않다. 어느 차이 체계에서도 중요한 것은 실체들 **사이에 있는** 공간의 단언이다. 이항은 종합을 허용하고 권장하는 한, 그러므로 가장 오도하는 차이 구조인 것이다. 도스토예프스키 혹은, 추측하건대, 발자크 같은 소설가는 저자와 인물 사이의 대립 같은 강하게 암시적인 대립을 단지 무시할 때 외재를 드러낸다. 도스토예프스키나 발자크의 인물들은 저자의 정체성이나 동일시의 목소리들이 아니라("보바리 부인, 그건 나"가 아니라) 근본적 타자성의 목소리인데, 이는 그 인물들은 허구이고 저자는 허구가 아니기 때문이 아니라, 그 인물들의 타자성이 그들의 현실**이기** 때문이다. 현실 원칙은 타자성의 원칙과 일치한다. 바흐친은 때로, 상위 언어적(즉 형식적) 구조로서의 대화주의에서 외재의 인정으로서의 대화주의에 오를 수 있다는 인상을 전한다. 형식적 분석을 거쳐 형식을 넘어가는 여정은, 구조 기호학이나 구조 문체학의 형식적 분석에 수완이 있지만 형식적 껍질을 깨고 나오지 못하는 것에──그리고, 마침내, 더 이상 그저 언어적으로만 보이지 않는 물음을 검토하지 못하는 것에──못 참게 된 사람에게 특히 매력적이다. 토도로프 자신이, 물론, 적절한 사례이다.

바로 이 외재에 의해 또한, 마침내, 단지 문학 담론의 기술자(技術者)로서뿐 아니라 보다 큰 철학적 권리가, 그 이름이 후설, 하이데거 혹은, 토도로프가 잘 제안하듯, 레비나스의 이름들 곁에 고려될 수 있는 사상가 혹은 형이상학자로서의 바흐친에게 주장될 수 있다. 되찾은 근접성에 이르는 길로서의 목소리 있는 타자성의 근본적 경험은 참으로 레비나스에서 지배적인 주제로, 또 하이데거에서 적어도 수면 아래 존재하는 것으로 찾아볼 수 있다. "우리가 하나의 대화이며 / 서로 들을 수 있는 이래"(Seit ein Gespräch wir sind / Und hören können voneinander)[7]라는 횔덜린 시의 행들을 공통된 토대로 생각해 볼 수도 있다. 타자성에서 타자의 인지로의 통로, 바꿔 말하면 대화주의에서 대화로의 통로가 바흐친에서 한 욕망 이상의 것으로 발생한다고 할 수 있을지는 바흐친 해석이 적절한 비판 정신으로 고찰해야 할 물음으로 남아 있다. 이는 어떻게 이런 인지가, 바흐친이 "사회"라고 말하는 곳마다 "신"을 읽게 해줄 종교적 초월주의로서, 언어의 타자성에 있는 존재론적 진리의 하이데거식 탈은폐로서, 혹은 발터 벤야민의 입장이

---

7) 〔역주〕 이 구절은 횔덜린의 시 〈평화의 축제 Friedensfeier〉의 일부분이다. 시의 전문은 횔덜린, 〈평화의 축제〉, 《궁핍한 시대의 노래》, 장영태 역(서울: 혜원 출판사, 1990) 참조.

라고 피상적으로 그리고 아마도 오도하게 닮을, 세속적이지만 메시아적인 이념주의로서 일어날 수 있는가에 대한 그 이상의 특정한 고찰을 때 이른 것이게 한다. 다양한 선택들 중에서 성급히 판결을 내리는 것은 생각할 수 없는 일일 것이다. 관찰 가능한 것은, 각각의 경우, 대화주의가 보다 더 절대적인 주장을 향해, 꼭 독백적인 것은 아니지만 하여간 문학 이론의 제한된 경계선을 훨씬 넘어가는 주장을 향해 진행 중인 임시 단계로 나타난다는 점이다. 바흐친의 범위를 그렇게 확장하는 것이 건전하고 정당한가는 또한 확증되어야 할 것으로 남아 있다. 그러나 그것이 가능성이라는 점은 서부 유럽과 미국에서 바흐친에 관해 씌어지고 있는 것의, 그 실질보다도 훨씬 더, 그 어조에 의해 분명하게 된다.

다양한 유파의 근래 이론가들의 인상적인 명단을 정렬하는 것이 가능할 터인데, 이들 모두는 바흐친의 대화주의를 자신들의 기획에 맞거나 심지어 필수적이라고 정당하게 주장할 것이다. 이 명단에는 분석 철학자, 기호학에 싫증난 형식주의적 기호학자, 서사학자, 독자 수용 기술자, 종교적 현상학자, 하이데거식 비판 존재론자, 영구 혁명의 수호자, 레오 스트라우스의 사도 등등이 포함될 것이며, 이 있을 법하지 않은 동지들의 명단을 훨씬 더 확장하는 놀이를 쉽게 할 수 있을 것이다. 그런 뒤 이들이 무엇을 공통으로 하는지 알고 싶어질 때, 적어도 부정적으로, 누가, 만약 누가 있다면, 자신의 방법론적 도구나 수완 가운데 바흐친의 대화주의 버전을 등재하는 것이 어렵거나 심지어 불가능하다고 생각할 이유가 있는지를 아마도 물어보아야만 할 것이다. 예컨대 논리의 전의적 치환에 관여하는, 즉 인식의 또 설득의 수사학에 관여하는 문학 이론가나 비평가가 그럴 것이다. 바흐친은 전의에 관해 아주 영민하게 말할 것이 있지만, 이런 진술의 잠재적인 대화주의적 타자성을 잠시 중지시켜 본다면, 전체적으로 바흐친은, 전의 담론이 대화적이지 않으며 즉 대화주의를 설명하지 못하며, 대체로, 대화주의가 정교화하게 해주는 서사 이론에 가까운 편에 남아 있다고 생각하는 듯하다. 바흐친은 예컨대 〈소설 속의 담론〉에서 굴절이라는 용어로 진술되는, 시 담론과 산문 담론의 구별에 관한 구절에서, 혹은 시의 전의적 다의성과 산문의 대화주의의 구별에 관한, 같은 텍스트의 나중의 훨씬 더 독단적으로 명시적인 구절에서, 전의와 대화주의의 분리를 빈번히 단언한다. 여기서 바흐친이 분명히 단언하는 바로는, "아무리 우리가 한 시적 상징(한 전의)에서 의미들의 상호 관계를 이해할지라도, 이 상호 관계는 대화적인 종류에 속하지 않는다. 어느 조건 아래서도 혹은 어느 때라도 한 전의(말하자면, 한 은유)가 대화의 두 교환들로, 다시 말해 두 분리된 목소리들 사이에서 나누어지는 두 의미들로 펼쳐지고 있다고 상상하는 것은 불가능하다"(327-38쪽).[8] 이 구절들은 바흐친 저작들의 정전에서 가장 풍부한 것이지만, 이는 또한 이 구절들이 가장 모순적이고, 그런 이유로, 독백적으로 탈선적임을 함의한다. 다른 무엇보다도 이 구절들은 바흐친의 사유 가운데 형이상학적인 사유되지 않은 것(impensé), 즉 대화적 이데올로기를 그토록 매력적이고 그토록 다양하게 하는 독단적 토대를 드러낸다. 지금 이 자리에서, 문제가 되는 이 구절들에 대한 상세한 분석을 하려는 것은 아니다. 그러나 회피한다고 나를 의심하지 않

---

8) 〔역주〕 국역본 번역을 병기한다. "그러나 하나의 시적 상징(하나의 비유)의 내부에서 일어나는 상호 작용은 결코 대화적 성격의 것이라고는 볼 수 없다. 어떤 경우에도 우리는 하나의 비유(가령 하나의 은유)가 하나의 대화를 구성하는 두 개의 발언, 즉 두 개별적 음성들 사이에 할당된 두 개의 의미로 나누어지는 것을 상상할 수 없다"(미하일 바흐찐, 〈소설 속의 담론〉, 《장편 소설과 민중 언어》, 전승희 · 서경희 · 박유미 공역[파주: 창작과비평사, 1988], 144쪽).

도록, 그러한 읽기가 취할 방향을 진술해 보겠다——당연히, 당장은 이 구절들을 바흐친의 저술들의 드러나게 탈선적인 성격에 대한 나 자신의 찬탄의 토대로 전유한다는 점을 덧붙이며, 나는 처음에는 제외된 척했던 그 야릇한 바흐친 찬탄자의 명단에 나 자신을 포함시킨 셈이지만 말이다. 그러나 이는 이 제안된 입론의 부정적 찌름을 결코 없애 버리지 못한다. 우리는 (1) 바흐친에게 전의는 대상을 향하는 지향적 구조이며, 그 자체로 순수한 인식틀(episteme)이지, 언어 사실이 아니라는 점, 그리고 사실상 이는 시적인 또 산문적인 문학 담론에서 전의를 배제하고, 아마 놀랍게도, 전의를 인식론 분야에 위치시킨다는 점, (2) 대상 방향 담론으로서의 전의와 사회 방향 담론으로서의 대화주의 사이의 대립은 대상과 사회의 이항 대립을 설정하며, 이 이항 대립 자체가 최악의 의미에서 전의적인 것, 즉 물화(物化)라는 점, (3) 우리에게 보다 더 계시적인 것은, 대화적 굴절의 분석이 전개될 때 바흐친은 전(前)비판적인 현상주의의 범주적 토대를 재도입해야 하며, 여기에는 어떤 형태나 정도로든 외재를 위한, 타자성을 위한 여지는 없다는 점 등등을 지적해야만 할 것이다. 예컨대 "이어적(異語的) 목소리들은 (…) [저자] 자신의 목소리에 필수적인 배경을 창조한다" (278쪽)고 말하여질 때, 우리는 후설의 지각 이론으로부터 파생된 또 여기서 무비판적으로 언어 구조를 안전한 지각 구조에 동화시켜 버리는 전경-배경 모델을 인지하게 된다. 이 순간 이후부터 굴절 및 광선 비유는 전의에 대해 유일하게 가능한 전의로 강제적이 되며, 우리는 결코 대화적이지 않은 액자 구조의 반영적 체계 속에 있게 된다. 그러므로 여전히 같은 구절에서, 바흐친이 대화주의에서 물음과 대화로서의 대화 개념으로 돌이킬 수 없이 전조(轉調)하는 것은 전혀 놀랍지 않으며, 이번에는 대화에 대해 "화자는 청자의 이질적인 개념 지평을 돌파하여, 청자의 통각 배경을 배경으로, 이질적인 영토에 화자 자신의 발화를 구성한다"고 말하여질 수 있다(282쪽).[9] 다시 한 번, 물음과 답변의 해석학 체계의 불가피한 일부분인, 그러한 변증법적 제국주의의 몸짓에는 어떤 대화주의의 흔적도 남아 있지 않다. 타자성의 이데올로기와 해석학의 이데올로기는 양립 불가능하며, 따라서 둘의 관계는 대화적인 것이 아니라 단순히 모순적인 것이다. 바흐친의 담론 그 자체가 대화적인지 아니면 단순히 모순적인지는 기정된 결론이 아니다.

결론적으로, 내 생각에 대화적이라고 말하여질 수 있는 텍스트로 돌아가 보겠는데, 이 텍스트는 또 우연히도 대화이며, 대화 형식의 소설에 관한 대화이다. 루소의 때로 〈소설에 관한 대화〉라 불리기도 하는, 《신(新)엘로이즈》의 서문격의 발문은 대화의 두 양식을 결합한다.[10] 우선 해석학적 양식으로, 저자와 독자는 일련의 물음과 답변에, 즉 소설의 내용이 사실인지 허구인지 규정할 목적으로 누구와 무엇 일체——누가 줄리인가? 그녀는 존재했는가? 등등——에 관여한다. 이 해석학적 탐색의 결과는, 이번 호를 있게 한 **MLA** 회합의 결과처럼 아주 비결론적이다. 즉 지시의 해석학은 결정 불가능하다. 그러나 우리의 현재 수행의 정당성에 대해 염려할까봐 말하면, 결정 불가능성의 결정

---

9) 〔역주〕 국역본 번역을 병기한다. "화자는 청자의 개념적 지평을 뚫고 들어가 그의 영토에서 그의 지각 체계에 맞서 자기 자신의 발언을 구축하는 것이다"(〈소설 속의 담론〉, 91쪽). 참고로 드 만이 인용한 또 국역본의 대본인, 에머슨과 홀퀴스트의 영어 번역은 다음과 같다. "The speaker breaks through the alien conceptual horizon of the listener, constructs his own utterance on alien territory, against his, the listener's, apperceptive background."

10) 〔역주〕 이전에 드 만은, 〈소설에 관한 대화〉라 불리기도 하는 이 두 번째 서문에 대해 따로 상세히 논평한 바 있다. "Allegory(*Julie*)," in *Allegories of Reading*, 195쪽 이하 참조.

은 그 자체로 합당하고 정당하다. 내년 MLA에서 소설 속의 사실과 허구에 대한 또 다른 회합이 우리가 오늘 얻은 것보다 더 멀리 나아가지 못할지라도, 그러한 지속 작업은 아주 정당하고, 사실상 불가피한 일이다. 이런 확실성의 형식적 표현은 물음과 질문 패턴의 대칭에서 나타나며, 그러한 질문의 궤도 안에서, 일관성의 상실 없이 저자로 독자를 대치(代置)하게 해줄 것이다. 지시물의 읽기 불가능성[11]도 마찬가지로, 똑같은 이유로, 독자에게나 저자에게나 도전적인 것이며, 해석학적 탐색에서 이들의 공범 관계가 명백해진다.

다른 한편, 이 텍스트는 뭔가 아주 다른 것, 즉 저자와 독자 사이의 기지(wit)의 전투를 연출하는데, 여기서 이들은 서로를 능가하려고 애쓰며, 다소간 검술 시합처럼, 혹은 루소의 소설의 1부를 이루는 서신 교환에서 실행되고 있는 유혹처럼, 일련의 공격과 방어 속에서 공격을 받아 넘기고, 공격하는 시늉을 하고, 덫을 놓는다. 이런 교환에서 물음은 더 이상 누구나 무엇에 관한 물음이 아니다. 누가 이 시합의 승자인가 묻는 것은 순진한 일인데, 왜냐하면 이런 모델에서 루소는 저자로서, 상대들 각각의 움직임을 제어하고 있기 때문이다. 또 무엇을 두고 싸우고 있는가 묻는 것도 역시 순진할 것이다. 물음이 있든 없든 싸우고 있는 것이며, 이는 싸우는 자가 이 싸움에 무엇이 걸려 있는지에 대한 답변 가능성으로부터 적어도 두 배나 떨어져 있음을 의미한다. 모든 관심은 **어떻게** 싸우는가(혹은 유혹하는가)에, 쓰기와 읽기의 해석학보다는 방법에 즉 **시학**에 집중되어 있다. 이 저자는 모

---

11) [역주] 드 만이 참으로 역설하는 것은 "오독"이 아니라 "읽기 불가능성"이다. "오독(誤讀 misreading)"이 정독(正讀 right reading)을 전제"하는 반면, "읽기 불가능성 (unreadability)"은, 텍스트가 오독들이 아니라 양립 불가능한 읽기들을 생산함을 의미" 하기 때문이다(de Man, Interview, in Moynihan, *A Recent Imagining*, 148쪽).

든 저자들이 항상 알고 싶어 하는 것을 알고 싶어 한다. 제 책 읽으셨어요? 끝까지 읽으셨어요? 사람들이 이 책 살 거 같나요? 파리에서 잘 팔릴까요? 이 모든 물음들은 그가 책을 잘 짜 맞추었나 생각하는 것에 달하며, 해석학(텍스트의 진실이 무엇인가)보다는 경험적 시학(명성을 얻을 책을 어떻게 쓰는가)의 영역에 속하는 물음들이다. 이는 뒤이은 전투에서 그를 명백히 불리하게 위치시켜, 도회지 독자는 그의 위치의 취약성을 갖고 계속 장난치면서 그를 바보처럼 보이게 할 수 있다. 영리한 독자는 대화——결코 아주 무상이 아닌, 항상 지배를 위한 전투인 대화——를 개시한 그 순간부터 자신에게 의존하는 저자의 허를 항상 찌른다. 그럼에도 루소 텍스트의 끝에서, R이라 지칭된, 저자이기도 한 인물은 그에게 제안된 역할 대치를 거절한다.

N …하지만 나는 당신이 역할을 바꿔 볼 것을 권하오. 내가 당신에게 이 편지 모음을 출판하도록 몰아대는 사람이고, 당신은 저항하는 사람인 척해 보시오. 당신은 스스로 반대를 할 것이고, 나는 그 반대를 반박할 것이오. 그게 더 겸손하고 더 나은 인상을 줄 것이오.

R. 그게 또 당신이 내 성격에서 칭찬할 가치가 있다고 생각하는 것과 일치하오?

N. 아니오, 나는 당신에게 덫을 놓고 있었소. 있는 그대로 놔두시오.[12]

이 교묘한 구절이 읽혀야 하는 방법 중 하나는, 시학 차원에서 해석학에 함의된 대치적인 대칭을 부여하지 않는 것으로 읽히는 것이다.

---

12) J. J. Rousseau, *Œuvres complètes*, eds. B. Gagnebin and M. Raymond(Paris: Gallimard, Bibliothèque de la Pléiade, 1978), 2권, 20쪽.

루소는 7만 부의 명성이나 금전상의 이익을 그의 독자에게 양도할 의도가 조금도 없는데, 이른바 서문을 쓸 당시에 그는 파리에서나 지방에서나 그의 소설이 이미 잘 팔렸다는 것을 알고 있었다. 마지막에 웃는 자가 잘 웃는다(Rira bien qui rira de dernier). 그러나 그의 시학의 이런 성공은 해석학의 규칙과는 결코 양립할 수 없다. 시학과 해석학의 관계는, 저자 R과 독자 N의 관계처럼, 전자가 후자로 대치될 수 없는 바로 그 정도까지만 대화적이며, 이는 물음과 답변의 비대화적인 담론이 이 대치를 충분히 정당화한다는 사실에도 불구하고 그렇다. 나 자신을 포함해 모든 바흐친의 현재 독자들과 마찬가지로, 바흐친을 찬탄해야 하는(다시 말해, 그가 쓴 것을 쓰면서 그의 자리에 있고 싶은) 이유는, 그가 한 것처럼, 소설적 담론의 시학에서 출발해 해석학의 힘에 접근할 수도 있다는 그의 희망 때문이다. 소설 속의 사실과 허구의 관계에 대한 명백한 물음은 시학의 서술적 담론과 해석학의 규범적 담론 사이의 양립 가능성이라는 보다 더 근본적인 물음을 감추고 있다. 그러한 양립 가능성은 대화주의를 희생시킴으로써만 달성될 수 있다. 바흐친을 모방하거나 적용하는 것은, 바흐친을 대화에 관여시킴으로써 바흐친을 읽는 것은, 그의 작업에서 가장 타당한 것을 배반하는 일이다.

폴 드 만과의 대담

스테파노 로소

드 만은 1983년 3월 4일 코넬 대학에서 마지막 "메신저 강연"을 끝내고 이 대담에 응했다. 이 대담은 RAI(이탈리아 국영 방송)에 의해 위임되었으며——1983년 6월 1일에 방송되었는데——전문 독자가 아니라 일반 청취자에게 이해될 수 있어야 했으므로, 드 만은 가능한 한 "명료한" 말을 한다는 데 동의했다. 나는 구어적 "어색함"을 잃지 않도록 하기 위해 이 텍스트를 원래 형태 그대로 두기로 결정했다. 이 텍스트의 일부분은 이탈리아어로 번역되어 *Alfabeta* 58호(1984년 3월호), 12쪽에 나왔다. 나는 이 텍스트의 인쇄를 허가해 준 RAI사(社)의 라파엘로 시니스칼코에게, 또 이 대담의 준비에 조언을 해준 크리스토퍼 핀스크와 데이비드 랜들에게 감사하고 싶다. 대담에 응하도록 드 만을 설득해 준 쥐세페 마조타에게, 또 연구실을 우리 마음대로 쓰게 해준 필립 루이스에게 특별한 감사를 드린다.——스테파노 로소

로소　선생님은 유럽에서 교육받았고 유럽과 미국 모두에서 가르치셨는데요. 이런 경험으로부터 "교무(敎務)"를 이해하는 데 어떤 종류의 함의를 얻으셨는지요?

드 만　저는 지난 30년간 미국에서 가르쳐 왔는데, 그건 제가 당연하게 생각하는 경험이라 더 이상 그것에 대해 아주 많이 생각하고 있지는 않습니다. 제가 그것에 대해 자각하게 된 건 한동안 취리히 대학, 코넬 대학, 존스 홉킨스 대학에서 번갈아 가

르쳤기 때문인데요. 그때 저는 유럽의 교육 상황과 여기 미국의 교육 상황을 비교할 가능성을 갖게 되었습니다. 유럽에서는 물론 이데올로기적이고 정치적인 문제에 훨씬 더 가까운 반면, 미국에서는 반대로, 직업적인 문제에 훨씬 더 가깝습니다. 그래서 직업 윤리가 아주 다릅니다. 유럽에서는, 대개 중등학교 교원이 될 학생들의 실제 직업적 쓸모로부터 너무 동떨어진 교재를 가르치고 있는 일이 어려웠습니다. 그래서 가르치는 내용과 학생들에게 이 내용이 가질 사용 가치 사이에 정말 불일치가 있었습니다. 그래서 그건 저에게, 여기 미국에서와는 달리, 아주 특별한 소외감이 들게 했는데, 여기서는 미래에 대학 동료가 될 사람들을 가르치기 때문에 이들에게 아주 직접적인 직업적 관계를 갖게 됩니다——하지만 그 나름의 이데올로기와 그 나름의 정치, 보다 더 직업에 관계된 정치가 있고, 미국 정치 세계와 사회에 대한 학문적 직업의 관계를 갖게 됩니다. 결국 저는 미국에서 가르치는 기능——학문의 기능과 구별되는 대학 교수의 기능——이 유럽에서보다 훨씬 더 만족스럽다고 생각하게 되었는데, 그건 바로 교수와 학생들의 계약 때문입니다. 여기 미국에서는 실제로 학생들에 대한 계약 관계를 실행할 수 있지만, 유럽에서는 그럴 수 없습니다. 유럽에서는 두 개의 전혀 다른 수준에서 기이한 분리가 있어요. 그건 구체적으로 눈에 보이는 사실로, 유럽에서 교수는 거기에, 그 교수 의자에, 서 있어 교수와 학생 사이에 심연이 있는 반면, 미국에서는 교수도 탁자에 앉잖아요. 저는 유럽의 그런 이데올로기적 상황에 얽힌 부정직함이 미국보다 더 심하다는 걸 알게 되었어요.

미국에서는 약간 더 정직하지요, 물론 여기서는 확실히 정치적인 문제가 "대학 교수"와 사회 일반의 관계로 바뀌어 놓이긴 하지만요. 저는 유럽에서 마주하는 것을 대처하기보다 그런 문제를 대처하기가 더 쉽다는 걸 알게 되었는데요….

로소 데리다의 작업이 그리고 더 일반적으로 해체(deconstruction)[1]가 미국 학계에서 성공한 것을 어떻게 설명할 수 있을까요?

드 만 데리다의 성공은(아, 상대적인 성공이라고 한정해야겠는데요) 부분적으로, 다른 대부분의 프랑스 비평가들과 달리, 데리다가 텍스트를 아주 꼼꼼히 작업한다는 데, 아주 주의 깊게 **읽는다**는 데 있는데요, 미국의 문학 교수들과 학생들은 신비평의 꼼꼼한 읽기 훈련 덕에 유럽 사람들보다 그런 종류의 일에 더 잘 준비되어 있습니다. 데리다에게는, 사용되는 어떤 기술들보다 더 친숙한, 하지만 다른 한편, 대단히 더 자극적인 뭔가가 있고, 그래서 특정 텍스트들에 대한 데리다의 꼼꼼한 작업이 그를 미국 독자에게 확실히, 긍정적인 의미에서건 부정적인 의미에서건, 더 접근 가능하게 해준 것인데요──긍정적이라는 건 사람들이 데리다가 한 일으로부터 계속해 나갈 수 있다는 의미에서이고, 부정적이라는 건 데리다가 텍스트에, 비교적 전통적인 텍스트 정전에 집중함으로써, 텍스트적 작업에 너무 밀착한다는 이유로, 그러니까 정치적이거나 더 일반적인 성질의 문제보다는 텍스트적 해석의 문

---

1) 〔역주〕 알다시피 "해체"는 순전한 파괴와 동일하지 않으며, 이런 의미에서는 "탈구성"이 보다 나은 역어일지 모른다. "해-체 혹은 탈-구성"은 "어느 정도까지는 필수적으로 체(體)와 구성을 내포하고 있다"(김진석, 《탈형이상학과 탈변증법》[서울: 문학과지성사, 1992], 32쪽). 같은 맥락에서 드 만은 이미 "해체가 재건축의 가능성을 함의한다"는 것을 지적한 바 있다(*Blindness and Insight*, 140쪽).

제를 더 제기한다는 이유로 공격받을 수 있었다는 의미에서입니다. 흔히 푸코와 데리다의 차이는 또 이 두 사람을 합치려는 시도는 바로 이 꼼꼼한 텍스트 읽기의 문제에 집중되어 있고, 그래서 데리다의 성공은 양가적이며 또 비판받는 원인이기도 합니다. 그건 또 데리다와 미국식 "데리다주의"라 불리는 것의 관계가 자주 논의되는 차원에도 좀 있습니다. 데리다를 학문화해 버림으로써, 데리다를 다만 문학 교육의 또한 가지 방법이 되게 해버림으로써, 데리다의 텍스트와 작업에서 어떤 대담한 것이든, 어떤 참으로 전복적이고 예리한 것이든 없애 버릴 수 있다는 말이 자주 있는데, 이는 어느 정도는 진실입니다. 그리고 데리다에 그렇게 될 수 있는 요소가 있는 까닭은, 우리가 데리다에서 전범적인 읽기 방식을, 예를 들면 텍스트의 수사적 복잡성에 대한 의식을 발견할 수 있기 때문인데, 이는 교수법에, 문학 교육의 교무에 적용 가능하고, 그 자체로 어떤 의미에서 순전히 교무적인 데리다의 영향이 있긴 합니다. 저로 말하면, 그렇게 된 데 많은 책임이 있는 사람으로 자주 언급되는데, 이는 제 작업이 어떤 의미에서 철학적(philosophical)이기보다는 교무적(pedagogical)이기 때문입니다. 제 작업은 언제나, 데리다의 경우처럼 일반적인 철학적 쟁점의 압박으로부터가 아니라, 특정한 텍스트를 읽어야 하는 교무적 혹은 교수적(didactic) 과제로부터 출발합니다. 저는 이 진술에 일말의 취할 점이 있음을 볼 수 있지만, 데리다에서, 부인할 수 없이 거기 있는, 고전적인 교수적 교무적 요소를 그의 작업의 전복적 측면과 분리하는 것은 가능하지 않다고 제가 생각한다는 사실은 제외해야겠습니다. 데리다가 이

고전적 훈육을 자신 속에 지니고 있는 한, 그의 전복은 특히 효과적이고, 제 생각에는 이 경우, 정치적 쟁점을 직접적으로 제기하지만 텍스트적 복잡성에 대한 자각이 없는 푸코 같은 사람의 경우보다 훨씬 더 효과적인데요, 물론 푸코는 텍스트적 복잡성에 대해 거의 직관적인 자각이 있긴 합니다만… 그래서 개인적으로, 제 작업이 교수적인 한에서 학문적이라거나 혹은 심지어, 극도의 모욕으로 쓰이듯, 또 하나의 신비평에 불과하다는 말을 들을 때 저는 양심에 거리낌이 없어요. 저는 그런 말을 듣고도 아주 잘 살 수 있는데, 어떤 의미에서, 오직 고전적으로 교수적인 것만이 정말로 또 효과적으로 전복적이라고 생각하기 때문입니다. 그리고 저는 같은 것이 데리다에게도 적용된다고 생각합니다. 이 말은 본질적 차이가 없다는 말은 아닙니다. 데리다는 대학 제도에 대해 더 많이 발언해야 한다고 느끼고 있지만, 그건 대학이 그토록 지배적인 문화적 기능을 갖고 있는 유럽적 맥락 안에서 더 이해할 만한 것이고요, 반면 미국에서 대학은 전혀 문화적 기능이 없고, 미국의 진정한 문화적 긴장에 기입되어 있지 못한데요….

로소 선생님 작업과 데리다 작업의 차이에 대해 더 말씀해 주실 수 있나요?

드 만 저는 그 차이가 어디에 있는지 물어보실 적합한 사람이 아닌데요, 왜냐하면 저는 많은 면에서 데리다에게 가깝다고 느끼고 있어, 제 작업이 데리다 작업과 닮은 것인지 다른 것인지 규정하지 못하기 때문입니다. 제가 최초로 데리다와 관계하게 된 것은——볼티모어에서 있었던 "비평 언어와 인간 과학" 토론회[2]에서 데리다를 처음 만난 후 밀접하게 뒤따랐던

저 모든 관계에 전형적이고 중요한 것이라고 생각하는데요 (그것에 대해 생각할 수 있거나 생각하기를 바라는 한에서요) ――데리다나 제가 아니라 루소와 관련이 있었습니다. 순전한 우연의 일치로 우리 둘 다 루소에 대해, 기본적으로 같은 텍스트를 작업하고 있던 중이었지요.[3] 바로 루소와 관련하여 저는 데리다가 하는 것과 제가 하고 있는 것 사이의――불일치가 아니라――어떤 강조점의 편차를 분명히 하고 싶었고, 풀어보고 싶었습니다. 거기 남겨진 우리 사이의 그 차이에는 뭔가가 있을지 모르겠는데요, 이는 아주 진정한 의미에서 ――부인이나 거짓 겸손이 아니라(물론 "부인하려는 게 아니라"라고 말할 때 전보다 훨씬 더 부정하고 있다는 의혹을 일으키지만요…. 그래서 그런 구속으로부터 빠져나올 수 없지만요…)――제 출발점이, 이미 말씀드렸다고 생각하는 것처럼, 철학적(philosophical)인 게 아니라 기본적으로 문헌학적 (philological)인 것이고,[4] 그런 이유로 교수적이고 텍스트 정향적인 한에서 그렇습니다. 따라서 저는 텍스트에 태생적인

---

2) 〔역주〕 1966년 존스 홉킨스 대학에서 열린 유명한 토론회를 가리키는데, 당시 지라르, 풀레, 골드만, 토도로프, 바르트, 라캉, 데리다 등이 발표자로 참석하였다. 발표 및 토론 내용은 나중에 Richard Macksey and Eugenio Donato, eds., *The Structuralist Controversy: The Languages of Criticism and the Sciences of Man*(Baltimore: Johns Hopkins University Press, 1972[1970])으로 출간되었다. 덧붙여, 이 토론회의 명성에 비해 덜 알려진 일화인데, 바르트가 〈글쓰기: 자동사?〉를 발표한 후, 드 만은 바로 그 면전에서 바르트의 방법론을――바르트의 "낙관적인 역사적 신화"를――신랄하게 지적한 일이 있다(같은 책, 150쪽).

3) 〔역주〕 여기서 "같은 텍스트"란 루소의 《언어 기원에 관한 시론》을 가리킨다. 국역본은 《언어 기원에 관한 시론》, 주경복·고봉만 공역(서울: 책세상, 2002).

4) 〔역주〕 〈문헌학으로의 회귀〉에 명시된 것처럼, 드 만이 뜻하는 "문헌학"이란 "언어가 생산하는 의미에 선행하는 언어 구조에 대한 검토"이다.

권위를, 제 생각엔 데리다가 텍스트에 두고자 하는 것보다 더 강하게 두는 경향이 있습니다. 저는 작업 가설로(작업 가설이라 하는 것은 제가 이보다는 더 잘 알고 있기 때문인데요) 텍스트가 자신이 무엇을 하고 있는지 절대적인 방식으로 **안다**고 가정합니다. 이렇지 않다는 것을 저는 알지만, 루소는 어느 때든 자신이 무엇을 하고 있는지를 알고 있고 그래서 그 자체로 루소를 해체할 필요가 없다는 것은 필요 작업 가설입니다.[5] 복잡한 방식으로 저는, 텍스트가 텍스트 외부로부터의 철학적 개입에 의해 해체되기보다는, "텍스트는 자기 자신을 해체하며, 자기 해체적이다"라는 진술을 고수할 것입니다. 데리다와 저의 차이는, 데리다의 텍스트는 그토록 뛰어나고, 그토록 예리하고, 그토록 강해서, 데리다에서 무엇이 발생하든, 그것은 그와 그의 텍스트 사이에서 발생한다는 점입니다. 그는 루소를 필요로 하지 않고, 다른 누구도 필요로 하지 않아요.[6] 제가 그들을 몹시 필요로 하는 것은 저는 제 자신의 생각을 가져 본 적이 없고,[7] 생각이 항상 텍스트를 통해서, 텍스트에 대한 비판적 검토를 통해서 왔기 때문인데요…. 저는 문헌학자이지 철학자가 아닙니다. 저는 차이가 거기에 있다고 봅니다…. 다른 한편으로, 저는 어떻게 두 다른 접근이 이따금 일치하는가를 보는 것이 흥미롭다고 생각하는데, 이 지점에 대해 가세는 이 논제에 관해 쓴 두 편의 논문에서(이 두

---

5) [역주] 이 점은 드 만의 유명한 시론 〈맹목의 수사학: 자크 데리다의 루소 읽기〉에서 개진된 바 있다. "루소를 해체할 필요는 없다. 그러나 루소 해석의 확립된 전통은 절실히 해체될 필요가 있다"("The Rhetoric of Blindness: Jacques Derrida's Reading of Rousseau," in *Blindness and Insight*, 139쪽). 덧붙여, 루소를 둘러싼 드 만과 데리다의 교류에 대해서는 Derrida, *Memoires for Paul de Man*, 125-31쪽 참조.

논문은 가지히의 논문과 더불어 확실히 이 논제에 관해 씌어진 가장 좋은 글인데요) 제가 데리다의 용어법을 사용하지 않을 때 데리다와 제 자신이 가장 가깝고, 제가 **해체** 같은 용어를 사용할 때 가장 멀다고 말합니다.[8] 저는 그 말에 전적으로 동의합니다. 하지만 한 번 더 말씀드려, 저는 이 특정한 문제를 결정할 수 있는 사람이 아니고, 제가 그 수준에 있다고는 하지 않겠는데요….

로소 렌트리키아가 《신비평 이후》[9]에서 사르트르가 선생님 작업에 강한 영향을 주었다고 말하는 데 대해 동의하시는지요? 또 하이데거 작업과의 첫 마주침은 어떠셨는지요?

드 만 사실에 곧장 들어가기 위해 사실적으로 말씀드리면, 제 세대

---

6) 〔역주〕 이에 대해 데리다는, 드 만의 사후에 열린 한 학술 회의에서 다음과 같이 말한다. "드 만은 틀렸습니다. 저는 폴 드 만을 필요로 했습니다. 그러나 저는 의심할 바 없이 수년 후에, 그가, 폴 드 만이, 우리에게 털어 놓아야만 한다고 생각했던 것을, 그 스스로, 보이고 논증하기 위해 아마도 루소를 필요로 하지 않았었다는 것을 제 차례에서 보이기 위해 그를 필요로 했습니다…. 저는 폴 드 만이 이 자리에 없어서 저에게 답변하고 반론하지 못하는 게 매우 슬픕니다. 그러나 저는 이미 그를 들을 수 있습니다——그리고 조만간 그의 텍스트는 그를 위해 답변할 것입니다. 그게 우리가 기계라고 부르는 것입니다. 그러나 유령적 기계라고 말입니다. 제가 맞다고 말함으로써, 그것은 그에게 그가 맞다고 말할 것입니다"(Jacques Derrida, "Typewriter Ribbon: Limited Ink(2)," trans. Peggy Kamuf, in Tom Cohen, et al., ed., *Material Events: Paul de Man and the Afterlife of Theory*[Minneapolis: University of Minnesota Press, 2001], 358-59쪽).

7) 〔역주〕 참고로 "…I never had an idea of my own…"은 Ortwin de Graef, *Serenity in Crisis: A Preface to Paul de Man, 1939-1960*(Lincoln: University of Nebraska Press, 1993)의 제사(題詞)로 쓰인 바 있다.

8) 〔역주〕 여기서 드 만이 언급하고 있는 가셰의 텍스트는 "'Setzung' and 'Übersetzung'"(1981)이다. 가셰를 직접 인용하면, "드 만은 해체라는 관념을 적용하는 경우 데리다와 다르고, 드 만의 작업은 아마도 데리다의 이름이 전혀 언급되지 않는 경우 데리다에 더 가까울 것"이다(Gasché, *The Wild Card of Reading*, 22쪽).

9) 〔역주〕 Frank Lentricchia, *After the New Criticism*.

의 모든 사람들, 그러니까 제2차 세계대전이 시작되었을 때 스무 살이었던 사람들과 마찬가지로,[10] 사르트르는 아주 중요했습니다. 사르트르에서 저에게 가장 흥미로웠던 것은 《상황 1》에 실린 문학 비평적인 텍스트들, 특히 퐁주에 관한 텍스트와 쥘 르나르[11]에 관한 텍스트였는데, 여기서 사르트르는 아주 꼼꼼한 텍스트적 작업을 하면서 당시에는 꽤 새로웠던 방식으로 텍스트에 관해 말하고 있습니다. (또 시점과 관련된… 플로베르를 공격하는 사르트르의 이전의 논문도 있었는데요.) 저는 그 논문들이 아주 좋았다고 기억하고 있고, 그 논문들에 많이 감동받았습니다. 하지만 그 논문들은, 말하자면 신비평에 아주 비견할 만한 것들이었습니다. 그 논문들은 아주 형식주의적이고 아주 기술적인 방식의 꼼꼼한 읽기였는데, 나중에 사르트르는 이를 추구하지 않았습니다. 그러나 저는 동시에, 초현실주의 전통으로부터 온 모든 사람들, 특히 바타이유, 블랑쇼, 심지어 바슐라르처럼 사르트르와는 전혀 다른 기질로 작업하는 비평가의 영향을 많이 받았습니다. 그리고 예컨대 사르트르와 블랑쇼 사이에 전개되었던 논쟁에서 가시화된 약간의 대립에서——사르트르의 저작 《문학이란 무엇인가》[12]는 많이 읽히고 토의되었는데, 당시에 블랑쇼는 〈문학과 죽음에 대한 권리 La littérature et le droit à la mort〉라는 글을 써서 일종의 응답을 했어요——저는 제 자신이 간단히 말한다면 사르트르보다는 블랑쇼 편에 있다고 느

---

10) 〔역주〕 1919년생인 드 만은 1939년 제2차 세계대전이 발발했을 때 스무 살이었다.

11) 〔역주〕 Jules Renard(1864-1910, 프랑스).

겼습니다. 그래서 확실히, 저는 단지 사르트르에게만 영향받은 게 아니라, 사르트르 옆에 있는 많은 이름들을 말해야 할 것이고, 이는 다시 말씀드리지만 제 세대에 전형적인 것일 겁니다. 다른 이름들이 있을 것이고, 그건 사르트르의 다른 측면들에 불과할 겁니다.

하이데거의 경우에 한해 말하면, 저는 세계대전 중에 또 직후에 그의 작업을 알게 되었고, 처음에는 드 발른스[13]라는 벨기에 철학자의 연구서를 통해서였는데, 드 발른스는 세계대전 중에 하이데거에 관한 책을 출판했습니다. 이후로는, 제가 그로부터 무슨 영향을 받았든, 그건 사르트르를 통해서 오지는 않았습니다. 저는 항상, 사르트르가 하이데거를 또 보다 덜한 정도로 후설을 이용한 것이 핵심을 놓쳤다고 느꼈고, 그 당시에 많이 토의되었으며 또 어떤 의미에서 사르트르에 논쟁적이었던, 하이데거의 〈인간주의에 관한 서한〉[14] 같은 텍스트의 출판에 즈음하여, 거기서도 저는 하이데거가 하는 말은

---

12) 〔역주〕 국역본은 사르트르, 《문학이란 무엇인가》, 정명환 역(서울: 민음사, 1998). 참고로 사르트르에 대한 드 만의 비평으로는 "Sartre's Confessions"[review of Jean-Paul Sartre, The Words], in Critical Writings, 1953-1978. 여기서 드 만은 사르트르의 자서전 《말》이 "자기 치료 행위이지, 그 자체로는, 문학에 속하지 않는다"고 혹평한다(122쪽). 사르트르와 다르게 루소, 프루스트, 플로베르 같은 진정한 문학인들은, 드 만이 보기에 "그들 자신의 곤경을 치유하는 일이 아니라 해석하는 일에 관계했다"(같은 곳).

13) 〔역주〕 Alphonse de Waelhens(1911-1981).

14) 〔역주〕 국역본은 하이데거, 〈휴머니즘에 관하여〉, 최동희 역, 《철학이란 무엇인가》(서울: 삼성 출판사, 1990). 알다시피 여기서 하이데거는 사르트르를 비판하고 있다. "본질보다 실존이 앞선다는 사르트르의 중요한 명제는 이러한 철학에는 '실존주의' 라는 명칭이 적합하다고 하며 실존주의라는 명칭을 옹호한다. 그러나 '실존주의' 의 중요 명제와 《존재와 시간》의 명제는 약간의 공통점도 가지고 있지 않다"(같은 책, 111쪽).

무엇이든 더 가깝게 느꼈습니다. 그래서 사르트르의 특정한 영향에 대해 말하는 것은 약간 억지스러운 것 같긴 해요…. 그러나 사르트르는——심지어 데리다도 저에게 자신에 관해 말했지만요——우리 중 많은 이들에게 학문적인 것만은 아닌 어떤 종류의 철학적 언어를 최초로 마주치게 해준 사람이 었습니다. 그래서 사르트르가 《상상적인 것》과 《존재와 무》 같은 시론들을 즉 기술적인 철학 책들을 썼던 한편, 동시에 문학 비평가로서, 동시에 정치적 문제에 대해 강한 의견을 철학자의 저 좀 신화적인 쌍두적(雙頭的 bicephalic) 불찬성을 ——표출하는 누군가로서 아주 강한 매력을 가졌던 것도 사실이었습니다. 저는 우리 세대의 누구도 그를 넘어서지 못했다고 생각합니다. 우리는 모두 어쨌든 그처럼 되고 싶어 합니다. 이런 관념을 넘어서는 데는 대략 생애 전부가 걸리는데, 바타이유처럼 정치적인 것에 대한 관계가(왜냐하면 그는 아주 정치적이었기 때문에) 사르트르의 경우보다 더 복잡하고, 더 매개되어 있는 사람의 매력은, 현란한 사르트르의 존재—— 사르트르, 그리고 덜한 정도로 카뮈,[15] 그러나 철학자이자 적극적으로 참여하는 정치적 인간이었던 한에서 특히 사르트르가——현장에서 갖는 명백한 매력에 저항하는 방식이었지 싶어요. 그러나 문학적인 면과 철학적인 면 모두에서 사르트르의 작업에 있는 어떤 명백히 가능한 약점으로 인해, 그런 인물에 대한 확신을 금방 잃게 되었다고 생각합니다.

---

15) [역주] 카뮈에 대한 드 만의 비평으로는 "The Mask of Albert Camus" [review of Albert Camus, *Notebooks, 1942–1951*], in *Critical Writings, 1953–1978*. 드 만에게 카뮈는 "반짝하는 순간의 사람이지, 지속적으로 노력하는 사람이 아니다"(152쪽).

로소 선생님의 저작 목록에서 근래 문학을 무시하는 경향을 알아챌 수 있는데요. 예컨대 선생님은 어쨌든 유행하는 논쟁, 그 "후기 현대주의"(postmodernism)라는 관념에 대한 논쟁에 전혀 관심이 없으신 것처럼 보이는데요….

드 만 저에게 곤란한 것은 "후기 현대적 접근"이 좀 순진한 역사적 접근인 듯싶다는 점입니다. 현대성이라는 관념이 이미 아주 수상쩍은 것이지요.[16] 후기 현대성이라는 관념은 현대성이라는 관념의 패러디가 됩니다. 그건 마치 《신프랑스 평론》, 《신신프랑스 평론》, 신비평, 신신비평 따위 같은 것입니다. 그것은 문학적 순간을 증가된 현대성 차원에서 정의하려고 시도하는, 바닥없는 구렁입니다(하산[17]의 작업에서도 이런 일이 일어납니다). 그것은 저에겐 아주 현대적이지 않은 아주 구식의, 보수적인 역사 개념으로 느껴지는데, 거기서 역사는 계기(繼起)하는 것으로 보이고, 그래서 그 순간에 사용되고 있는 역사적 모델은 아주 수상쩍고, 어떤 의미에서, 순진하고, 아주 단순한 것입니다. 이는 자신들의 작업을 근래 허구물 작업과 맞출 필요를 느끼는 문학 이론가들에게 더 해당되는데, 이들은 이른바 창작가와의 관계에서 비평가가 때로 느끼는 약간의 위협감을 갖고 있기에 창작가와 조화를 이루고 싶어 합니다. 확실히 그런 게 유럽에 좀 있지요. 저에겐 블랑쇼 같은

---

16) 〔역주〕 "현대성"에 관한 드 만의 상론으로는 "Literary History and Literary Modernity," in *Blindness and Insight* 참조. 이에 따르면 "현대성은 앞서 왔던 것을 다 쓸어 버리려는 욕망의 형태로 존재"하면서도, "퇴행적 역사 과정 속으로 삼켜져 재통합되지 않고서는 스스로를 단언할 수 없다"(148쪽, 151쪽).

17) 〔역주〕 이집트 출신의 문학 이론가 Ihab Hassan을 가리킨다.

모델이 아주 계시적인 것으로 남아 있는데, 블랑쇼는 비평가이며 또한 작가였고, 비평가로서는 작가로서의 자신을 정당화하는 데 전혀 관심이 없었고, 작가로서는 비평가로서의 자신에 관심을 두지 않았기 때문입니다. 흥미롭게도 같은 사람 안에 같은 주체가 있지 않고, 이른바 창작이라는 것을 그 일이라면 비평 일과 관련시키지 않고 조정할 의도가 없는 건데, 블랑쇼는 나중의 텍스트들에서 어려움 없이 두 일을 한데 놓을 수 있었습니다. 작가를 향한 비평가의 열등감이 전혀 없었던 거지요. 프랑스에서 흔한 또 말라르메에서도 있는 이 모델이, 말하자면 작가가 가질 수 있는 혁신적 자유로 좀 "득을 보고" 싶어 하는 비평가의 관념보다 저에게 더 가깝습니다. 저는 지금 미국이나 프랑스나 다른 곳에 있는 작가들의 혁신이 문학 이론가가 하는 일에 더 가깝거나 유사한지 모르겠습니다. 그리고 아주 단정적으로 말씀드리면, 그 문제는 저에게 흥미가 없습니다. 비평과 대비되는 이른바 창작 허구물에서 지금 이 순간 진행되고 있는 일을 본받거나 붙잡으려 함으로써, 그게 유사하다고 밝혀지면 뭐 좋아요, 그러나 그건 확실히 안 그럴 거고요──제 경우에는 확실히 아니고, 밥값을 하는 문학 이론가의 경우에도 아닐 거라고 생각하는데요…. 저는 18세기나 19세기 저자들에 관해 쓰면서 완벽히 편안하게 느끼고, 근래 저자들에 관해 써야 한다고는 전혀 느끼지 않습니다. 다른 한편, 가지각색의 근래 저자들이 있는데, 제가 아주 가깝다고 느끼는 저자들도 있고 수백만 마일이나 떨어져 있다고 느끼는 저자들도 있습니다만…

로소 아, 한 가지만 예를 들면, 수년 전에 보르헤스에 관한 글[18]을 쓰셨지요….

드 만 아, 그건 저에게 제의가 들어왔던 것이었고… 확실히 저는 보르헤스라면 어느 때라도 쓸 수 있고요, 확실히 블랑쇼의 허구물에 대해서도요, 그러나 근래 프랑스 저자 중 누구에 관해 쓰겠냐고 물어보신다면… 틀릴지 모르겠지만, 칼비노[19]에 관해 쓰고 있는 제 모습을 생각해 볼 수 있겠는데요….

로소 이제, 아마도, 선생님이 쓰고 계신 책에 대해, 강연에서 언급하셨던 키에르케고르와 마르크스에 관한 그 "불가사의한" 장(章)들 그리고 최근 눈에 띄는 "이데올로기"와 "정치" 같은 용어들의 빈번한 재발에 대해 뭔가 말씀해 주실 수 있을 것 같은데요….

드 만 저는 이 문제로부터 떠나 있은 적이 없다고, 이 문제는 항상 제 마음속에 최우선적으로 있었다고 생각합니다. 저는 이데올로기 문제 또 확장하여 정치 문제를 비판적-언어적 분석(critical-linguistic analysis)에 기초해서만 접근할 수 있다고 항상 주장해 왔는데, 이 분석은 그것 자신의 차원에서 언어를 매개로 이루어져야 하는 것으로, 저는 이 언어 문제를 일정하게 제어할 수 있게 된 후에야 저 이데올로기와 정치 문제를

---

18) 〔역주〕 1964년 《뉴욕 서평 *The New York Review of Books*》에 게재된 "A Modern Master: Jorge Luis Borges"[review of Jorge Luis Borges, *Labyrinths and Dreamtigers*]를 가리킨다. 나중에 *Critical Writings, 1953-1978*에 재수록되었는데, 흥미로운 대목을 잠시 인용하면, "예술가는 문체를 창조하기 위해 악당의 가면을 써야 한다…. 보르헤스의 이야기들은, 이야기들이 씌어지는 문체에 관한 것이다"(124쪽, 125쪽).

19) 〔역주〕 물론 이탈로 칼비노(Italo Calvino, 1923-1985)는 프랑스 작가가 아니라 이탈리아 작가이다. 드 만은 프랑스 작가 중 마땅한 사람을 떠올리지 못하다가, 이 이탈리아 방송 대담에서 칼비노를 떠올린다.

접근할 수 있다고 느꼈습니다. 그렇게 말하는 것은 젠체하는 것 같지만, 그렇지는 않습니다. 저는 언어의 기술적(技術的) 문제, 특히 수사학의 문제, 전의와 수행사(performative) 사이의 관계 문제, 한 장(場)으로서 어떤 언어 형식 속에서 그 장을 넘어가는 전의론의 포화(飽和) 문제를 제어하게 되었다는 느낌을 갖고 있는데요…. 저는 이제 그것을 다룰 수 있는 어휘와 개념적 장치를 제어한다고 느낍니다. 제가 순수하게 언어적인 분석에서 정말로 이미 정치적이고 이데올로기적인 성질을 지닌 문제로 나아갈 수 있었다고 느꼈던 것은 바로 루소에 관해 작업하면서였습니다.[20] 그래서 이제 저는 그것을 조금 더 공개적으로 해야겠다고 느끼는데, 물론 일반적으로 "이데올로기 비판"이라고 통용되는 것과는 아주 다른 방식으로이긴 합니다. 그것은 저를 아도르노에게로 또 독일에서 그런 방향으로 이루어졌던 시도들로, 하이데거의 어떤 측면들로 다시 데려가고 있고, 저는 따라서 어떤 명시적으로 정치적인 텍스트의 어려움을 마주해야 한다는 것을 막 느끼고 있습니다. 그것은 또 저를 꾸준히 신학 및 종교 담론과 관계있는 문제로 다시 데려가고 있고, 그게 바로 마르크스와 키에르케고르를 헤겔의 두 주요 독자로 병치하는 것이 저에게 난제로, 어떤 면에서, 풀어야만 하는 문제로 보이는 이유입니다. 저는 그것을 풀지 못했고, 제가 그것에 대해 뭔가 할 것이라고 계속 공

---

20) 〔역주〕 한 예로 "《인간 불평등 기원론》이 우리에게 말해 주는 것은… 인간의 정치적 운명이 자연과 무관하게 또 주체와 무관하게 존재하는 언어적 모델처럼 구조화되어 있으며 언어적 모델로부터 유래한다는 점이다. 즉 그것은 '정열'이라 불리는 맹목적 은유화(blind metaphorization)와 일치하는데, 이런 은유화는 지향적 행위가 아니다"(de Man, "Metaphor[Second Discourse]," in Allegories of Reading, 156쪽).

언하는 사실은 제 자신을 그렇게 하도록 밀어붙일 따름인데, 왜냐하면 이것을 할 거라고 계속 말하면서 그것을 하지 않는다면, 결국 제가 아주 바보처럼 보이게 될 것이기 때문입니다. 그래서 저는, 키에르케고르의 경우와 마르크스의 경우 모두에서, 이것을 하도록 제 자신을 좀 밀어붙여야 합니다. 그것은 저를 헤겔과 칸트로 돌아가게 함으로써 우선 준비적인 동작으로 데려가고 있는데, 제가 거기에 들러붙어 있지 않기를 바랄 뿐입니다. 논쟁적 충동에서가 아니라, 이래서 저는 이데올로기 문제에 대해 뭔가 말할 준비가 되어 있다고 느꼈던 것입니다. 이데올로기 문제에 대해 말해졌던 것이, 이제 제임슨이나 다른 사람들의 책들 속에 있는 것이 저에게 이것을 하도록 박차를 가했던 것이 아니고요. 말씀드린 것처럼, 그건 항상 주요한 관심사였고, 이제 저는 이 언어 문제를 좀 더 제어할 수 있게 되었다고 느낍니다. 그것으로부터 무엇이 나올지는 저도 모르는데, 왜냐하면 그런 식으로 작업하지는 않기 때문입니다. 무엇이 나올지는 마르크스와 키에르케고르의 텍스트들이 읽혀야만 할 것이라고 제가 생각하는 대로 그 텍스트들부터 나올 것입니다. 그리고 그 텍스트들은, 그것들이 받지 아니한, 비판적–언어적 분석의 관점에서 읽혀야 합니다. 그런 선상에서는 키에르케고르에 관해 아주 적은 연구만이 있고, 마르크스에 관해서는, 물론, 제 생각에 그런 방향으로 간 알튀세르에 있는 요소를 제외하고는, 훨씬 더 적은 연구만이 있습니다. 그러나 저는 제가 무엇을 생산할지 고대하고 있고, 다른 사람과 마찬가지로 그것에 대해 거의 알지 못합니다.

참고 문헌

[역주]는 드 만의 모든 저서를 참조하였으며, 두 번째 인용부터는 책명과 쪽 수만 표시하였다. 발간 순서대로 배열하면 다음과 같다.

Blindness and Insight: Essays in the Rhetoric of Contemporary Criticism. 2 판. Minneapolis: University of Minnesota Press, 1983(1판은 1971년).

Allegories of Reading: Figural Language in Rousseau, Nietzsche, Rilke, and Proust. New Haven: Yale University Press, 1979.

The Rhetoric of Romanticism. New York: Columbia University Press, 1984.

The Resistance to Theory. Minneapolis: University of Minnesota Press, 1986.

Critical Writings, 1953-1978. Minneapolis: University of Minnesota Press, 1989.

Romanticism and Contemporary Criticism. Baltimore: Johns Hopkins University Press, 1993.

Aesthetic Ideology. Minneapolis: University of Minnesota Press, 1996.

기타(토론 및 대담)

Discussion with Roland Barthes. In Richard Macksey and Eugenio Donato, eds., *The Structuralist Controversy: The Languages of Criticism and the Sciences of Man*. Baltimore: Johns Hopkins University Press, 1972.

Interview. In Robert Moynihan, *A Recent Imagining: Interviews with Harold Bloom, Geoffrey Hartman, J. Hillis Miller, and Paul de Man*. Hamden: Archon Books, 1986.

이 외에 몇 차례 인용한 드 만 관련 문헌은 다음과 같다.

Derrida, Jacques. *Memoires for Paul de Man*. Trans. Cecile Lindsay, et al.

New York: Columbia University Press, 1989.

Gasché, Rodolphe. *The Wild Card of Reading: On Paul de Man*. Cambridge: Harvard University Press, 1998.

McQuillan, Martin. *Paul de Man*. London: Routledge, 2001.

색 인

저자 소개

폴 드 만(Paul de Man)

 문학 이론가. 1919년 벨기에 안트베르펜 출생. 아버지는 X선 기계 제조업자. 드 만의 사춘기에 형은 교통 사고로 사망, 어머니는 자살. 삼촌은 유력 정치인이며 사회 이론가였던 헨드릭 드 만. 브뤼셀 자유 대학에서 화학과 사회 과학을 공부하는 한편, 반(反)나치 성향의 좌익 학생 잡지에 글을 기고하고 편집. 제2차 세계대전 중 독일군이 통제한 일간지 《르 스와르》에서 문예 분야의 기자 생활, 이 중 "반유대적" 기사가 그의 사후에 밝혀져 물의를 일으킴. 그러나 드 만이 반유대적이지 않았으며, 오히려 레지스탕스를 도왔다는 증언들 또한 잇따름. 멜빌의 《모비 딕》을 플랑드르어로 번역. 1948년 미국으로 이주. 출판사를 계획했으나, 한동안 서점 직원으로 근무. 1960년 하버드 대학에서 〈말라르메, 예이츠, 그리고 후기 낭만적 곤경〉으로 박사 학위 취득. 플로베르의 《보바리 부인》을 영어로 번역. 1966년 볼티모어에서 데리다와 만남. 코넬, 취리히, 존스 홉킨스 등의 대학에서 가르쳤으며, 최종적으로는 예일 대학에서 비교 문학 강의. 유럽과 미국 인문학의 가교 역할. "미국에서의 해체" 운동의 주도적 인물. 문학을 포함한 모든 언어의 수사적 성격과 이로 인한 텍스트의 읽기 불가능성을 주장. 1983년 암으로 사망. 저서로는 《맹목과 통찰》《읽기의 우의》《낭만주의의 수사학》《이론에 대한 저항》《미학 이데올로기》 등. 데리다는 《폴 드 만을 위한 기억들》에서 그를 "기억의 위대한 사상가이며 이론가"라고 말함.

황성필
고려대 영어교육과 졸업
뉴욕주립대(스토니 브룩) 영문학 석사
고려대 영상문화학 박사 과정 수료
고려대, 수원대에서 강의했다

문예신서
361

이론에 대한 저항

초판발행 : 2008년 12월 20일

東文選
제10-64호, 78. 12. 16 등록
110-300 서울 종로구 관훈동 74번지
전화 : 737-2795

편집설계 : 李妊榮

ISBN 978-89-8038-644-4 94160

31 동양회화미학	崔炳植	19,000원
32 性과 결혼의 민족학	和田正平 / 沈雨晟	9,000원
33 農漁俗談辭典	宋在璇	12,000원
34 朝鮮의 鬼神	村山智順 / 金禧慶	28,000원
35 道敎와 中國文化	葛兆光 / 沈揆昊	15,000원
36 禪宗과 中國文化	葛兆光 / 鄭相泓・任炳權	8,000원
37 오페라의 역사	L. 오레이 / 류연희	절판
38 인도종교미술	A. 무케르지 / 崔炳植	14,000원
39 힌두교의 그림언어	안넬리제 外 / 全在星	22,000원
40 중국고대사회	許進雄 / 洪 熹	30,000원
41 중국문화개론	李宗桂 / 李宰碩	23,000원
42 龍鳳文化源流	王大有 / 林東錫	25,000원
43 甲骨學通論	王宇信 / 李宰碩	40,000원
44 朝鮮巫俗考	李能和 / 李在崑	20,000원
45 미술과 페미니즘	N. 부루드 外 / 扈承喜	9,000원
46 아프리카미술	P. 윌레트 / 崔炳植	절판
47 美의 歷程	李澤厚 / 尹壽榮	28,000원
48 曼茶羅의 神들	立川武藏 / 金龜山	19,000원
49 朝鮮歲時記	洪錫謨 外/李錫浩	30,000원
50 하 상	蘇曉康 外 / 洪 熹	절판
51 武藝圖譜通志 實技解題	正 祖 / 沈雨晟・金光錫	15,000원
52 古文字學첫걸음	李學勤 / 河永三	14,000원
53 體育美學	胡小明 / 閔永淑	18,000원
54 아시아 美術의 再發見	崔炳植	9,000원
55 曆과 占의 科學	永田久 / 沈雨晟	14,000원
56 中國小學史	胡奇光 / 李宰碩	20,000원
57 中國甲骨學史	吳浩坤 外 / 梁東淑	35,000원
58 꿈의 철학	劉文英 / 河永三	22,000원
59 女神들의 인도	立川武藏 / 金龜山	19,000원
60 性의 역사	J. L. 플랑드렝 / 편집부	18,000원
61 쉬르섹슈얼리티	W. 챠드윅 / 편집부	10,000원
62 여성속담사전	宋在璇	18,000원
63 박재서희곡선	朴栽緖	10,000원
64 東北民族源流	孫進己 / 林東錫	13,000원
65 朝鮮巫俗의 硏究(상・하)	赤松智城・秋葉隆 / 沈雨晟	28,000원
66 中國文學 속의 孤獨感	斯波六郎 / 尹壽榮	8,000원
67 한국사회주의 연극운동사	李康列	8,000원
68 스포츠인류학	K. 블랑챠드 外 / 박기동 外	12,000원
69 리조복식도감	리팔찬	20,000원
70 娼 婦	A. 꼬르벵 / 李宗旼	22,000원
71 조선민요연구	高晶玉	30,000원
72 楚文化史	張正明 / 南宗鎭	26,000원